JONATHAN CATHERMAN

EIN MANN
EIN HELD

100 Fähigkeiten, die ein junger Mann beherrschen muss, um der beste Kerl der Welt zu werden

JONATHAN
CATHERMAN

EIN MANN
EIN HELD

100 Fähigkeiten, die ein junger Mann
beherrschen muss, um der beste
Kerl der Welt zu werden

Bibliografische Information der Deutschen Nationalbibliothek:
Die Deutsche Nationalbibliothek verzeichnet diese Publikation in der Deutschen Nationalbibliografie.
Detaillierte bibliografische Daten sind im Internet über http://d-nb.de abrufbar.

Für Fragen und Anregungen
info@rivaverlag.de

5. Auflage 2021

© 2017 by riva Verlag, ein Imprint der Münchner Verlagsgruppe GmbH
Türkenstraße 89
80799 München
Tel.: 089 651285-0
Fax: 089 652096

© der Originalausgabe
Die englische Originalausgabe erschien 2014 bei Revell, a division of Baker Publishing Group, Grand
Rapids, Michigan, U.S.A., unter dem Titel *The Manual To Manhood*. Copyright 2014 by Jonathan
Catherman. Originally published in English under the title *The Manual To Manhood* by Revell, a
division of Baker Publishing Group, Grand Rapids, Michigan, 49516, U.S.A. All rights reserved.

Übersetzung: Manfred Allié und Gabriele Kempf-Allié
Redaktion: Sabine Franke
Umschlaggestaltung: Marc-Torben Fischer
Umschlagabbildung: patrimonio desings ltd/shutterstock, archetype/shutterstock
Satz: Digital Design, Eka Rost
Druck: GGP Media GmbH, Pößneck
Printed in Germany

ISBN Print 978-3-7423-0250-2
ISBN E-Book (PDF) 978-3-95971-707-6
ISBN E-Book (EPUB, Mobi) 978-3-95971-706-9

Weitere Informationen zum Verlag finden Sie unter

www.rivaverlag.de
Beachten Sie auch unsere weiteren Verlage unter www.m-vg.de

Dieses Buch widme ich meinen beiden Söhnen

Reed Catherman (»Cather-Mann«)

und

Cole Catherman (»Cather-Mann«) –

zwei starken, tapferen und mutigen zukünftigen Männern.

Inhalt

Einleitung

Willkommen in der Männerwelt. Na ... beinahe. Du wirst erwachsen! Und verlass dich drauf, was jetzt kommt, wird spannend – es wird jede Menge neuer Möglichkeiten geben, Chancen, auf die du schon so lange gehofft, Dinge, die du herbeigesehnt hast. Und vieles von dem, was du von nun an erleben wirst, wird dein Mannsein auf die Probe stellen – jeden Tag neu.

Ganz unter uns, von Mann zu Mann: Ich kann dir sagen, dass jeder Kerl, egal wann, egal wo, dieselben zwei Dinge will. Weißt du, welche das sind? Frauen und Futter? Nein, in seinem tiefsten Inneren will jeder Mann Anerkennung, und er will vermeiden, dass er sich blamiert. Die besten Männer schaffen beides. Und wenn du das erst mal gelernt hast, wirst du sehen, dass es auch mit den Bräuten klappt, und mit dem Barbecue sowieso.

Nur du weißt, wie es kommt, dass du in diesem Augenblick dieses Buch in der Hand hast. Vielleicht hat deine Mom es dir geschenkt, weil sie hofft, dass du daraus lernst, wie man sich rasiert, wie man ein Steak auf den Grill legt oder wie man mit einem Mädchen ausgeht. Vielleicht hast du es auch selbst gekauft, um zu vermeiden, dass deine Mom versucht, dir das Rasieren beizubringen, dir zeigt, wie Steaks auf den Grill gelegt werden, oder dich in Verlegenheit bringt, weil sie dir ein Mädchen vorstellt, das sie »genau richtig« findet. Wie dem auch sei, bedenke eines: Das Mannsein muss man üben – und anders, als die Leute immer sagen, macht Übung nicht unbedingt den Meister. Allerdings hilft es schon, wenn man sich Mühe gibt, und du wirst als Mann ganz bestimmt besser dastehen, wenn du das, was du in dieser Anleitung zum Mannsein findest, fleißig übst.

Das Wichtigste zuerst: Stelle dich den Herausforderungen dieses Buchs wie ein Mann. Das fängt damit an, dass du nicht denkst, du wüsstest längst, wie man all diese Dinge macht. Weltklasseexperten sind dazu befragt worden, und immer wieder haben sie bereitwillig zugegeben, dass sie zwar ihre Methode haben, dass es aber nicht die einzige sein muss. Du kennst vielleicht ganz andere Techniken, einen Grill anzuzünden oder ein Hemd zu bügeln. Gut. Es ist wichtig, dass ein Mann seinen persönlichen Stil entwickelt. Aber ganz gleich, wie unabhängig du sein möchtest, jeder sollte die Kulturtechniken kennen, die in diesem Buch vorgestellt werden.

Zum Zweiten: Denke immer daran, dass Kompetenz und Bescheidenheit ihre Wirkung am besten entfalten werden, wenn dazu ein reifer Charakter kommt. Die Kenner, die für dieses Buch konsultiert wurden, sagen alle, dass der Schritt ins Männerleben wenig mit dem Alter zu tun hat, mit der Größe der Muskeln oder der Frage, ob ein Kerl sich einen Bart stehen lässt. Die Welt ist voller Typen, denen »männlich« die Haare auf der Brust sprießen und die sich trotzdem wie unreife Jungs aufführen. Den Aufstieg vom Jugend- zum Mannesalter muss man sich verdienen. Ein echter Mann zu werden ist nichts, worauf man ein Anrecht hat. Es ist etwas, das man sich erarbeitet.

Was ein Junge tun muss, um den Männerstatus zu erwerben, hat sich im Lauf der Zeit verändert und ist in verschiedenen Kulturen unterschiedlich. Vor langer Zeit nahmen junge Wikinger an den Raubzügen ihrer Väter teil. Wenn ein Junge die Fahrt überlebte, wenn er den Feind überfallen und dessen Blut vergossen hatte, dann hatte er seine Tüchtigkeit bewiesen und galt von da an als Mann. In der »modernen, kultivierten Welt« glauben viele männliche Jugendliche, der Weg zum Mannsein sei es, Unmassen Energydrinks in sich hineinzuschütten, industriell hergestellte Fleischprodukte zu essen oder sich in Onlinespielen virtuell gegenseitig umzubringen. Sie täuschen sich.

Echte Männer haben andere, höhere Ideale. Echte Männer glauben nicht, dass die Art Auto, die sie fahren, die Menge Alkohol, die sie trinken, die Anzahl Mädchen, die sie rumkriegen, der Maßstab der Männlichkeit ist. Echte Männer wissen, dass es die persönliche Reife ist, die aus einem Jungen einen Mann macht. Reife drückt sich im Verhalten aus; am besten zeigt sie sich, wenn ein Mann auf die richtige Art zur richtigen Zeit aus dem richtigen Grund das Richtige tut. Sogar dann, wenn keiner zusieht. Bist du ein solcher Mann? Du kannst es werden.

Dein erster Schritt ins Erwachsenenleben ist der Vorsatz, dir die praktischen Kenntnisse anzueignen und die Charakterfestigkeit zu erwerben, die man nur bei den besten Männern findet. Betrachte dieses Buch als deine persönliche Einladung dazu …

FRAUEN & AUSGEHEN

1

Frauen. Es gibt kaum etwas anderes auf der Welt, das im Denken und Trachten von uns Männern eine so große Rolle spielt wie die Frauen. Wenn man bedenkt, wie viele Männer es sind, die sich allesamt auf dieses eine Thema konzentrieren, dann ist es nur gut, dass die Hälfte der Bevölkerung unseres Planeten aus Frauen besteht. Das heißt aber auch, die Wahrscheinlichkeit ist groß, dass du im Lauf der Zeit dem einen oder anderen weiblichen Wesen begegnest, das dich faszinieren und beschäftigen wird, auf eine Art, die du nicht ohne Weiteres begreifen, geschweige denn erklären kannst.

Zwar sind 99,7 % des Genoms bei Männern und Frauen gleich, aber die restlichen 0,3 % reichen, um aus dem Unterschied zwischen den Geschlechtern eins der größten Rätsel unseres Lebens zu machen. Nimm dazu noch die Vielfalt der Gefühle, die Wechselwirkungen der Hormone, die vollkommen unverständliche Art, in der manche Mädchen reden – da ist es kein Wunder, dass die meisten Jungs und Männer hoffnungslos überfordert sind, wenn es um erfolgreichen Kontakt mit dem anderen Geschlecht geht. Im einen Augenblick können wir uns überhaupt nicht vorstellen, zusammen mit Frauen zu leben, im nächsten können wir uns nicht vorstellen, ohne sie zu leben. Du denkst an überhaupt nichts anderes mehr, nur an sie; aber was *sie* denkt, davon hast du keine Ahnung! Was soll ein Kerl denn da machen?

Nach Dr. Les Parrott, immerhin einer der weltweit führenden Experten in Fragen zwischenmenschlicher Beziehungen, gibt es drei entscheidende Schritte, die jeder Mann kennen muss, wenn er lernen will, eine gute Beziehung zu einer Frau aufzubauen.

1. **Mach dir klar, wer du bist.** »Wenn Sie eine gesunde Beziehung zu einem anderen Menschen wollen, gerade zu einem weiblichen, dann brauchen Sie eine gesunde Einstellung zu dieser Beziehung. Sind Sie in körperlicher, emotionaler, sozialer und spiritueller Hinsicht so gut in Form, wie Sie sein können?«, fragt Dr. Parrott. »Ihre Beziehung kann nur so gesund sein, wie Sie es sind. Als Erstes müssen Sie also Ihre eigenen Emotionen, Bedürfnisse und Ziele im Leben kennen.« (1)

2. **Mach dir klar, wer sie ist.** »Das Wichtigste, was Sie tun können, um eine gesunde Beziehung aufzubauen, ist, sich in Empathie zu üben. Einfühlungsvermögen ist der Schlüssel zu einer starken Beziehung, denn so stellen Sie Ihre Eigeninteressen zurück und bedenken stattdessen die Bedürfnisse der Frau. Was denkt sie, was fühlt sie, welche Einstellungen hat sie? Was sind ihre Hoffnungen und Träume? Was sind ihre Ängste und Sorgen? Was sind ihre Ziele im Leben?« Dr. Parrott fährt fort: »Einfühlungsvermögen ist gar nicht so leicht zu erwerben, denn Männer und Frauen denken sehr unterschiedlich. In der Tiefenstruktur des Gehirns sind von Natur aus andere Denk- und Verhaltensmuster angelegt. Bis man die Dinge wirklich aus weiblichem Blickwinkel sehen kann, braucht man Geduld und Übung, aber zum Lohn erhält man ein größeres Maß an Vertrauen und Verständnis. Das stärkt die Beziehung, und deshalb lohnt es sich auch, die Empathie zu üben.«

3. **Setze beides miteinander in Beziehung.** Und Dr. Parrott sagt auch, wie beides zusammenkommt: »Männer, die Selbsterkenntnis mit Empathie zu verbinden wissen, besitzen die beiden Werkzeuge und die Reife, um starke, gesunde Beziehungen aufzubauen.«

Dr. Parrott hat recht. Es gibt Möglichkeiten für Männer, Frauen besser zu verstehen und besser mit ihnen umzugehen. Und das ist nur gut so. Männer und Frauen sind dazu geschaffen, einander die vollkommenen Partner und lebenslange Gefährten zu sein. Lerne, was du kannst, vergiss aber auch nicht, dass nicht alles im Leben dazu gemacht ist, verstanden zu werden. Manches ist dann am attraktivsten, wenn man ihm ein gewisses Maß an Geheimnis lässt. Und das gilt nicht zuletzt für die Frauen.

Who is Who? – Dr. med. Les Parrott III

Dr. Parrott ist Autor und Psychologe, und seine Arbeiten stehen immer wieder auf den ersten Plätzen der *New York Times*-Bestsellerliste. Zusammen mit seiner Frau Leslie hat er Bücher über Liebe und über die Ehe verfasst, die über zwei Millionen Mal in 30 Sprachen verkauft wurden. Dr. Parrot hat sein ganzes Leben der Aufgabe gewidmet, seinen Mitmenschen die Grundbegriffe guter Beziehungen zu vermitteln, und vor Hunderttausenden überall auf der Welt zu dem Thema gesprochen.

Mit einem Mädchen sprechen, das dir gefällt

DU BRAUCHST:

- Ein Mädchen, das dir gefällt
- Mut
- Frischen Atem
  (Siehe »So geht's: Frischen Atem bekommen«)

BENÖTIGTE ZEIT:

- Es dauert so lang, wie es dauert.

> Was wären die Männer ohne die Frauen?
> Selten, Sir ... verdammt selten.
>
> — Mark Twain

Da ist sie. Das ist deine Chance. Geh hin und sag etwas! Wenn du es nicht tust, tut es ein anderer. Wer zögert, verliert, und du bist kein Verlierer. Also zögere nicht. Du *kannst* mit diesem Mädchen reden, und das geht so:

SCHRITT 1 **Atmen**

Bevor du den ersten Schritt in ihre Richtung machst, vergewissere dich, dass du ruhig atmest. Du brauchst Luft zum Sprechen; atme also normal weiter. Wenn du zu schnell atmest, sprichst du auch zu schnell, und irgendwann wird dir schwindlig. Wenn du die Luft anhältst, bringst du die Worte nicht heraus. Du willst ja nicht, dass dir die Luft ausgeht, noch bevor du deinen ersten Satz zu Ende gesprochen hast.

SCHRITT 2 **Ist dein Atem frisch?**

Der erste Eindruck entscheidet, und du willst, dass du ihr noch lange frisch im Gedächtnis bleibst.

SCHRITT 3 **Nähere dich mit Selbstvertrauen**

Halte dich aufrecht, Schultern zurück, Kopf erhoben. Nicht schlurfen.

SCHRITT 4 **Sag etwas Nettes!**

Nichts zu Kompliziertes für den Anfang. Sag als Erstes etwas wie »Hallo, ich bin [und dann deinen Namen]«. Keine Aufreißermasche, die du auf Facebook gesehen hast. So was funktioniert nicht. Halte dich an das, was du kennst … deinen Namen zum Beispiel.

SCHRITT 5 **Mach ihr ein ernst gemeintes Kompliment**

Dafür musst du wirklich meinen, was du sagst, und wissen, wie du es sagst. Wenn du hier schummelst, merkt sie das. Frag nicht wie, Mädchen merken einfach, wenn etwas, das ein Junge sagt, nicht echt ist. Du könntest es mit Komplimenten wie den folgenden versuchen, soweit passend:

»Hab dich gestern beim Volleyball gesehen. Du warst echt gut.«

»Toll, wie du im Physikkurs die ganzen Fragen beantwortet hast. Sah aus, als hättest du überhaupt keine Mühe damit.«

»Steht dir gut, deine neue Frisur. Gefällt mir.«

SCHRITT 6 **Sprich *mit* ihr, nicht zu ihr**

Im Idealfall sagt ihr beide etwas, und eine Unterhaltung kommt in Gang. Am leichtesten lässt sich ein Gespräch beginnen, indem du sie etwas fragst, das mehr als ein einfaches Ja oder Nein als Antwort erfordert. Lass dir ein Thema einfallen, das *sie* interessieren könnte. Stell ernsthafte Fragen und hör bei den Antworten zu. Wenn sie das Gespräch annimmt, wird sie dich ihrerseits etwas fragen. Prahle beim Antworten nicht, bleib beim Thema, rede nicht zu viel über dich. Wähl keine zu schwierigen Themen und achte darauf, dass sie immer im Mittelpunkt bleibt.

Sag zum Schluss etwas Positives, etwa: »Das war schön, mal ein paar Worte zu reden. Ich hoffe, wir sehen uns wieder.« Das ist dann der richtige Augenblick, sie nach ihrer Telefonnummer zu fragen.

Wusstest du das?

Das Hirn eines Mannes setzt »Wohlfühl«-Stoffe frei, wenn er Videospiele spielt, wenn er lacht oder sich sportlich betätigt. Ein Frauenhirn tut das Gleiche, aber dort werden die Botenstoffe bei einem guten Gespräch freigesetzt. Wenn du also mit ihr redest, machst du ihren grauen Zellen eine Freude.

Ein Mädchen zum ersten Date einladen

DU BRAUCHST:

- Ein Mädchen, das du zum ersten Date einladen möchtest
- Selbstvertrauen
- Frischen Atem
  (Siehe »So geht's: Frischen Atem bekommen«)

BENÖTIGTE ZEIT:

- Kommt dir vielleicht länger vor, als es in Wirklichkeit ist.

Mach dich bereit. Was du jetzt tun willst, könnte später zu den Top-Ten-Events deines Lebens gehören. Die Geschichte eurer ersten Verabredung werdet ihr noch in vielen Jahren erzählen, und zwar aus zwei Blickwinkeln: deinem und ihrem. Es hängt von dir ab, von deinen Planungen und deinem Vorgehen, ob eine Legende daraus wird oder eine Horrorgeschichte.

SCHRITT 1 **Gut überlegen**

Beim Ausgehen geht es darum, einen anderen Menschen besser kennenzulernen. Durch Dates findest du heraus, welche Art Mädchen dich interessiert – und welche Art Mädchen sich für dich interessiert.

SCHRITT 2 **Das Ziel**

Sie wird eher zu einer Verabredung Ja sagen, wenn du eine Veranstaltung oder dergleichen vorschlägst. Überleg dir etwas, zu dem sie vielleicht gern mit dir gehen würde.

SCHRITT 3 **Das Transportmittel**

Lange Fahrten sind für ein erstes Date meist nicht gut.

SCHRITT 4 **Der Zeitpunkt**

Lass ihr zwischen dem Punkt, an dem du sie fragst, und dem vorgesehenen Event mindestens zwei oder drei Tage Zeit. Wenn du am Freitag mit ihr ausgehen möchtest, frag sie am Dienstag oder Mittwoch. Vielleicht muss sie ihre Eltern um Erlaubnis bitten – und außerdem ist Vorfreude bei einem guten ersten Date schon der halbe Spaß.

SCHRITT 5 **Die Frage**

Bei der Frage, ob sie mit dir ausgehen will, kommt es auf Taktik und Timing an. Beschreibe ihr geradeheraus, was du unternehmen möchtest, und frag sie, ob sie mitkommen will. Frage sie persönlich! Ein Mädchen lädt man nicht per Textnachricht ein.

Übrigens

Es ist keineswegs sicher, dass sie Ja sagt, wenn du sie fragst. Aber sicher ist, dass sie niemals Ja sagen wird, wenn du sie nicht fragst.

Ein Date planen

PLAN FÜR DAS DATE

1) TISCH RESERVIEREN!
2) KINOZEITEN?
3) WIE KOMMEN WIR HIN?
4) ZUR VERFÜGUNG: 60 EURO
5) ABFAHRTS- UND RÜCKFAHRTSZEITEN?

DU BRAUCHST:
- Ein Mädchen, das sich mit dir zu einem Date verabredet hat
- Selbstvertrauen
- Bargeld
- Transportmittel

BENÖTIGTE ZEIT:
- 1 Stunde für die Planung

Jungs, die schon so weit sind, dass sie mit Mädchen ausgehen, wissen: Die Mädels mögen es, wenn ein Mann einen Plan hat. Also, was ist dein Plan, Mann? Wenn du willst, dass beim Ausgehen was abgeht, dann musst du Arbeit reinstecken, bevor etwas rauskommt. Wenn du willst, dass sie ihren Freundinnen »Akt« textet (Abend mit klasse Typ), dann investiere Z-E-I-T in die Vorbereitung. Und das geht so:

SCHRITT 1 **Z**ellen (graue) anstrengen

Versuch, dir den Abend aus ihrem Blickwinkel vorzustellen. Was würde ihr Spaß machen? Was habt ihr beide gemeinsam?

SCHRITT 2 **E**ilig notieren!

Bring alles, was dir einfällt, sofort zu Papier. Dabei merkst du, ob eine Idee etwas taugt, dir fallen Widersprüche auf, du siehst, wie man etwas am besten regeln kann. Bedenke Kosten, Transportmittel, Zeitplan, überlege auch, ob du die Erlaubnis ihrer/deiner Eltern brauchst.

SCHRITT 3 **I**ntelligent planen

Wenn du deine Ideen beisammen hast, solltest du jeden einzelnen Schritt festlegen.

Wann soll das Date stattfinden? – Tagsüber, abends, spätabends?

Wann wollt ihr aufbrechen? – Sie braucht eine genaue Zeitangabe, damit sie sich auf deine Ankunft einstellen kann.

Was kannst du ausgeben? – So eine Verabredung kann ins Geld gehen; setze vorher einen Höchstbetrag fest und halte dich daran.

Wer zahlt? – Mit getrennter Kasse vermeidest du Komplikationen. (Siehe »So geht's: Entscheiden, wer bei einem Date zahlt«.)

Wohin geht ihr? – Das sollte eindeutig geklärt sein. Plane zum Beispiel ein Abendessen im [Name des Lokals] oder sag vor dem Treffen eindeutig, dass ihr es noch gemeinsam aussucht.

Wie kommt ihr hin? – Treff ihr euch dort? Holst du sie ab? Fährst du mit dem Auto?

Wie lange dauert das Date? – Bring sie rechtzeitig nach Hause. Leg einen Zeitpunkt fest und halte dich an dieses Versprechen. Mit so etwas sicherst du dir ihre Sympathie und das Vertrauen ihrer Eltern.

SCHRITT 4 **T**aten folgen lassen

Mädels mögen es, wenn ein Mann einen Plan hat, und sie mögen es, wenn er ihn tatkräftig umsetzt. Ergreife also die Initiative und sorge dafür, dass dieser Ausflug ein Erfolg wird. Die Aussichten sind gut, dass sie deine Mühen zu schätzen weiß.

Übrigens

Bei einem Date muss man als Mann nichts beweisen. Mädels spüren Angeberei oder die Unsicherheit dahinter – und sind dann eher abgeschreckt, wenn sie merken, dass z. B. der Fahrer über seine Verhältnisse schnell fährt. Du willst mit deinem Date schließlich keinen Unfall bauen.

Entscheiden, wer bei einem Date zahlt

DU BRAUCHST:
- Eine Verabredung
- Geld

BENÖTIGTE ZEIT:
- 1 Minute zur Abstimmung

Verhaltensregeln für Dates, die vor mehr als einem Jahrhundert aufgestellt wurden, sind allmählich überholt. Damals bezahlte der Mann bei einer Verabredung für alles. Der Mann von heute muss umdenken, weil moderne Frauen oft einen Teil, wenn nicht gar die gesamten Kosten übernehmen wollen. Wer zahlt also die Rechnung? Er? Sie? Wir? Hier lest ihr, wie ihr einfach und konfliktfrei entscheiden könnt, wer die Rechnung bezahlt:

SCHRITT 1 Wer hat wen eingeladen?

Wenn du sie einlädst, kommt es darauf an, einen guten ersten Eindruck zu hinterlassen. Ein Tipp unter Gentlemen: Bei der ersten Verabredung solltest immer du zahlen. Ganz gleich, wann und wo sie stattfindet. Wenn sie dich eingeladen hat und du die Einladung angenommen hast, biete trotzdem nach dieser Gentleman-Regel die Bezahlung an.

SCHRITT 2 Zweites Date

Wenn sie anbietet, sich an den Kosten zu beteiligen, nimm es ruhig an. Vielleicht will sie dir zu verstehen geben, dass sie nicht vorhat, dich arm zu machen, und auch ihren Teil beitragen kann. Nimm es als gutes Zeichen. Das könnte etwas werden zwischen euch.

SCHRITT 3 Drittes Date und alle weiteren

Klingt fast so, als seist du kurz davor, ganz offiziell eine feste Freundin zu haben. Wenn du noch nicht sicher bist, warte noch ein paar Dates ab und überlege dann, ob du mit ihr ein JWE-Gepräch führen sollst (siehe »Rede wie ein Mann!«). Sobald feststeht, dass sie deine Freundin ist, bleib in Geldfragen flexibel. »Freundin« besteht aus dem Wort »Freund«, ergänzt durch die Nachsilbe »-in«. Echte Freunde passen in jeder Hinsicht zusammen, auch in puncto Finanzen. Sprecht darüber und entwickelt gemeinsam eine Strategie, wie jeder von euch bei Verabredungen seinen angemessenen Anteil beitragen kann.

Männer – Dichtung und Wahrheit:
»Ein Date kann ich mir nicht leisten!«

Dichtung. Es stimmt zwar, dass Liebe unbezahlbar ist, aber für ein Date gilt das nicht. Man muss keine UN$UMMEN ausgeben, um einem Mädchen zu beweisen, dass man kreativ und aufmerksam ist und für Verabredung Nummer 2 nächste Woche infrage kommt. Verabredungen sollten Spaß machen, nicht arm.

Die Eltern eines Mädchens kennenlernen

DU BRAUCHST:
- Einen kräftigen Händedruck
- Saubere Hände
- Ein Lächeln
- Manieren

BENÖTIGTE ZEIT:
- 1–5 Minuten

Nur wenige Dinge werden dir mehr Angst einjagen als die erste Begegnung mit den Eltern eines Mädchens. Der erste Eindruck kann darüber entscheiden, ob sie zu dem Schluss kommen, dass sie dir ihr kleines Mädchen anvertrauen können oder nicht. Wenn du bei dieser ersten Begegnung gut abschneidest, bist du dem Vertrauen ihrer Eltern einen entscheidenden Schritt näher gekommen.

SCHRITT 1 **Sieh ihnen in die Augen!**

Wenn du die Eltern begrüßt, dann sieh ihnen in die Augen. Ein Blickkontakt, der als angenehm empfunden wird, dauert 4–5 Sekunden; danach solltest du kurz wegsehen und ihnen dann erneut in die Augen schauen.

SCHRITT 2 **Lächle!**

Ein ungekünsteltes Lächeln strahlt Optimismus und ein hohes Maß an Selbstvertrauen aus.

SCHRITT 3 **Richte das Wort an sie**

Vergiss nicht, ihre Mutter an erster Stelle zu nennen, und sag etwas Einfaches, Höfliches wie: »Ich freue mich, Sie kennenzulernen, Frau [Nachname] und Herr [Nachname].«

SCHRITT 4 **Gib ihnen die Hand**

Halte dich an die in »So geht's: Eine Hand schütteln« beschriebenen Schritte. Durch eine freundliche traditionelle Begrüßung gibst du ihnen zu verstehen, dass du Respekt hast und weißt, wie man sich gegenüber Erwachsenen verhält.

SCHRITT 5 **Mach ihnen Komplimente für ihre Tochter**

Sag etwas Nettes über ihre Tochter, aber nichts über ihr Aussehen oder darüber, wie toll du es findest, dass sie mit dir ausgeht.

SCHRITT 6 **Zeig gute Manieren**

Vergiss nie, »bitte« und »danke« zu sagen, und sage »Entschuldigung« und »Wie bitte?«, niemals »Hoppla!« oder »Was?«. Halte anderen die Tür auf, iss mit geschlossenem Mund, rede nicht zu viel über dich selbst. Und das Allerwichtigste: Halte deine Körperfunktionen unter Kontrolle!

Info

Ein guter Vater beschützt seine Tochter. Jungs, die mit seiner Tochter ausgehen wollen, werden da leicht zum Volksfeind Nummer 1. Der Trick, mit dem du bei Papa punktest: Behandle sein Mädchen mit dem Respekt, der ihr nach seinen Begriffen gebührt. Stell dir vor, Papa sieht die ganze Zeit zu. Dann landest du nicht auf seiner Schwarzen Liste, sondern im Gegenteil ganz oben auf der Hitliste seiner Tochter.

Zeit mit den Jungs und Zeit mit deiner Freundin in Einklang bringen

DU BRAUCHST:
- Jungs
- Freundin

BENÖTIGTE ZEIT:
- Täglich

Wenn deine Kumpels irgendwann sagen: »He, Alter, wo hast du gesteckt? Du lässt uns links liegen wegen der!«, dann stimmt ganz offensichtlich die Balance zwischen der Zeit, die du mit deiner Freundin verbringst, und der Zeit zusammen mit deinen Kumpels nicht mehr. Manche Jungs machen den Fehler, jede Minute mit ihrer Freundin zu verbringen. Vor der Schule, zwischen den Unterrichtsstunden, beim

Mittagessen, nach der Schule, am Wochenende, mit Nachrichtenschicken, Reden, Chatten … du verstehst, was ich meine. Kurz gesagt: Richtige Männer wissen, dass im Leben nichts über ein gesundes Mittelmaß geht, und hier kannst du nachlesen, wie du deinen Kumpels und deiner Freundin zu verstehen gibst, dass sie dir *beide* wichtig sind, und zwar beide gleich.

SCHRITT 1 **Hockt nicht immer zusammen!**

Mit nichts vergraulst du ein Mädchen so schnell wie damit, dass du ihre gesamte freie Zeit in Beschlag nimmst. Es ist durchaus etwas Wahres an dem alten Sprichwort »Mit der Ferne wächst die Liebe«.

SCHRITT 2 **Plant gemeinsame Zeit**

Einmal in der Woche solltest du dir die Z.E.I.T. nehmen, um ein Date mit deiner Freundin zu planen, etwas nur für euch beide. So was muss nicht großartig oder teuer sein. Wichtig ist, dass ihr Spaß habt. (Siehe »So geht's: Ein Date planen«.)

SCHRITT 3 **Finde den richtigen Mix!**

Du solltest es hinkriegen, mit deinen Kumpels und deiner Freundin gemeinsam etwas zu unternehmen. Die Fähigkeit, sich in einer Gruppe allen gleichermaßen zu widmen, ist ein Zeichen von Reife.

SCHRITT 4 **Seid gemeinsam getrennt**

Du hast deinen Freundeskreis, und sie hat ihren. In einem gesunden sozialen Umfeld ist es wichtig, Freundschaften aufrechtzuerhalten, die v. F. (vor Freundin) geschlossen wurden. Vernachlässige deine Kumpels nicht, dann sind sie auch n. F. noch für dich da.

Männer – Dichtung und Wahrheit:
»Liebe vergeht, Freundschaft besteht.«

Wahrheit. Wenn du vorhast, den Rest deines Lebens mit deinen Kumpels zu verbringen, dann sollten sie für dich in der Tat an erster Stelle stehen. Wenn nicht, dann … **Dichtung.** Fakt ist, echte Kumpels sind gut für den Augenblick, aber eines Tages wirst du mit einem ganz besonderen weiblichen Wesen beschließen, dass ihr euch zusammentut. Und ihr werdet euch gegenseitig an oberste Stelle setzen wollen, vor allen anderen.

Mit Anstand mit einem Mädchen Schluss machen

DU BRAUCHST:
- Empathie (siehe Glossar)
- Einen Ort, an dem ihr für euch seid

BENÖTIGTE ZEIT:
- 30 Minuten

Scheiden tut weh. Um ehrlich zu sein, sogar sehr. Aber es kommt trotzdem vor. Die Frage lautet: Wie macht man Schluss mit einem Mädchen, wenn man zwar durchaus nichts gegen sie hat, aber doch merkt, dass sie nicht so richtig zu einem passt? Die Antwort ist gar nicht so schwer. Überleg mal. Behandle sie mit genau dem Respekt, den du gern von ihr hättest, wenn *sie* diejenige wäre, die die Beziehung beendet.

SCHRITT 1 **Die Worte**

Bevor du mit ihr sprichst, solltest du dir genau überlegen, was du sagen willst. Eventuell musst du vorher proben.

SCHRITT 2 **Der Ort**

Entscheide dich, wo du das eigentliche Gespräch führen willst. Wähle einen ruhigen Ort, sodass sie nicht in eine peinliche Situation gerät, weil andere Zeuge ihrer Gefühle werden. Auf keinen Fall darfst du per Textnachricht oder über soziale Medien Schluss machen.

SCHRITT 3 **Das Timing**

Es gibt praktisch keine »gute« Zeit zum Schlussmachen, aber du solltest das Ganze nicht noch schlimmer machen, indem du unmittelbar vor einem wichtigen Termin oder gar währenddessen Schluss machst.

SCHRITT 4 **Respektiere ihre Gefühle!**

Vielleicht ist sie traurig und weint, oder sie ist überrascht und enttäuscht, oder sie bekommt einfach einen Wutanfall und macht dir alle möglichen Vorwürfe. Der einzige Mensch, über den du die Kontrolle hast, bist du selbst; also bewahre die Ruhe, lass sie so antworten, wie sie will, und respektiere ihre Gefühle.

SCHRITT 5 **Immer positiv bleiben!**

Nach der Trennung solltest du nur über die guten Seiten eurer Beziehung reden. Ihr habt zusammen viel Schönes erlebt, und dabei sollte es auch bleiben; rede also in der Öffentlichkeit nur über das Gute. Wenn du nichts Positives über sie zu sagen hast, halt einfach den Mund.

Wusstest du das?

Neil Sedakas Song »Breaking up is hard to do« – Schlussmachen ist gar nicht so leicht – kam 1962 auf Platz 1 der Billboard Top 100. Seither hat es mindestens 32 Neuauflagen dieser sentimentalen Schnulze durch andere Popsänger gegeben. So viel zum Beweis, dass Schlussmachen schon immer schwer war!

SOZIALKOMPETENZ & MANIEREN

2

Es ist erstaunlich! Die Masse an Informationen in den sozialen Medien ist von einer Welle, auf der man surfen konnte, zu einem virtuellen Tsunami angeschwollen. Kaum steigt eine Seite, auf der man die neuesten Statusmeldungen mit einem »Like« versehen kann, auf der Beliebtheitsskala, schon macht ihr die nächste App mit der Aufforderung »Dieses Foto sofort teilen!« den Rang streitig. Man kann markieren, kommentieren, posten, teilen, verlinken und eine immer größere Zahl an »Freunden« zusammenraffen. Manche glauben sogar, eine einzelne Website sei zu wenig, und brüsten sich damit, dass sie in mehreren sozialen Netzwerken zugleich unterwegs sind, damit ihnen auch ja nichts entgeht und nicht womöglich jemand gar nicht weiß, dass es sie gibt. Den Kopf gesenkt und die Augen starr auf ein HD-Display geheftet, merken viele Leute überhaupt nicht, wie wichtig die sozialen Kompetenzen für echte Kommunikation mit den echten Menschen an ihrer Seite sind.

Wer lernt, Kontakt zu anderen aufzunehmen, auf Augenhöhe mit ihnen zu kommunizieren und sie dabei tatsächlich kennenzulernen, erweitert sein persönliches soziales Netzwerk und bereichert sein privates und berufliches Leben. Ein Mann, der diese Kunst, mit Menschen in Verbindung zu bleiben, zur Perfektion entwickelt hat, ist der Werbe- und Marketingguru George Toles. George mit seiner sonoren Radiostimme und seinem anziehenden Auftreten kennt praktisch überall Menschen. Seine Offenheit für andere, sein Interesse an ihnen, hat ihm eine Vielfalt an echten Kontakten in allen erdenklichen Ländern beschert, mit Gruppen, Firmen, Organisationen und Gemeinden weltweit.

Das Geheimnis von George ist einfach: »Ich stelle mich vor, sehe den Leuten in die Augen, gebe ihnen die Hand und höre zu, damit ich erfahre, was ihnen wirklich am Herzen liegt. Erzählen sie von ihren Kindern, ihrer Arbeit, sprechen sie über Sport oder wollen sie einfach nur von sich selbst reden? Ich stelle ihnen konkrete Fragen zu ihrer Familie, ihren Freunden, ihrer Religion. Ich lasse mich auf sie ein, versuche, Verbindungen herzustellen.« (1) Findet George eine Gemeinsamkeit, dann stellt er seinen neuen Freund einem anderen mit ähnlichen Interessen, Bedürfnissen und Möglichkeiten vor. »So können sie neue Bekanntschaften schließen und ihre sozialen Kompetenzen erweitern und stärken. Wenn das gelungen ist, brauchen sie mich nicht mehr. Ich mache sie miteinander bekannt, dann verschwinde ich von der Bühne, und zwar gleich.«

George weiß, dass ein echtes Netzwerk darauf basiert, dass man sinnvolle Verbindungen zu echten Menschen aufbaut. Das ist die Grundlage für seinen Ruf als Geschäftsmann, das hat ihm geholfen, innerfamiliäre Konflikte zu lösen und Beziehungen zu stärken – und so viele Freundschaften zu schließen, dass er sie gar nicht mehr zählen kann. Vor allem aber hat George sein Talent dazu eingesetzt, mit Menschen in Kontakt zu kommen, und wenn die Zeit reif ist, stellt er ihnen auch gern noch jemand weiteren vor. »Wenn meine Freunde erst einmal überzeugt sind, dass ich sie immer mit den Richtigen bekannt mache, dann sind sie auch offen für die Begegnung mit der einflussreichsten Persönlichkeit überhaupt: Jesus Christus kennenzulernen und sein Freund zu werden, das ist die stärkste Beziehung, die ein Mensch eingehen kann. Christus vergibt, er heilt, er akzeptiert jeden, der darum bittet. Kein von Menschen geschaffenes soziales Netzwerk kann einem so viel geben wie Gott. Dafür gibt es einfach keine App.«

Who is Who? - George Toles

George Toles, der Begründer der Website *His Deal* (www.hisdeal.org), ist im Lauf seines Lebens DJ, Nachrichtensprecher, Sportmoderator, Programmdirektor, Radioverkäufer, Studioleiter, Geschichtenerzähler, Stadionsprecher bei der National Basketball Association und Inhaber einer Agentur gewesen. Manch gutem Menschen hat er mit seinem Rat geholfen.

Eine Hand schütteln

DU BRAUCHST:
- Saubere Hände
- Aufrichtiges Lächeln
- Selbstvertrauen

BENÖTIGTE ZEIT:
- 3 Sekunden

Der Handschlag ist wichtig, wenn es um einen guten ersten Eindruck geht. Die Tradition des Händedrucks hat ihren Ursprung im Mittelalter – damals diente er dazu, zu zeigen, dass keiner der Beteiligten verdeckt eine Waffe in der Hand hielt. Für alle, die Werte wie Vertrauen, Respekt und Ehre hochhalten, ist dieser Brauch auch heute noch lebendig. Durch einen gelungenen Handschlag kann man Leuten, die man neu kennenlernt, Lehrern, Vorgesetzten und den Eltern seiner Freundin zeigen, dass man ein freundlicher, selbstsicherer und respektvoller Mensch ist.

SCHRITT 1 Der Blickkontakt

Sieh der Person, der du die Hand geben willst, in die Augen. Danach solltest du allerdings den Blick wieder senken, sonst wirkt es wie vor Entsetzen aufgerissene Augen.

SCHRITT 2 Die Bereitschaft

Bewege den rechten Arm und die rechte Hand in Richtung deines Gegenübers. Die Finger sind dabei gestreckt, der Daumen zeigt nach oben, und die Hand bleibt auf Höhe deiner Körpermitte.

SCHRITT 3 Die Begegnung

Auf halbem Wege zwischen beiden Körpern trifft dein am Ellenbogen leicht abgewinkelter vorgestreckter Arm die Hand deines Gegenübers. Deine Handfläche sollte die seine berühren, die Finger bleiben gestreckt, und der Daumen zeigt weiter nach oben.

SCHRITT 4 Der Griff

Ergreife die Hand des anderen mit nicht zu festem, aber kräftigem Druck. Es soll sich nicht schlaff oder kraftlos anfühlen! (Tipp: Stell dir vor, die Hand deines Gegenübers ist ein kleiner Vogel, den du gut festhalten musst, damit er nicht wegfliegen kann, aber nicht so fest, dass du ihn erdrückst.)

SCHRITT 5 Der Schüttelakt

Mit starrem Handgelenk bewegst du die Hand nun ca. 5 cm nach oben und senkst sie anschließend ca. 5 cm nach unten. 1–2 Wiederholungen sollten genügen.cm

SCHRITT 6 Das Loslassen

Löse den Griff wieder und senke die Hand seitlich zum Oberschenkel. Wische sie nicht am Hosenbein ab, auch wenn dein Gegenüber feuchte Hände hatte.

Info

In manchen Kulturen gilt Blickkontakt als Zeichen von Interesse und Achtung. In anderen wird es als Zeichen für mangelnden Respekt oder sogar als zudringlich empfunden, wenn man einem Menschen in die Augen sieht. Achte also darauf, dass du immer weißt, was an dem Ort, an dem du gerade bist, üblich ist. Wie das Sprichwort sagt: »Andere Länder, andere Sitten.« Im Englischen heißt es: »Wenn du in Rom bist, mach es wie die Römer *(When in Rome, do as the Romans do)*.« (Nur am Rande: Falls du tatsächlich in Rom bist und dort jemandem die Hand gibst, ist es besonders wichtig, dass du bei der Begrüßung den Blickkontakt aufrechterhältst. Italiener denken sonst, du hättest etwas zu verbergen.)

Sich vorstellen

DU BRAUCHST:
- Händedruck mit Selbstvertrauen
- Freundliches Lächeln

BENÖTIGTE ZEIT:
- 30 Sekunden

Manchmal muss es einfach sein. Statt zu warten, dass jemand zu dir kommt und sich mit dir bekannt macht, ergreifst du selbst die Initiative und stellst dich vor. Wenn du das selbstbewusst tust, zeigst du, dass du offen für neue Bekanntschaften bist und dein reales soziales Umfeld gern erweiterst.

SCHRITT 1 Selbstbewusst auftreten

Schultern zurück und Kopf hoch, wenn du dich der Person näherst, die du kennenlernen willst!

SCHRITT 2 Lächeln

Ein freundliches Lächeln sorgt für den besten ersten Eindruck.

SCHRITT 3 Blickkontakt

Schau deinem Gegenüber in die Augen, aber starre die Person nicht an.

SCHRITT 4 Begrüßung

Unmittelbar vor dem freundlichen Händedruck solltest du die andere Person mit einem Satz begrüßen, aus dem hervorgeht, wie du heißt, was du mit deinem Gegenüber gemeinsam hast und warum du dich vorstellst.

Beispiel:

»Hallo. Darf ich mich vorstellen? Mein Name ist Aaron, und ich glaube, Sie sind ein Kollege von meinem Vater. Er hat mir erzählt, dass Sie auf genau der Uni waren, auf die ich auch gehen möchte. Darf ich Ihnen ein paar Fragen darüber stellen, warum Sie diese Universität gewählt und welche Erfahrungen Sie dort gemacht haben?«

SCHRITT 5 Händeschütteln

Ein selbstbewusster Händedruck ist eine ebenso respektvolle wie effektive Methode zu zeigen, dass du ein offener, freundlicher Mensch bist. (Siehe »So geht's: Eine Hand schütteln«.)

Übrigens

»Der Ausbau sozialer Kontakte im echten Leben ist etwas völlig anderes als das Sammeln von virtuellen Freunden im Internet. Echte Freunde sind Menschen, die man wirklich kennt, Menschen, mit denen man in realen Situationen in realen Kontakt kommt. Jemand, der echte Freunde hat, kann so ziemlich alles schaffen.«

— George Toles

Jemand anderen vorstellen

DU BRAUCHST:

- Mindestens zwei Leute, die sich noch nicht kennen
- Ihre Vor- und Nachnamen
- Etwas Positives, das du über die Betreffenden weißt und weitergeben kannst

BENÖTIGTE ZEIT:

- 2 Minuten

Es wird dir im Leben noch manchen guten Dienst leisten, wenn du lernst, wie du zwei Leute miteinander bekannt machst. Die Leute merken sich, dass du jemand bist, der weiß, wie man Kontakt herstellt. Jemand, der weiß, wie man Kontakt herstellt, zwingt Leute nicht zur Freundschaft miteinander. Alles bleibt locker, und man wartet ab, was daraus wird. Das danken dir alle.

SCHRITT 1 Auf die Höflichkeit kommt es an

Wenn es eine gemischte Gruppe ist, fang mit den Frauen an. Zuerst stellst du die älteste Person vor, als Zweites diejenige, die zu ihr oder ihm gehört. Auf die Weise geht es weiter bis zur jüngsten Person.

SCHRITT 2 Nimm die vollen Namen!

Wo immer möglich, stell Personen mit Vor- und Nachnamen vor.

Beispiel:

»Herr Jensen, ich möchte Ihnen meinen Vater vorstellen, Robert Catherman.« Dann stellst du den Trainer deinem Vater vor: »Papa, das ist mein Trainer, Christopher Jensen.«

SCHRITT 3 Jetzt etwas Persönliches!

Leute wollen wissen, woran sie mit den anderen sind, und sie wollen auch, dass die anderen sie richtig einschätzen. Sag also etwas Positives und Persönliches über sie und zeige damit auch, dass du sie schätzt.

Beispiel:

Fang mit deinem Vater an. »Wissen Sie eigentlich, Herr Jensen, dass mein Vater in den letzten beiden Jahren nicht ein einziges von Ihren Spielen verpasst hat?« Dann sagst du etwas über den Trainer. »Papa, das interessiert dich sicher: Herr Jensen hat an derselben Universität studiert wie du, und er hat in der Bundesliga gespielt.«

SCHRITT 4 Namen wiederholen

Indem du die Namen mehrfach nennst, hilfst du den anderen, sich zu merken, wen sie kennenlernen.

SCHRITT 5 Eine Win-win-Situation

Führe immer Gründe an, warum es für die anderen von Vorteil ist, einander kennenzulernen.

Beispiel:

»Ich weiß noch, Herr Jensen, Sie haben gesagt, wir sollen aufpassen, dass wir in der zweiten Jahreshälfte in der Schule unsere Noten auch in den anderen Fächern halten, nicht nur in Sport. Ich hab ja ziemlich Glück, dass mein Vater Ingenieur ist und mir bei den Mathe-Hausaufgaben helfen kann. Er hat auch schon gesagt, dass er den anderen Jungs im Team Nachhilfe geben kann, wenn er damit den Verein unterstützen kann.«

Jetzt, wo du sie miteinander bekannt gemacht hast, lass den anderen Raum. Du hast ihnen den Start ermöglicht, mit Namen, Informationen, einer Win-win-Situation. Danach solltest du ihnen Gelegenheit geben, die nächsten Schritte selbst zu tun – und du hältst dich zurück.

Männer – Dichtung und Wahrheit:
»Zungerausstrecken kann auch höflich sein.«

Wahrheit. In Tibet gilt es als höflich, die Zunge zu zeigen, wenn man jemand anderem vorgestellt wird. Die Tradition reicht bis ins 9. Jahrhundert zurück, als sich herausstellte, dass ein grausamer tibetanischer König namens Lang Darma eine schwarze Zunge hatte. Der König war beim Volk verhasst, und alle fürchteten, seiner Reinkarnation zu begegnen. So wurde es nach seinem Tod üblich, bei der Begrüßung die Zunge herauszustrecken, sodass jeder sah, dass sein Gegenüber nicht der König Version 2.0 war.

Jemandem die Tür aufhalten

DU BRAUCHST:
- Eine Tür (keine Schiebetür)

BENÖTIGTE ZEIT:
- 5 Sekunden

Ob du nun der perfekte Gentleman werden oder einfach nur höflich sein willst, einem anderen die Tür aufzuhalten ist immer eine gute Art, Achtung und Aufmerksamkeit zu zeigen, gegenüber Bekannten, aber auch bei Wildfremden. Deine Freundin wird eine solche Freundlichkeit ebenso zu schätzen wissen wie dein Chef, und auch im übertragenen Sinne kann so etwas »Türen öffnen«. Aber damit es klappt, musst du wissen, wann und wie du am Zug bist.

SCHRITT 1 **Das Wann und Warum**

Warum? Weil du ein aufmerksamer und respektvoller Mensch bist, der andere so behandelt, wie er selbst gern behandelt werden möchte. Wann? Immer wenn deine Schwester, Mutter, Großmutter, deine Freundin oder deren Schwester, Mutter, Großmutter oder überhaupt Schwestern, Mütter, Großmütter durch dieselbe Tür gehen wie du. Halt die Tür auch auf für deinen Chef, für Arbeitskollegen und Kunden. Für Trainer, Lehrer, Schulleiter, Hausmeister und ganz besonders die Kantinenwirtin. Grundsätzlich solltest du jedem die Tür aufhalten, dem du damit einen Gefallen tun kannst.

SCHRITT 2 **Sachkenntnis ist alles!**

Anschlag links oder rechts, zu dir hin oder von dir weg? Achte auf Griff und Scharniere – wenn zum Beispiel die Scharniere zu sehen sind und der Griff auf der rechten Seite sitzt, dann öffnest du die Tür, indem du sie auf dich zu und nach links ziehst. Kein Scharnier zu sehen? Dann öffnet sie sich von dir weg. Eine Stange quer über die Tür? Die ist zum Drücken.

SCHRITT 3 **Auf den Zeitpunkt kommt es an**

Du musst einen Schritt oder zwei vor der Person, der du sie aufhalten willst, an der Tür sein. Versuche nicht, Leuten die Tür aufzumachen, wenn sie vor dir sind, denn damit zwingst du sie, zur Seite zu treten.

SCHRITT 4 **Öffne die Tür**

Wenn du die Tür aufziehst, lässt du dem anderen den Vortritt und gehst erst danach selbst hindurch. Wenn du drückst, gehst du als Erster durch und hältst sie dann offen, bis der andere den Durchgang passiert und ein wenig Abstand gewonnen hat.

SCHRITT 5 **Nicht übertreiben!**

Keiner erwartet, dass du jedem, der nach dir kommt, die Tür aufhältst. Bei ein paar Leuten ist das in Ordnung, aber einer ganzen Kolonne von Fremden hält man nur die Tür auf, wenn man dafür bezahlt wird.

Wusstest du das?

Schon vor 2000 Jahren gab es automatische Türöffner. Der griechische Gelehrte Heron von Alexandria (den bestimmt alle immer nur *Hero* nannten!), Mathematiker und Ingenieur, gilt als Erfinder der automatischen Tür. Er ersann ein System aus Schnüren, Rollen und Gewichten, das Stadt- und Tempeltore öffnete, wenn die Leute sich ihnen näherten.

Einen Tisch decken

DU BRAUCHST:
- Geschirr
- Besteck
- Gläser
- Servietten

BENÖTIGTE ZEIT:
- Eine halbe Minute pro Platz

Zu einem guten Essen gehört ein gedeckter Tisch. Der Lieferservice für Sofahocker und Sportfans mag eine tolle Sache sein, aber richtig zur Geltung kommt ein Essen nur, wenn man es am Tisch verzehrt. Ein schön gedeckter Tisch liefert einen angenehm entspannten Rahmen, um mit Familie und Freunden gemütlich bei einem guten Mahl beisammenzusitzen.

SCHRITT 1 Der große Teller

Platziere den Teller ca. 2 cm von der Tischkante exakt an der Stelle, an der die Person sitzen wird.

SCHRITT 2 Der kleine Teller

Wenn es Salat oder Brot zum Essen gibt, stell den kleineren Beilagenteller links oben neben den großen Essteller.

SCHRITT 3 Die Gabeln

Gabeln liegen ca. 2 cm links von dem großen Teller. Dabei kommt die große Speisegabel direkt neben den Teller, und die kleinere Salat- oder Vorspeisengabel liegt links davon.

SCHRITT 4 Das Messer

Messer liegen ca. 2 cm rechts neben dem Speiseteller; die Schneide zeigt zum Teller hin.

SCHRITT 5 Der Löffel

Löffel liegen rechts vom Messer.

SCHRITT 6 Das Wasserglas

Wassergläser stehen auf der rechten Seite des Tellers, oberhalb des Messers.

SCHRITT 7 Die Serviette

Servietten liegen links von den Gabeln.

SCHRITT 8 Das nächste Gedeck

Zwischen den einzelnen Gedecken sollte ein Abstand von ca. 60 cm eingehalten werden.

Übrigens

»Um herauszufinden, ob du gut genug für sie bist, wenden die Eltern deiner Freundin einen einfachen Trick an. Sie laden dich zum Essen ein und bitten dich dann, beim Tischdecken zu helfen. Die simple Tatsache, dass du weißt, auf welcher Seite Gabeln und Messer liegen, wird sie beeindrucken. Und natürlich, dass du mit geschlossenem Mund kaust.«

— Jonathan

Etwas von einer Speisekarte bestellen

DU BRAUCHST:
- Ein Restaurant
- Eine Speisekarte

BENÖTIGTE ZEIT:
- 3 Minuten

Schluss mit dem Bestellen nach Zahlen. Jeder Idiot kann auf einer mannsgroßen bebilderten Speisekarte an der Wand die Nummer 3 bestellen. Aber jetzt gilt es, seinen Mann zu stehen, sich hinzusetzen, eine Stoffserviette über die Beine zu breiten und nach einer Speisekarte zu bestellen, die man in der Hand hält. Es stimmt: Bestellen *à la carte* dauert länger und erfordert mehr

Vorbereitung. Das Gute an der Sache ist, dass auch das Essen, das man genießt, länger dauert. Wenn du dann noch Atmosphäre, Gesellschaft und ein dreigängiges Menü hinzurechnest, kommst du womöglich zu dem Schluss, dass das Essen *à la carte* deine neue Nummer 1 ist.

SCHRITT 1 Getränke bestellen

Die erste Überlegung gilt den Getränken. Dabei werden die Getränke für die Damen immer zuerst bestellt.

SCHRITT 2 Der Blick auf die Speisekarte

Schau dir zunächst die gesamte Speisekarte an. Am Anfang stehen in der Regel die Vorspeisen, Suppen und Salate. Danach kommen die Hauptgänge und Beilagen. Am Ende der Speisekarte stehen die Desserts. Versuche, die Auswahl einzuengen, bevor der Kellner kommt, um die Bestellungen aufzunehmen.

SCHRITT 3 Vorspeisen mit anderen teilen

Wenn du eine Vorspeise verlockend findest, frag die anderen am Tisch, ob sie auch etwas als Vorspeise nehmen. Eventuell könnt ihr euch Vorspeisen teilen.

SCHRITT 4 Die Tageskarte

Frag die Bedienung nach den Angeboten des Tages. Sobald du weißt, was auf der Tageskarte steht, erkundige dich nach dem Preis der Gerichte, die infrage kommen. Denk daran, dass Spezialitäten von der Tageskarte unter Umständen teurer sein können als Gerichte von der normalen Karte.

SCHRITT 5 Hauptgerichte bestellen

Sag der Bedienung, welche Hauptgerichte gewünscht werden – auch hier gilt das Prinzip *Ladies first*. Vergiss nicht, dich zu vergewissern, welche Beilagen zu deinem bestellten Gericht gehören. Wenn ein Salat dazugehört, sag, welches Dressing du wünschst.

SCHRITT 6 Nachtisch gefällig?

Wenn das Hauptgericht verzehrt ist, kann man überlegen, ob ein Dessert gewünscht wird. In vielen Restaurants ist es kein Problem, wenn sich zwei Personen ein Dessert teilen.

Männer - Dichtung und Wahrheit:
»Manche Speisekarten sind zum Kotzen.«

Wahrheit. Du denkst vielleicht beim Blick auf die Speisekarte: »Igitt! Diese Spezialität des Hauses mit pochiertem Fisch an Kürbispüree klingt ja ekelhaft.« Aber hast du dir einmal überlegt, dass die Speisekarte als solche dir buchstäblich den Magen umdrehen könnte? Die wenigsten Restaurants wischen ihre Speisekarten ab, bevor sie sie an den nächsten Gast weiterreichen. Das bedeutet, dass andere Esser mit ihren schmutzigen Händen dieselbe Speisekarte angefasst haben, die du jetzt in der Hand hast. Du machst das Gleiche, dann berührst du dein Essen und steckst dieses Essen in den Mund. Es lässt sich nicht umgehen, dass man Speisekarten anfassen muss, aber du kannst darauf achten, dass sie nicht mit deinem Teller oder deinem Besteck in Berührung kommt. Außerdem solltest du ernsthaft in Erwägung ziehen, dir nach dem Bestellen die Hände zu waschen.

Trinkgeld geben

DU BRAUCHST:
- Gute Bedienung
- Geld

BENÖTIGTE ZEIT:
- Eine halbe Minute

Seit Jahrhunderten ist es in der Gastronomie üblich, Trinkgeld zu geben. Im englischsprachigen Raum spricht man von einem *tip* – manche behaupten, das sei die Abkürzung für *to insure promptitude* – »um Schnelligkeit zu gewährleisten«. Früher gab man das Trinkgeld vorab, um als Gegenleistung für diesen Obolus schneller und besser bedient zu werden als jemand, der es nicht tat. Heute gibt man Trinkgeld erst nach dem Essen, als Anerkennung für prompte und zuvorkommende Bedienung.

SCHRITT 1 **Bewerten**

Wie zufrieden warst du mit dem Service? War er unterdurchschnittlich, durchschnittlich oder besser als erwartet?

SCHRITT 2 **Rechnen**

Das Trinkgeld für durchschnittlichen Service liegt bei ca. 10–15 % des Rechnungsbetrags, und zwar vor Abzug irgendwelcher Rabatte oder Coupons. Wenn sich die Rechnung also auf 25 Euro beläuft, beträgt das Trinkgeld ca. 2,50–3,50 Euro.

unterdurchschnittlich = 0–10 %

durchschnittlich = 10–15 %

überdurchschnittlich = 20 %

SCHRITT 3 **Trinkgeld geben**

Beim Bezahlen schlägst du das Trinkgeld auf die Rechnungssumme auf. Wenn du bar bezahlst, gibst du es der Bedienung und sagst »Stimmt so!«. Oder du lässt das Trinkgeld auf dem Tisch zurück.

Info

Achtung! In manchen Ländern wird in Restaurants das Trinkgeld oder eine sogenannte Servicepauschale automatisch auf die Rechnung aufgeschlagen.

Wer bekommt Trinkgeld?
- Bedienungspersonal = 10–20 % des Rechnungsbetrags
- Parkservice = 1–3 Euro
- Garderobenkraft = 1 Euro pro Mantel (wenn nicht ein fester Preis angegeben ist)
- Lieferfahrer = 15 % des Rechnungsbetrags
- Trinkgeldgefäß im Café = 5–10 %

Ein Geschenk einpacken

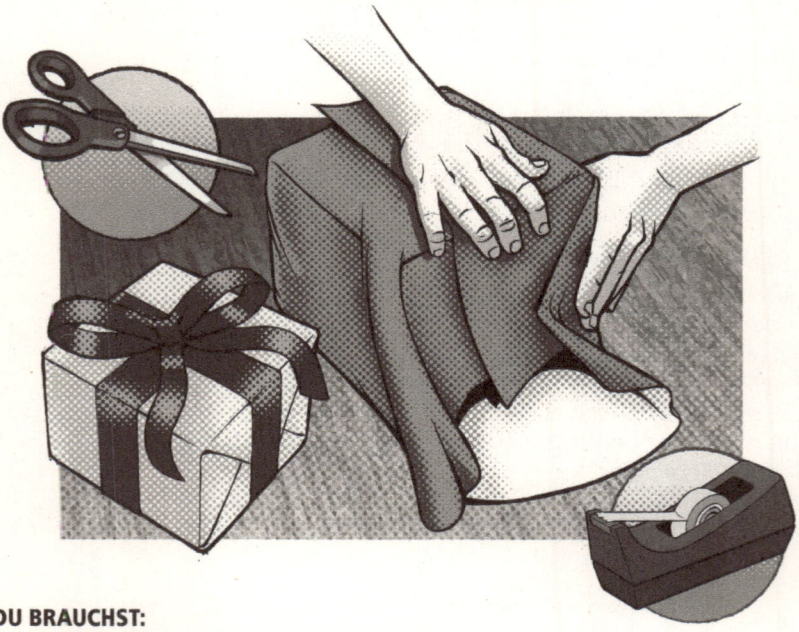

DU BRAUCHST:

- Ein Geschenk
- Eventuell eine Schachtel für das Geschenk
- Dem Anlass angemessenes Geschenkpapier
- Klebeband
- Schere
- Geschenkband oder selbstklebende Schleife

BENÖTIGTE ZEIT:

- 5 Minuten

Na, man sieht die gute Absicht!« ist eine witzig gemeinte Entschuldigung für ein schlecht eingepacktes Geschenk. – Nein, Junge, so nicht! Der äußere Schein ist wichtig. Ein gut präsentiertes Geschenk wird schon vor dem Auspacken bewundert und mit Komplimenten bedacht. Wenn du ein Geschenk richtig schön verpackst, wird der Empfänger (vor allem die Empfängerin) das gut ausgesuchte Papier nicht selten als Erinnerung an deine Aufmerksamkeit aufbewahren. Das ist gut. Mit ein paar kleinen Tipps und ein bisschen Übung kannst auch du deine Verpackungskünste so weit steigern, dass der Beschenkte die Verpackung nicht zum Wegwerfen, sondern einfach umwerfend findet.

SCHRITT 1 Alles beisammen?

Leg auf einer ebenen Fläche dein Geschenk, eventuell eine passende Schachtel, Geschenk-papier, Klebeband, Geschenkband und Schere bereit.

SCHRITT 2 Die Schachtel

Verstaue das Geschenk, falls nötig, in der Schachtel. Wenn es etwas Zerbrechliches ist, polstere die Schachtel gut aus.

SCHRITT 3 Länge abmessen

Jetzt rollst du von der Geschenkpapierrolle ein Stück ab, das ein paar Zentimeter länger ist als der Umfang (vier Seiten) der Schachtel.

SCHRITT 4 Abschneiden

Benutze eine Schere, um das abgemessene Stück Papier von der Rolle abzuschneiden. Schneide so gerade wir möglich.

SCHRITT 5 Zuschneiden

Schneide seitlich so viel von dem Papierbogen ab, dass das Papier später beim Hochklap-pen nicht ganz bis zur Oberkante der Schachtel reicht.

SCHRITT 6 Einmal rundherum

Platziere die Schachtel mit der Oberseite nach unten in der Mitte des Papierbogens. Schlage eins der beiden langen Enden des Papiers nach oben und lege es über die Schachtel. Dort fixierst du es mit Klebeband am Schachtelboden, etwas über die Mitte hinaus. Wiederhole den Vorgang von der anderen Seite, wobei du vorher das Papier knapp umfalzt, um die Schnittkante zu verbergen. Die beiden Enden sind nun überlappend am Schachtelboden fixiert.

SCHRITT 7 Eine Seite

Jetzt nimmst du dir eine der beiden offenen Seiten vor und faltest das Papier nach unten, sodass es flach an der Seite der Schachtel anliegt. Dabei entstehen seitlich zwei Dreiecke. Diese Dreiecke klappst du zur Mitte und fixierst sie mit Klebeband. Zum Schluss legst du die verbleibende Klappe nach oben, faltest das Ende um und klebst es fest.

SCHRITT 8 Die andere Seite

Wiederhole Schritt 7 auf der verbleibenden Seite der Schachtel.

SCHRITT 9 Der krönende Abschluss

Verziere die Verpackung mit einer dekorativen Schleife zum Aufkleben oder, wenn du dir das zutraust, binde ein Geschenkband darum und mach zum Abschluss von Hand eine dekorative Schleife.

Übrigens

»Zu Weihnachten habe ich meinem Bruder Geschenkpapier geschenkt. Ich bin damit zur Verpackungstheke gegangen und habe es einpacken lassen – natürlich in einem anderen Muster, damit er wusste, wann er mit Auspacken aufhören soll.«

— Steven Wright
Amerikanischer Komiker, Schauspieler und Autor

Ein Bad reinigen

DU BRAUCHST:

- Gummihandschuhe
- Bad-, Fenster-, Toiletten- und Fußbodenreiniger
- Desinfektionsmittel
- Toilettenbürste
- Mikrofaser- oder Papiertücher
- Handfeger, Kehrblech, Mop und Eimer

BENÖTIGTE ZEIT:

- 15–30 Minuten

In deinem Heim magst du König sein, aber darunter sollte nicht die Sauberkeit deines Throns leiden – dort zeigt sich nämlich die ganze Pracht deiner Herrschaft. Wie ordentlich und sauber du dein Bad hältst, wird deine Gäste beeindrucken – oder es wird sie abschrecken. Vielleicht machen sie den Medizinschrank auf, um etwas über dich zu erfahren, vielleicht auch nicht; aber die ungeputzte Toilettenschüssel und die Zahnpastaspritzer auf dem Spiegel sehen sie auf alle Fälle. Ein Badputz ist nicht nur gut für die Hygiene, er sorgt auch dafür, dass dein Ruf als Hausherr sauber bleibt.

SCHRITT 1 Bad aufräumen

Nimm alles, was nicht dorthin gehört, und stell oder leg es an seinen Platz.

SCHRITT 2 Dusche und Badewanne auswischen

Räume die Dusche aus und besprühe sie mit Badreiniger. Schrubbe Wände und Duschwanne ab, in Kreisbewegungen von oben nach unten. Spritze alles mit Wasser ab, um den Reiniger abzuspülen, und wische mit einem feuchten Tuch nach. Reinige auch die Armaturen und den Duschkopf.

SCHRITT 3 Toilette putzen

Zieh Gummihandschuhe an und gieße Toilettenreiniger rund um den inneren Rand der Klo-schüssel. Mit der Toilettenbürste scheuerst du das gesamte Innere der Schüssel aus, auch den Bereich unter dem Rand. Mit dem Desinfizierungsmittel besprühst du den äußeren Bereich, einschließlich Deckel und Unterseite des Deckels, sowie den Griff für die Toilettenspülung. Mit Papiertüchern wischst du sämtliche Oberflächen der Toilette nach.

SCHRITT 4 Spiegel polieren

Mit Fensterreiniger sprühst du den Spiegel ein und wischst mit einem sauberen Tuch nach.

SCHRITT 5 Weitere Flächen abwischen

Mit einem desinfizierenden Reiniger sprühst du Abstellflächen, Waschbecken, Wasserhähne und andere Armaturen ein. Nimm ein sauberes Tuch oder Papiertuch und wische auf allen Flächen sofort nach, damit keine Flecken oder Streifen bleiben.

SCHRITT 6 Den Fußboden putzen

Von der hintersten Ecke ausgehend kehrst du den Boden zur Tür hin und wischst ihn anschließend mit Wasser und Wischmop.

SCHRITT 7 Und zum Schluss der Müll

Leere den Mülleimer und reinige, falls notwendig, das Innere des Behälters.

Wusstest du das?

Bevor du die Spülung betätigst, solltest du immer den Toilettendeckel schließen. Wenn das Wasser in die Schüssel stürzt, steigt ein feiner Wasser-Urin-Fäkalien-Nebel auf. Deswegen solltest du auch deine Zahnbürste in einer Schublade aufbewahren.

Ein Bett machen

DU BRAUCHST:
- Spannbetttuch
- Decke oder Daunendecke
- Deckenbezug
- Kissen
- Kissenbezug

BENÖTIGTE ZEIT:
- 1–3 Minuten

Warum soll ein Kerl sein Bett machen, wenn er sich später doch wieder hineinlegt? Antwort: Weil das Zimmer eines echten Mannes aufgeräumt ist – es soll nicht aussehen, als hättest du dich die ganze Nacht im Albtraum gewälzt. Es dauert nur ein paar Augenblicke, und deine Freunde müssen dann nicht mehr dein versabbertes Kissen und die Star-Wars-Bettwäsche sehen.

Ja, ich weiß, das sind Sammlerstücke, und du hast sie schon seit deiner Kindheit. Aber vielleicht solltest du doch mal erwachsen werden, dir neues Bettzeug zulegen und anfangen, täglich dein Bett zu machen.

SCHRITT 1 Bettzeug ausschütteln und lüften

Klopfe dein Kissen auf und schüttle die Bettdecke aus. Wenn genug Zeit ist, kannst du das Bettzeug eine Weile lüften, zum Beispiel, indem du es über einen Stuhl hängst.

SCHRITT 2 Spannbetttuch neu fixieren

Ziehe die Zipfel mit dem Gummieinsatz über alle vier Ecken der Matratze straff.

SCHRITT 3 Decke beziehen und ausbreiten

Dreh den Deckenbezug auf links. Fasse anschließend mit beiden Händen von innen in die beiden von der Öffnung am weitesten entfernten Enden. Fasse dann zusätzlich die beiden Ecken auf der schmalen Seite der Decke. So kannst du den Bezug gut über die Bettdecke stülpen. Schließe den Bezug unten. Breite die Decke dann so auf dem Bett aus, dass sie vollständig glatt liegt und gerade und gleichmäßig über die Bettkante hängt. Die Öffnung des Deckenbezugs soll unten am Fußende liegen. Wenn die Decke zu lang oder zu breit für dein Bett ist, faltest du sie in der Mitte einmal, sodass die Kanten ordentlich aufeinanderliegen, und legst sie so aufs Bett.

SCHRITT 4 Kissen platzieren

Stecke das Kissen in den Kissenbezug. Schüttle das Kissen auf und lege es oben aufs Bett. (Bei Bedarf auch mehrere Kissen.)

Info

Es lohnt sich, einmal im Jahr das Kissen zu wechseln. Wenn du zwei Jahre lang Nacht für Nacht darauf gelegen hast, besteht der Inhalt deines Kissens zu einem Drittel aus Hautschuppen, Staubmilben und deren Kot. Eklig! Also besorg dir ein neues Kissen, dann schläfst du auch wirklich gut – und die kleinen Krabbeltiere beißen dich nicht.

ARBEIT & ANSTAND

3

Wähle einen Beruf, den du liebst, dann musst du dein Lebtag nicht arbeiten«, sagte der chinesische Philosoph Konfuzius vor mehr als zweieinhalbtausend Jahren. Diesen Ausspruch aus dem fünften Jahrhundert vor Christus zitieren wir bis heute, denn es ist schlicht und einfach die Wahrheit. Man geht gern zur Arbeit, wenn man seine Arbeit mag. Aber wie findet man eine Beschäftigung, die man so sehr liebt, dass man sie nicht als Arbeit empfindet? Die Antwort geben fünf wettkampfbegeisterte Freunde aus heutiger Zeit, die für ihr Leben gern antreten, einen großen Wurf wagen und jeden Arbeitstag zu einem besonderen Tag machen.

Darf ich dir Dude Perfect vorstellen? – die Zwillingsbrüder Cory und Coby Cotton, Garrett Hilbert, Cody Jones, Tyler Toney und ihr supercooles Maskottchen Panda. Diese fünf Jungs und ihr Bär spielen/arbeiten seit einer Ewigkeit mit Begeisterung, seit sie sich in einem Studentenheim der Texas A&M University kennengelernt haben. Die Jungs, die heute unter dem Namen Dude Perfect bekannt sind, haben aus ihrer Begeisterung für Trickwürfe beim Basketball eine Geschäftsidee entwickelt, die ihresgleichen sucht; dazu gehören eine Fernsehshow, ein Buch und ein Spiel, und alles zusammen ist eine der populärsten Marken auf YouTube. Unter dem Motto »Scheitern ist keine Option« haben sie es sich zur Aufgabe gemacht zu beeindrucken, und diese Aufgabe meistern sie mit Bravour: Sie haben Millionen von Abonnenten, und ihre Videos werden milliardenfach angeklickt. Ja, du liest richtig, milliardenfach! Eine Milliarde, das ist – genau, zähl mal nach – eine Zahl mit neun Nullen.

Der riesige Erfolg, den die Jungs von Dude Perfect mit ihren unverwüstlichen Videoclips haben, ist gar nicht so unmöglich, wie du vielleicht denkst. Jeder kann die fünf Grundsätze befolgen, die Dude Perfect für Arbeit und Leben aufgestellt haben. Du willst wissen, was das für Grundsätze sind? Laut Cory Cotton kann jeder »einen Treffer landen«; der Trick ist, dass man begeistert ist, die Herausforderung annimmt, nicht zögert, andere inspiriert und zurückgibt, was man selbst bekommen hat.

Fangen wir vorne an: Man muss sich für etwas begeistern. Cory sagt:
Was uns begeistert, ist der Versuch, Inhalte zu entwickeln, die anderen Menschen ein Lächeln aufs Gesicht zaubern. Wir haben das Gefühl, dass es in der heutigen Unterhaltungsindustrie viel zu wenig gute Vorbilder gibt. Und leider

gibt es auch viel zu wenig gute Männer. Wir haben uns zum Ziel gesetzt, positive männliche Vorbilder zu sein, und das nicht nur für Jungs. Die Mädels sehen unsere Videos und Fernsehshows schließlich auch. Wir wollen den Menschen zeigen, dass man auch anders leben und Spaß haben kann, nicht nur in der Partyszene. Man kann sich auch beim Sport und bei Wettkämpfen amüsieren. Was uns an unserer Arbeit so begeistert, ist, neue Inhalte zu entwickeln, die Menschen auf eine Weise zum Lächeln bringen, wie es die meisten Mainstream-Medien und die Unterhaltungsindustrie heute nicht tun. (1)

Dude Perfects Prinzip der Begeisterung ist etwas, das du dir auch zu eigen machen solltest. Um herauszufinden, was einen *begeistert*, schlägt Cory vor, dass man sich zwei Fragen stellt:
Erstens: Hast du mal genau darauf geachtet, welche Dinge dich begeistern? Ist es dir aufgefallen, wenn ein Augenblick umwerfend war – *wirklich umwerfend?* Und zweitens: Was sind das für Dinge? Was reißt dich vom Hocker? Was sind es für Sachen, die dich restlos begeistern? (2)

Als Nächstes musst du **die Herausforderung annehmen**, und das nicht nur halbherzig, sondern mit voller Überzeugung. Um den großen Wurf zu landen, musst du Einsatz zeigen, und zwar mehr als 100 %. Cory erklärt:
    Bei unserer Arbeit für Dude Perfect hatten wir nie den geringsten Zweifel, dass eine »Idee« die wichtigste Triebfeder ist. Wenn eine Idee dich nicht begeistert, lohnt es sich wahrscheinlich nicht, sie weiter zu verfolgen. Bevor wir von Dude Perfect eine *Herausforderung annehmen*, brauchen wir eine tolle Idee, für deren Umsetzung wir bereit sind, 110 % zu geben. Das ist wichtig, denn wenn man etwas wirklich Erstaunliches auf die Beine stellen will, kostet es viel Mühe. Man braucht Zeit und Geduld, und unglücklicherweise ist das mehr, als die meisten Menschen bereit sind aufzubringen. Man darf nicht auf sofortigen Erfolg aus sein. Manchmal gelingt uns ein Wurf beim ersten Versuch, aber im Regelfall müssen wir es immer wieder neu versuchen, bevor wir zum Ziel kommen. Bei unserer Arbeit müssen wir die Zeit einsetzen, die nötig ist, um etwas zustande zu bringen, das andere Leute gerne ansehen. Das beginnt damit, dass man sich eine Idee zu eigen macht, die es wert ist, weiterverfolgt zu werden, und dann so lange 110 % zu geben, bis sie umgesetzt ist. (3)

Um deine tollen Ideen umzusetzen, musst du aktiv werden. In dieser schnelllebigen Welt darfst du nicht zögern, sonst verpasst du womöglich eine Gelegenheit. Deshalb ist **nicht zu zögern** der nächste Grundsatz von Dude Perfect. Den folgenden klugen Ratschlag findest du in Corys Buch *Go Big*:

Wenn du eine Idee für den großen Wurf hast, dann verliere sie nicht durch langes Herumsitzen. Zögere auch diesmal nicht. Handle. (4)

Es ist anstrengend, wenn man seine Ideen für den großen Wurf umsetzen will, deshalb ist es vielleicht gut, dass den meisten Menschen der große Wurf nicht gleich im ersten Anlauf gelingt oder ohne fremde Hilfe. Die Jungs von Dude Perfect wissen, wie wichtig es ist, Menschen zu haben, die sie unterstützen, wenn eine Gelegenheit an die Tür klopft, Menschen, die mit ihnen gemeinsam feiern, wenn etwas Großartiges gelingt. Der entscheidende Punkt ist, dass man Gelegenheiten nutzt, ohne die anderen Beteiligten dabei zu auszunutzen. Cory erklärt, wie man diese Überzeugung in die Praxis umsetzt:
Gelegenheiten gibt es wie Sand am Meer, und wir müssen die richtigen für uns nutzen, aber niemals, indem wir andere dabei ausnutzen. Eine Sache, die wir [Dude Perfect] gelernt haben, ist, dass all die Dinge, denen Menschen nachjagen – sei es nun Ruhm, Geld oder Macht –, allesamt nicht von Dauer sind. Diese Dinge verblassen. Aber um sie zu bekommen, sind manche Menschen bereit, andere auszunutzen, indem sie ihnen in den Rücken fallen. Das ist das genaue Gegenteil von dem, was wir uns für unseren Umgang miteinander vorgenommen haben. Wir wollen die tollsten und besten Videos aller Zeiten produzieren, aber dabei übervorteilen wir nie jemanden. (5)

Hallo? Sind diese Jungs wirklich echt? Wie können sie die unmöglichsten Trickwürfe aller Zeiten hinkriegen und dabei gleichzeitig darauf achten, alle Menschen gerecht zu behandeln? Nun ja, was immer die Hasskommentar-Schreiber und Trolle behaupten, Dude Perfect schummeln nicht, und genauso ehrlich wie ihre Würfe ist der Ball, den sie dir zuspielen. Ob du es nun glaubst oder nicht, Dude Perfect glauben an dich und deinen Traum vom großen Wurf. Sie glauben so fest daran, dass ihr nächster Grundsatz lautet: **andere inspirieren**.
Letzten Endes hat man zwei Optionen: Man kann kurzfristige Erfolge erzielen, indem man andere überredet, oder man kann sich darauf konzentrieren, andere zu inspirieren und etwas nachhaltig in Bewegung setzen, positiv Einfluss nehmen auf die Menschen, die man erreicht. Entscheide dich für die zweite Option. Es ist anstrengend, aber wie du schon bald sehen wirst, sind die Ergebnisse die Mühe allemal wert. (6)

Wer hat die Jungs von Dude Perfect dazu inspiriert, so hart zu arbeiten, um andere zu inspirieren? Cory sagt: »Typen wie Tim Tebow, die es an die Spitze geschafft haben und trotzdem an ihrem Glauben festhalten. Rob Dyrdek, weil er authentisch und amüsant geblieben ist. Und natürlich sind wir alle große Fans von Stephen Curry.« Genau wie die Jungs von Dude Perfect sich inspirieren lassen und andere inspirieren, kannst auch du daran arbeiten, Menschen zu gewinnen, sie mitzureißen und zu inspirieren. Wenn du anderen zeigst, dass du an sie glaubst, sorgst du dafür, dass die Arbeit Spaß macht und dir gar nicht wie Arbeit vorkommt.

Zu guter Letzt sind die Jungs felsenfest überzeugt, dass von jemandem, der viel bekommt, auch viel erwartet wird. Diese Überzeugung kommt in ihrem fünften Grundsatz zum Ausdruck. Im Lauf der Jahre haben Dude Perfect mit Wohltätigkeitsorganisationen wie Compassion International und der Make-A-Wish-Foundation zusammengearbeitet. Aber **Zurückgeben** hat nichts mit Mildtätigkeit zu tun; es geht um eine Einstellung, die den Mitmenschen in den im Mittelpunkt stellt.

Für uns ist Zurückgeben eine Einstellung, weit mehr als nur eine gelegentliche Spende. Uns hat es wirklich gutgetan, uns um jüngere Menschen zu kümmern. Seit sie in der sechsten Klasse waren, betreuen mein Bruder und ich dieselbe Gruppe von Jungs. Wenn man 20 Jungs um sich hat, die einen ständig daran erinnern – und an so was muss jeder von Zeit zu Zeit erinnert werden –, dass es im Leben nicht nur um einen selbst geht, dann ist das eine gute Sache. Wir sind fest überzeugt, dass es sich nicht lohnt, sein ganzes Leben damit zuzubringen, dass man Beliebtheit, Ruhm, Geld und Macht nachjagt, weil all diese Dinge nicht von Dauer sind. Stattdessen haben wir fünf Jungs echte und dauerhafte Zufriedenheit in unserem Glauben gefunden. Wenn es uns gelingt, das an die 20 Jungs weiterzugeben, die uns am nächsten stehen, können wir sehr viel bewirken. Und wer weiß, welch weite Kreise dieser Einfluss in ihrem Leben noch ziehen wird? (7)

Konfuzius hat vermutlich nie im Leben an einem Basketball-Wettbewerb mit andern Philosophen teilgenommen, aber es ist immer noch faszinierend zu sehen, wie sein kluger Ausspruch, dass man seine Arbeit lieben muss, in die Tat umgesetzt wird. Wenn fünf beste Freunde und ein Panda es sich zum Beruf machen können, mit trickreichen Würfen Bälle zu versenken und dabei die Grundsätze *begeistert sein, die Herausforderung annehmen, nicht zögern, andere inspirieren und zurückgeben* zu verfolgen, dann kannst du das auch. Raff dich auf, nimm den Ball und spiel ihn.

OOOHHHHH!!!!!!!
Rein damit, Treffer!

Who is Who? - Dude Perfect

Wenn du mehr über Dude Perfect erfahren willst, lies das Buch *Go Big* oder besuch ihre Website unter dudeperfect.com.

Sich um eine Stelle bewerben

DU BRAUCHST:

- Eine freie Stelle
- Lebenslauf
- Bewerbungs-schreiben
- Ein Telefon

BENÖTIGTE ZEIT:

- Unterschiedlich

> Harte Arbeit zeigt, was in einem Menschen steckt: Manche krempeln die Ärmel hoch, manche rümpfen die Nase, manche lassen sich überhaupt nicht erst blicken.
>
> — Sam Ewing, früher Basketballprofi bei den Chicago White Sox und den Toronto Blue Jays

SCHRITT 1 Arbeitgeber kontaktieren

Ruf bei der Firma an und erkundige dich, ob es freie Stellen gibt. Wenn sie etwas haben, lass dir erklären, wie die Bewerbung abläuft. Schreib dir den Namen des Personalchefs auf, damit du Schriftliches direkt an die richtige Person schicken kannst.

SCHRITT 2 Das Bewerbungsformular

Viele Firmen erwarten heute, dass der Bewerber ein Formular online ausfüllt. Andere werden dich auffordern, ein Formular persönlich abzuholen, und dazu solltest du anständig angezogen sein. Fülle das Formular vollständig aus. (Siehe »So geht's: Ein Bewerbungsformular ausfüllen«.)

SCHRITT 3 Der Lebenslauf

Sofern verlangt, schreib einen Lebenslauf und einen Begleitbrief für deine Bewerbungsunterlagen.

SCHRITT 4 Nachkontrolle

Lebenslauf, Begleitbrief und Unterlagen solltest du sorgfältig durchlesen, bevor du sie abgibst, damit keine Rechtschreibfehler drin sind. Das ist entscheidend für einen guten Eindruck beim Personalchef.

SCHRITT 5 Bewerbung einreichen

Wann immer möglich, gib deine Unterlagen PERSÖNLICH ab (es sei denn, es ist eine Bewerbung, die nur online durchgeführt wird). Zieh dich gut an, benimm dich gut, mach einen guten Eindruck. Gut anziehen bedeutet in diesem Fall, dass du der Arbeit angemessene Kleidung in der Form trägst, die der Arbeitgeber erwartet – dein persönlicher Geschmack ist dabei nicht gefragt.

SCHRITT 6 Am Ball bleiben

Ein paar Tage nach Abgabe der Bewerbung gehst du zu der Firma und verlangst, den Personalchef PERSÖNLICH zu sprechen. Vergewissere dich, dass deine Bewerbung angekommen ist und zur Kenntnis genommen wurde, und sei auch bereit für Fragen, die der Personalchef womöglich stellt.

Wusstest du das?

Eine eigene Bewerbung bei einer Vermittlungs-Website einzustellen hilft in der Regel nichts. Im Schnitt werden bei den großen Portalen eine halbe Million Bewerbungen pro Woche gepostet. Wenn du ganz vorn in der Job-Warteschlange stehen willst, dann geh ganz nach vorn, zum Chef persönlich.

Ein Bewerbungs-formular ausfüllen

DU BRAUCHST:

- Ein unausgefülltes Bewerbungsformular
- Einen schwarzen oder blauen Kugelschreiber bzw. die Computertastatur
- Arbeitszeugnisse und Empfehlungs-schreiben
- Personalausweis

BENÖTIGTE ZEIT:

- 30–45 Minuten

Nur selten bekommt man eine zweite Chance auf einen guten ersten Eindruck, und deine Bewerbungsunterlagen sind genau das – der erste Eindruck. Die Bewerbung gibt jemandem, der dich eventuell anstellen will, einen ersten Begriff davon, wer du bist und was du bisher getan hast. *Ordentlich, aufgeräumt und professionell* sind drei Begriffe, die immer gut für einen ersten Eindruck sind.

SCHRITT 1 Erkunde den Markt

Arbeitssuche ist echte Arbeit, mach dir also ein paar Gedanken über die richtige Planung, bevor du ans Werk gehst – das spart Zeit und Benzin. Siehe die Schritte 1 und 2 in »So geht's: Ein Bewerbungsgespräch führen«.

SCHRITT 2 Mach Eindruck!

Wenn du dich nach offenen Stellen erkundigst, solltest du immer gut angezogen sein. Schließlich kann es sein, dass du mit dem Personalchef persönlich sprichst; womöglich nimmt er dich sogar gleich mit zum Bewerbungsgespräch. (Siehe »So geht's: Ein Bewerbungsgespräch führen«.)

SCHRITT 3 Lies alle Anweisungen

Vergewissere dich, dass du alle Anweisungen verstanden hast, bevor du dich daranmachst, etwas auszufüllen und die Fragen zu beantworten.

SCHRITT 4 Fülle die Bewerbungsunterlagen aus

Mach deine Angaben ordentlich, ehrlich und – wenn es keine Online-Bewerbung ist – mit Kugelschreiber. Beschreibe deine bisherige Berufserfahrung an der entsprechenden Stelle des Formulars. Man wird von dir erwarten, dass du zwei oder drei Zeugnisse bzw. Empfehlungsschreiben beifügst. Beschreibe, was du an deinem vorigen Arbeitsplatz getan hast, und gib auch die Kontaktadresse für eventuelle Nachfragen an. (Siehe »So geht's: Ein Empfehlungsschreiben bekommen«.)

SCHRITT 5 Weitere Unterlagen

Zur Bestätigung deiner Identität verlangt der Arbeitgeber eventuell eine Fotokopie deines Personalausweises.

SCHRITT 6 **Nachkontrolle**

Vergewissere dich, dass keine Fehler in dem Schreiben sind, damit du einen guten Eindruck auf den Personalchef machst.

SCHRITT 7 **Bewerbung abgeben**

Wie beim Abholen des Formulars solltest du auch diesmal wieder anständig angezogen sein, für den Fall, dass du mit dem Manager sprichst oder gleich zum Bewerbungsgespräch gebeten wirst.

Männer – Dichtung und Wahrheit:

»Rechtschreibung und Grammatik sind nicht von Belang, wenn man sich als Arbeiter bewirbt.«

Dichtung. Zwar wird die Bewerbung nicht wegen ein oder zwei Fehlern in die »runde Ablage« (also in den Papierkorb) geworfen, aber wenn es viele sind, dann schon. Wenn du dir beim Ausfüllen unsicher bist, schlag lieber die korrekte Schreibung nach.

Ein Bewerbungs-gespräch führen

DU BRAUCHST:
- Lebenslauf
- Zeugnisse
- Empfehlungsschreiben
- Passende Kleidung
- Eine Liste von Fragen
- Einen Dankesbrief

BENÖTIGTE ZEIT:
- Unterschiedlich, 10–30 Minuten

Immerhin bist du jetzt schon mal auf der anderen Seite der Tür. Glückwunsch! Jetzt, wo du und dein möglicher Chef euch Auge in Auge gegenübersteht, kommt alles darauf an, dass du dieses Gespräch nicht verdirbst. Du bist also gut angezogen und benimmst dich anständig – und vergiss nicht, dass die Zeit knapp und wertvoll ist; komm gut vorbereitet, und du kannst gut angestellt gehen.

SCHRITT 1 Frag dich, was du willst

Überlege, welche Art Arbeit du gern machen würdest. Schreib auf, was du kannst und welche Qualifikationen du hast.

SCHRITT 2 Finde das Passende

Such eine Stellenanzeige, die zu deinen Wünschen, Fähigkeiten und Qualifikationen passt.

SCHRITT 3 Mach dich über die Firma schlau

Informiere dich über die Ziele der Firma, über Arbeitsbedingungen und Anforderungen, damit du weißt, ob du in diese Arbeitsumgebung passt.

SCHRITT 4 Bereite dich vor

Übe das Bewerbungsgespräch, damit du Selbstvertrauen hast, wenn es so weit ist. Leg eine Bewerbungsmappe an, die deinen Lebenslauf, die Zeugnisse und zumindest ein Empfehlungsschreiben enthält.

SCHRITT 5 Mach Eindruck!

Wähle Kleidungsstücke, die zu dem Anlass passen. Halte dich an die bei der Firma üblichen Standards oder übertreibe sie sogar ein wenig. Du solltest nicht dein Lieblings- oder Glücksbringer-T-Shirt tragen, keine Schlabberhosen, Mütze, Kapuze, keine Ohrhörer, kein Rasierwasser und keine Kette, mit der deine Brieftasche am Gürtel befestigt ist. Und keine »goldene« Halskette über dem Hemd.

SCHRITT 6 Sei bei der Sache!

Hör bei dem Gespräch gut zu und beantworte die Fragen klar und deutlich. Belaste deine Antworten nicht mit unnötigen Einzelheiten.

SCHRITT 7 **Hab Fragen parat!**

Sei gut vorbereitet, sodass du dem Gesprächspartner fachliche Fragen zu deiner Arbeit stellen kannst, zur geforderten Stundenzahl und zu erwarteten Leistungen.

SCHRITT 8 **Bleib am Ball!**

Nach dem Gespräch schreibst du deinem Gesprächspartner ein Dankesbriefchen. Das ist die Gelegenheit für dich, noch einmal auf deine Talente hinzuweisen, auf das, was dich zur guten Wahl für diese Stelle macht.

Übrigens

»Es müssen nicht unbedingt Anzug und Krawatte sein, aber die Kleidung muss der Stelle angemessen sein, auf die man sich bewirbt. Nicht die Piercings oder Tattoos sollen zu sehen sein, sondern die Selbstsicherheit, die Bereitschaft zu lernen, der Stolz darauf, eine Arbeit gut zu erledigen.«

— Gino Quintana, Manager Gästeservice, Hilton Hotels & Resorts, Hilton Houston North

Eine Lohnerhöhung fordern

DU BRAUCHST:
- Wissen über aktuelle Lohnstandards
- Liste deiner Leistungen, die eine Erhöhung rechtfertigen

BENÖTIGTE ZEIT:
- 30 Minuten

Du findest also, es wird Zeit, dass du mehr verdienst. Na, dann stell dich mal hinten an. Ungefähr die Hälfte aller Werktätigen denkt genauso wie du, aber nur die wenigsten tun etwas. Die meisten Angestellten warten auf Lohnerhöhungen vonseiten der Firma und fühlen sich unterbezahlt, wenn keine kommen. Am besten wirst du zu mehr Lohn kommen, wenn du dich nicht in der langen Schlange der Wartenden, sondern in der kurzen der Fordernden anstellst. Wenn du verlässlich, arbeitsam und schon mehr als ein paar Monate auf deinem Posten bist, könnte die Zeit gekommen sein. Vergiss nicht: Wer nicht fragt, bekommt auch nichts.

SCHRITT 1 Recherchiere

Finde heraus, wie viel andere in deiner Position verdienen.

SCHRITT 2 Beurteile die Atmosphäre am Arbeitsplatz

Wie gut ist die Firma im Geschäft? Ist die Zeit günstig für die Forderung nach mehr Geld?

SCHRITT 3 Vereinbare ein Gespräch

Wenn du deinen Chef um eine Lohnerhöhung bitten willst, dann tu es persönlich. Niemals per Telefon, Textnachricht oder E-Mail.

SCHRITT 4 Bereite dich auf die Begegnung vor

Schreib all deine Leistungen auf und führe ohne falsche Scham alle Gründe dafür an, dass die Qualität deiner Arbeit eine höhere Bezahlung rechtfertigt.

SCHRITT 5 Unterhalte dich mit dem Chef

Werde bei deinem Chef vorstellig und sprich mit ihm. Sei bereit, seine Entscheidung zu akzeptieren.

Wusstest du das?

Arbeitgeber sind verpflichtet, ihren Angestellten den gesetzlichen Mindestlohn oder mehr zu zahlen. Das gilt übrigens auch für Praktika – außer es handelt sich um ein Praktikum, das der Berufsorientierung dient oder studien- bzw. ausbildungsbegleitend absolviert werden muss.

Dich für eine Beförderung bewerben

DU BRAUCHST:

- Eindeutige Belege für deinen Erfolg in deiner gegenwärtigen Stellung
- Eine offene Stelle in der Firma
- Genaue Vorstellungen von deinen Stärken im Beruf

BENÖTIGTE ZEIT:

- 15 Minuten

Du willst wissen, wie du befördert wirst? Dazu braucht man keine Raketentechnik (es sei denn, du arbeitest bei der NASA). Von Beförderung spricht man nur, wenn es sich um den Wechsel zu einer höherwertigen, besser bezahlten Stelle in derselben Firma handelt. Der beste Weg, dorthin zu gelangen? Setz deine eigene Messlatte höher! Du solltest in der Position, die du jetzt hast, dein Bestes geben. Wenn deine Leistungen so gut wie perfekt sind, dann sieht dein Chef auch, dass es Zeit für den Karrieresprung ist.

SCHRITT 1 Wie ist die Stimmung?

Wenn es in deiner Firma gerade betriebsbedingte Kündigungen gibt, ist das vielleicht nicht die richtige Zeit, nach einer Beförderung zu fragen.

SCHRITT 2 Besteht Bedarf?

Ist eine Stelle offen, dann kannst du dich auch darauf bewerben. Ist keine Stelle offen, dann überlege, wo die Firma noch jemanden gebrauchen könnte und ob du der Richtige für diesen Posten wärst.

SCHRITT 3 Analysiere deine Stärken

Mach dir klar, was du für die Firma tust, und bring es im Gespräch mit deinem Chef an.

SCHRITT 4 Sprich mit dem Chef

Mach einen persönlichen Gesprächstermin mit dem Chef ab, damit ihr über die Möglichkeiten einer Beförderung sprechen könnt.

SCHRITT 5 Bleib konkret

Du solltest genau schildern, wo in deiner Firma Bedarf besteht und wie genau du diesen Bedarf decken kannst. Sieh voraus, welche Fragen der Chef stellen wird, und hab die Antworten parat.

SCHRITT 6 Warte die Entscheidung ab

Setze deine Vorgesetzten nicht unter Druck. Gib ihnen Zeit, damit sie sich deinen Vorschlag überlegen können. Bleib positiv und erledige weiterhin deine Arbeit anständig, egal, wie sie sich entscheiden.

Übrigens

»Das Geheimnis meines Geschäftserfolgs: Ich habe gelernt, meinen Kunden zu vertrauen, sie zu mögen, sie zu respektieren.«

— Peter Georgescu

Als Kind wurde Peter Georgescu in Rumänien in ein Zwangsarbeitslager gesteckt. Nach acht Jahren der Trennung konnte er seinen Eltern nach Amerika folgen, wo er zur Schule ging, Englisch lernte und hart daran arbeitete, andere zu respektieren und sich den Respekt anderer zu verdienen. Im Lauf der Zeit arbeitete er sich zum Chef einer multinationalen Kommunikationsfirma hoch.

Kündigen

DU BRAUCHST:

- Dein Kündigungs-
  schreiben

BENÖTIGTE ZEIT:

- Mindestens 2
  Wochen

> Einen großen Teil deines Lebens wirst du mit Arbeit verbrin-
> gen, und du wirst nur dann wirklich zufrieden sein, wenn du
> überzeugt bist, dass du gute Arbeit leistest. Und gute Arbeit
> leistet man nur, wenn man seine Arbeit liebt. Wenn du eine
> solche Arbeit bisher nicht gefunden hast, dann halt die Augen
> offen. Gib dich nicht zufrieden. Wie immer bei Herzensangele-
> genheiten wirst du es spüren, wenn du angekommen bist.
>
> — Steve Jobs

SCHRITT 1 Immer schriftlich!

Verfasse einen kurzen, professionellen Kündigungsbrief. Persönliche Gefühle haben darin nichts zu suchen. Er sollte genau das Datum des Ausscheidens benennen, deine Leistungen aufzählen und deine Dankbarkeit gegenüber Geschäftsleitung und Firma ausdrücken.

SCHRITT 2 Gut durchlesen!

Vergewissere dich, dass keine Rechtschreib- oder Grammatikfehler in dem Brief sind.

SCHRITT 3 Gib dein Schreiben ab

Mindestens 2 Wochen vor dem vorgesehenen Datum solltest du dein Kündigungs- schreiben dem Chef und dem Personalbüro persönlich vorlegen. Behalte eine Kopie davon für deine persönlichen Akten.

SCHRITT 4 Lass dir ein Empfehlungsschreiben geben

Falls angebracht, lass dir von deinem Chef ein persönliches Empfehlungsschreiben aus- stellen. Das kannst du später gebrauchen.

SCHRITT 5 Sorge für Ersatz!

Hilf mit, deinen Nachfolger zu finden, und arbeite die Person ein, bevor du gehst.

SCHRITT 6 Gibt es finanzielle Zusatzleistungen?

Eventuell stehen dir nach deiner Kündigung finanzielle Zusatzleistungen durch die Firma zu. Erkundige dich im Personalbüro.

SCHRITT 7 Bleib nichts schuldig!

Bevor du gehst, gibst du alles Firmeneigentum an die entsprechenden Abteilungen zurück.

Übrigens

»Gestalte den Abschied immer positiv. Nimm den letzten Arbeitstag nicht als Gelegenheit, den Leuten zu sagen, was du von ihnen oder dieser Arbeit hältst. Du weißt nie, wann du vielleicht wieder mit ihnen zusammen oder für sie arbeitest.«

— Jim Agnew,
Berufsberater, Bellevue School District, Bellevue, WA

Ein Empfehlungs-schreiben bekommen

WEGEN EMPFEHLUNG FRAGEN

- LEHRER
- FRÜHERER ARBEITGEBER/MENTOR
- FREUND/IN DER FAMILIE

DU BRAUCHST:
- Eine Liste von angesehenen Leuten, die wissen, was du geleistet hast
- Mailadressen
- Telefonnummern

BENÖTIGTE ZEIT:
- 30 Minuten

Es gibt gute und es gibt schlechte Überraschungen. Eine Überraschung, die du nie jemandem zumuten solltest, ist, ihn als Auskunftsinstanz anzugeben, ohne dass du ihn vorher gefragt hast. *Peinlich!* Einen Chef, Arbeitskollegen, Lehrer oder Freund musst du um Erlaubnis bitten, bevor du jemanden an ihn verweist. Damit sorgst du auch dafür, dass nur Positives über dich gesagt wird.

SCHRITT 1 Die Kandidatenliste

Stell eine Liste von Leuten zusammen, die ehrlich über deine bisherigen Leistungen Auskunft geben können.

SCHRITT 2 Geht es per Mail?

Eine E-Mail kann ein guter Weg sein, jemanden um eine Empfehlung zu bitten, weil man mit einer Mail den Betreffenden nicht unter Druck setzt. Wenn er bereit ist, dich zu empfehlen, dann gut. Wenn nicht, kann er absagen, ohne dass er es dir persönlich sagen muss.

SCHRITT 3 Setz die Mail auf

Schreib etwas Einfaches, das gleich zur Sache kommt; schreib, welche Position du anstrebst und dass du um Empfehlung dafür bitten möchtest. Sag nicht: »Können Sie mich empfehlen?«, sondern etwas wie »Wäre es Ihnen möglich, eine positive Auskunft über mich zu geben?«. In der Mail sollten folgende Angaben enthalten sein: Welche Position strebst du an? Weshalb ist diese Position wichtig für dich? Bis wann brauchst du eine Zu- oder Absage auf deine Frage?

SCHRITT 4 Achte auf Fehler

Lass die Mail von jemandem gegenlesen. Und zwar jemandem, der deine Schreibkünste ehrlich beurteilt und nicht einfach nur sagt, was du hören willst.

SCHRITT 5 Sende die Mail

Schicke jede Anfrage einzeln – mach es nicht per Sammelmail. Bring jeweils ein paar persönliche Worte an, etwas, das der Betreffende an eurem Verhältnis zueinander zu schätzen weiß.

SCHRITT 6 Bleib am Ball!

Wenn du eine Antwort bekommst, antworte wiederum mit einer weiteren Mail, oder besser noch, ruf an. Ob sie nun positiv oder negativ antworten, danke allen dafür, dass sie sich die Mühe gemacht haben.

Männer – Dichtung und Wahrheit:

»Männer schreiben Dankesbriefe.«

Wahrheit. In Deutschland werden jährlich ca. 548 Millionen Glückwunschkarten verkauft. Davon entfällt der größte Teil auf Geburtstagskarten, über die sich Millionen Menschen Jahr für Jahr freuen.

WOHLSTAND & GELD

4

Laut Auskunft der zuständigen US-Behörde bleibt ein Dollarschein im Durchschnitt gerade einmal 21 Monate im Umlauf. Um ihren zweiten Geburtstag herum werden die meisten Scheine wegen zu starker Abnutzung aus dem Verkehr gezogen. Im Verlauf seines kurzen Daseins erlebt »George« (die Eindollarnote) Tausende von Kaufräuschen und wechselt etwa zehntausendmal den Besitzer. Nur selten trifft er auf jemanden, der ihn länger als ein paar Tage behält, und noch viel seltener kommt es vor, dass jemand sich auf eine dauerhaftere Beziehung einlässt. Da sie nicht auf die kurzfristige Befriedigung eines Spontankaufs verzichten können, geben die meisten Jungs jeden Dollar für *Wünsche* aus, statt wie erwachsene Menschen für echte *Bedürfnisse* zu sparen. Ein reifer Mann weiß: Je größer seine Sammlung an Portraits von George Washington, desto schneller schließen sie sich zu einer Hundertschaft zusammen und ändern ihren Namen in Benjamin Franklin.

Einer der führenden Finanzexperten ist der Benjamin-Sammler, Autor, Fernseh- und Radiomoderator Dave Ramsey. Seine Tipps zum Umgang mit Geld sind für jeden, der die Kontrolle über sein Vermögen behalten und sich nicht mit Schulden versklaven will, bare Münze wert.

Mr. Ramsey spricht aus Erfahrung, wenn er seine Ratschläge zum Ausgeben und Sparen gibt. Er weiß nur zu genau, was es heißt, sich aus dem Joch der Verschuldung zu befreien, denn er hat es am eigenen Leibe erlebt.

Nachdem ich alles verloren hatte, machte ich mich auf die Suche nach der Antwort auf die Frage, wie Geld wirklich funktioniert, wie man die Kontrolle darüber erlangen und selbstbewusst damit umgehen kann. Ich las alles, was mir in die Finger kam. Ich befragte ältere, wohlhabende Menschen, Menschen, die Geld verdienten und es behielten. Diese Suche führte mich an einen wirklich unangenehmen Ort: vor den Spiegel. Ich musste einsehen, dass all meine Geldprobleme, Sorgen und Engpässe im Grunde bei der Person in meinem Spiegel begannen. Mir wurde auch klar, dass ich den Typen, den ich jeden Morgen rasierte, beherrschen musste, wenn ich als Sieger aus dem Kampf mit dem Geld hervorgehen wollte. (1)

Seit nunmehr zwanzig Jahren berät Dave Ramsey Millionen von Menschen und empfiehlt ihnen genau die Strategien, die er selbst angewandt hat, um seine eigenen Finanzen in den Griff zu bekommen. Hier ein paar

Beispiele für seine beliebtesten Ratschläge und Alltagsweisheiten zum Thema Kontrolle über Geld und Leben:

»Wir kaufen Zeug, das wir nicht brauchen, mit Geld, das wir nicht haben, um Leute zu beeindrucken, die wir nicht mögen.« (2)

»Ich glaube, dass jeder von uns durch Wissen und Disziplin finanziellen Frieden finden kann.« (3)

»Man muss die Kontrolle über sein Geld erlangen, sonst wird einen der Mangel daran für immer kontrollieren.« (4)

»Wenn du jetzt lebst wie kein anderer, kannst du später leben wie kein anderer.« (5)

»Du musst deinem Geld sagen, was es tun soll, sonst verlässt es dich.« (6)

»Wer Schulden hat, kann nicht gewinnen. Das funktioniert nicht.« (7)

»Arbeit ist eine todsichere Methode zum Geldverdienen.« (8)

»Handle nach deinem Einkommen.« (9)

Handle nach deinem Einkommen? Klingt witzig, aber jeder vermögende Mensch weiß, dass diese vier Worte der kürzeste Weg zur finanziellen Freiheit sind. Wahrscheinlich hältst du es trotzdem für eine schöne Idee, wie ein Millionär zu handeln. Wer tut das nicht? Laut Mr. Ramsey hat jeder es selbst in der Hand, sich als Millionär zur Ruhe zu setzen. »Wusstest du, dass du im Alter von 30–70 nur 100 Dollar pro Monat investieren musst, lumpige hundert Dollar im Monat – Café Latte hin, Pizzadienst her, muss ich noch etwas zum Thema Golf sagen? Nein, ich will ja nicht persönlich werden und jemanden beleidigen. Aber wenn du von 30–70 nur 100 Dollar pro Monat in einen Fonds mit anständiger Rendite investierst, als steuerfreie Altersvorsorge, dann macht das am Ende ca. 1.176.000 Dollar. Es gibt keine Entschuldigung dafür, nicht als Millionär in Rente zu gehen.« (10)

100 Dollar pro Monat? Ja genau, nur 100 Dollar im Monat. Das klingt im Augenblick vielleicht nach ziemlich viel; aber überleg mal, wie viel Geld die meisten Menschen aus dem Fenster werfen, ohne zu wissen, wo es bleibt. Was hast du im letzten Monat so gekauft? Und jetzt überleg mal, wie du dir deine finanzielle Zukunft vorstellst. Millionär oder nicht, wenn du lernst, dein Geld zu beherrschen, dann verhinderst du, dass es eines Tages dich beherrscht.

Who is Who? - Dave Ramsey

David L. Ramsey III. ist verheiratet und Vater von drei Kindern, er schreibt Bücher über Finanzen, ist Radiomoderator, Fernsehstar, Motivationstrainer und Firmeninhaber mit einem Gesamtvermögen von geschätzten 55 Millionen Dollar.

Einen Haushaltsplan aufstellen

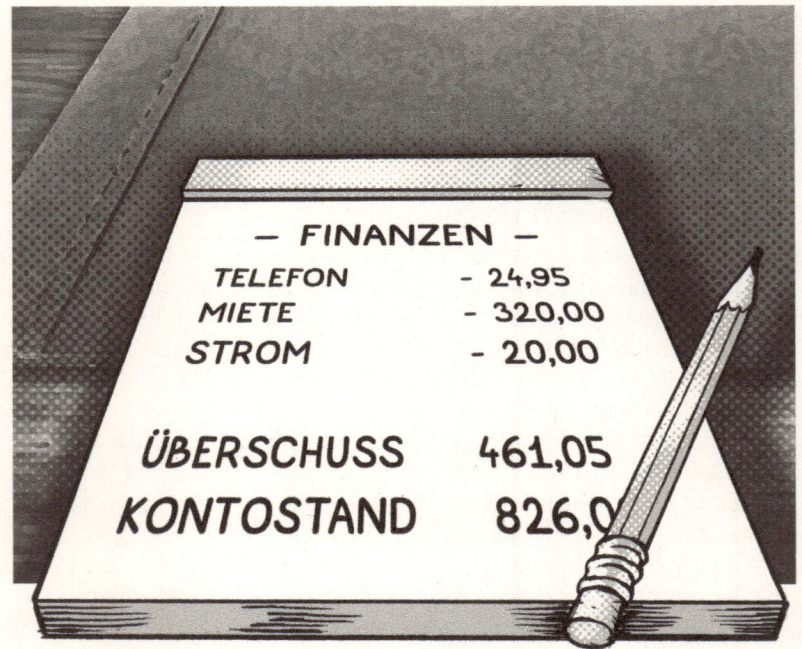

DU BRAUCHST:
- Liniertes Papier
- Gespitzten Bleistift
- Taschenrechner

BENÖTIGTE ZEIT:
- 30 Minuten

Erinnerst du dich noch an den Typen, der sich im Mathe-Unterricht beschwert hat: »Die Rechnerei ist doch Schwachsinn. Wozu soll ich das ganze Zeug lernen?« Die Antwort liegt auf der Hand: Du brauchst es jeden Tag. Der erste Schritt auf dem Weg zur finanziellen Freiheit ist die Anwendung von ein paar Grundrechenarten beim Erstellen eines persönlichen Haushaltsplans. Wer zusammenzählen und abziehen kann, der kann auch entscheiden, ob er über seine Verhältnisse lebt. Ein erwachsener Mann gibt seinem Leben Wert, indem er einen sinnvollen Plan aufstellt, der ihm finanzielle Freiheit schafft. Ein unreifer entwertet sein Leben, indem er sich in Schulden verstrickt und in finanzielle Abhängigkeit gerät. Um John Maxwell zu zitieren: »Mit einem Haushaltsplan sagst du deinem Geld, wohin es gehen soll, statt dich zu fragen, wo es geblieben ist.« (11)

SCHRITT 1 Welches Einkommen hast du?

Schreib auf, was du jeden Monat an regelmäßigen Einnahmen hast.

SCHRITT 2 Wie hoch ist es?

Zähle das regelmäßige Einkommen zusammen und ziehe die Steuern, die du zu zahlen hast, ab. Das ist dein Monatseinkommen.

SCHRITT 3 Welche Ausgaben hast du?

Wofür gibst du Monat für Monat dein Geld aus? Führe alles auf. Aber wirklich alles! Fasse zusammen, wenn es zu unübersichtlich wird, aber jeder ausgegebene Cent sollte hier auftauchen!

SCHRITT 4 Was sind die Fixkosten?

Mach dir klar, was du für lebensnotwendige Dinge ausgibst. Fixkosten sind die Dinge, die du jeden Monat neu zahlen musst. Ganz oben auf der Liste sollten Miete, Nebenkosten, Versicherungen und die Ausgaben für Lebensmittel stehen.

SCHRITT 5 Wie hoch sind die Fixkosten insgesamt?

Zähl diese Kosten zusammen – das ist die Summe, die du jeden Monat in jedem Fall ausgibst.

SCHRITT 6 Rechne!

Zieh diese Fixkosten von deinem Einkommen ab. Wenn Geld übrig bleibt, dann Glückwunsch. Du »schreibst schwarze Zahlen«, du »lebst gemäß deinem Einkommen«. Rücke vor zu Schritt 9. Wenn ein Minus herauskommt, sind das »rote Zahlen«. Du »lebst über deine Verhältnisse« und brauchst entweder mehr Einkommen oder musst deine Ausgaben reduzieren.

SCHRITT 7 Was sind die flexiblen Ausgaben?

Schaue noch einmal die Liste deiner Ausgaben durch und überlege, auf was du verzichten kannst.

SCHRITT 8 Wie hoch sind die flexiblen Ausgaben insgesamt?

Wenn du »über deine Verhältnisse« lebst, musst du flexible Ausgaben reduzieren (oder für ein höheres Einkommen sorgen), damit du wieder »schwarze Zahlen schreibst«.

SCHRITT 9 Behalte dein Geld im Auge

Führe Buch über deine sämtlichen Ausgaben. Ausgaben und Einnahmen müssen Monat für Monat aufgezeichnet und überprüft werden. Damit behältst du im Auge, wohin dein Geld geht und wofür du es ausgibst.

Info

Hast du Geld, das du für gute Zwecke spendest, einkalkuliert? Viele, die klug wirtschaften, geben Monat für Monat 10 % ihres Einkommens für Spenden her. Fang mit dem an, was du dir leisten kannst, und erhöhe den Anteil, wenn Einkommen und Mitgefühl wachsen.

Dir ein Sparkonto aufbauen

DU BRAUCHST:
- Einkommen
- Ein Sparkonto bei einer Bank
- Deinen Haushaltsplan
- Willenskraft

BENÖTIGTE ZEIT:
- Mindestens 1 Jahr

> Leg einen Teil deines Einkommens auf die hohe Kante und fang sofort damit an, denn ein Mann mit Guthaben ist Herr der Umstände, aber ein Mann ohne Guthaben wird von den Umständen beherrscht.
>
> — Henry Buckley

SCHRITT 1 Stell einen Haushaltsplan auf

Siehe »So geht's: Einen Haushaltsplan aufstellen«.

SCHRITT 2 Setz eine Summe als Ziel fest

Mach dir klar, wie viel du sparen willst und bis wann du es gespart haben willst. Dazu wirst du noch einmal deinen Haushaltsplan konsultieren müssen und einen Teil deiner flexiblen Ausgaben zu Spargeld umwidmen.

SCHRITT 3 Zahle deine Schulden

Wenn du Geldschulden hast, solltest du Prioritäten setzen und als Erstes diese Schulden tilgen. Dann bist du nicht nur die Verpflichtung los, sondern auch noch die zusätzlichen Kosten für die Schuldzinsen.

SCHRITT 4 Eröffne ein Konto

Geh mit deiner ersten Geldeinlage zu einer soliden Bank und eröffne ein verzinsliches Sparkonto. **Verzinslich** bedeutet, dass die Bank dir einen festen Prozentsatz gutschreibt dafür, dass sie mit deinem Geld wirtschaften kann. Das ist nicht viel, aber nach und nach wird deine Einlage sich vermehren.

SCHRITT 5 Halte dich an deinen Vorsatz

Jetzt, wo dein monatlicher Haushaltsplan einen Posten für das Sparen einschließt, solltest du dieses Geld auch wie geplant auf dein Sparkonto einzahlen und nicht der Versuchung eines Spontankaufs nachgeben.

SCHRITT 6 Verschulde dich nicht

Warum willst du etwas kaufen, wenn du es dir nicht leisten kannst? Wenn eine Geldausgabe in deinem Plan nicht vorgesehen ist, dann gib das Geld auch nicht aus. Einmal die Kreditkarte hingehalten, einmal eine Unterschrift gegeben, und schon ist es mit deinem Sparplan vorbei.

SCHRITT 7 Wiederhole die Schritte 5–7

Übrigens

»Geld verdienen ist nicht schwer, Geld behalten umso mehr.«

— Sprichwort

Mit einer Kreditkarte umgehen

DU BRAUCHST:
- Einkommen
- Kreditkarte
- Haushaltsplan
- Willenskraft

BENÖTIGTE ZEIT:
- 15 Minuten pro Monat

Deutsche Konsumenten haben über 75 Milliarden Euro Kreditkartenschulden. Das ist ein riesiger Betrag, und noch mehr als das wird fällig, denn die Zinsen kommen hinzu. Wer den Umgang mit seiner Kreditkarte beherrscht, zahlt nur das, was er wirklich schuldig ist. Mit einem Minus auf dem Kreditkartenkonto wird man zum Sklaven seiner Schulden. Wenn du der Schuldenfalle entgehen willst, darfst du kein Geld ausgeben, das du nicht hast. Auch wenn du etwas noch so gern kaufen möchtest, solltest du immer im Kopf behalten, dass du nicht durch Schulden deine Freiheit verlieren willst. Sag dir Folgendes: Die Freude des Schuldenmachens ist schnell vorbei, aber die Mühe, die Schulden wieder abzutragen, dauert womöglich ein Leben lang.

SCHRITT 1 **Begrenze die Auswahl**

Du solltest nur eine Kreditkarte haben, nicht mehrere.

SCHRITT 2 **Mach dich mit den Geschäftsbedingungen deiner Kreditkarte vertraut**

Dazu gehören dein persönlicher Kreditrahmen, der Zinssatz, das Fälligkeitsdatum und alle Arten von Gebühren, die für deine Kreditkarte anfallen können.

SCHRITT 3 **Benutze sie nur, wenn es sein muss**

Deine Kreditkarte solltest du nur einsetzen, wenn es nicht anders geht. Benutze sie für Notfälle, wenn Bargeld oder eine Überweisung nicht infrage kommen. Alltägliche, planbare Ausgaben sollten möglichst nie mit Kreditkarte beglichen werden. (Siehe »So geht's: Einen Haushaltsplan aufstellen«.)

SCHRITT 4 **Prüfe deine monatlichen Abrechnungen**

Schau dir jeden Monat die Übersicht über deine Käufe an. Vergleiche die Abrechnung mit den Eintragungen in deinem Monatsbudget. Achte auf unautorisierte Abbuchungen oder Gebühren, denn die können auf Kreditkartenbetrug hindeuten.

SCHRITT 5 **Bezahle deine Schulden**

Sorge jeden Monat für einen ausgeglichenen Kontostand, damit keine Zinsen und Gebühren anfallen. Zahle immer rechtzeitig vor dem Fälligkeitsdatum, um Säumniszuschläge und mögliche negative Auswirkungen auf deine Kreditwürdigkeit zu vermeiden.

Männer – Dichtung und Wahrheit:
»Die erste Kreditkarte war aus Leder.«

Dichtung. In Wahrheit war die erste Kreditkarte höchstwahrscheinlich aus Papier. Seither hat man Metallmünzen, Metalltäfelchen, Karbonfasern, Papier und Plastik benutzt, aber es gab nie Kreditkarten aus Leder.

In die Zukunft investieren

DU BRAUCHST:
- Einkommen
- Langfristige Geldanlage
- Geduld

BENÖTIGTE ZEIT:
- 30 Minuten pro Monat für die nächsten ca. 40 Jahre

Viele junge Männer wissen nicht, wie wichtig es ist, für die Zukunft vorzusorgen. Die meisten glauben, sie hätten noch ein Leben lang Zeit zu sparen – warum also jetzt schon damit anfangen? Die Wahrheit ist: Je früher man anfängt, sein schwer verdientes Geld zu investieren, desto mehr Geld hat man zur Verfügung, wenn man später einmal nicht mehr so schwer arbeiten will.

SCHRITT 1 **Zäume das Pferd von hinten her auf**

Überlege, wann du dich zur Ruhe setzen möchtest. Die meisten Menschen peilen 65 an.

SCHRITT 2 **Von nichts kommt nichts!**

Wenn du Geld für die Zukunft anlegen willst, musst du in der Gegenwart welches verdienen. Also such dir einen Job und zweige einen Teil des Einkommens für eine gute Geldanlage ab.

SCHRITT 3 **Die passende Kapitalanlage**

Erkundige dich bei vertrauenswürdigen Erwachsenen, ob sie einen Anlageberater kennen, der dir eine langfristige Geldanlage mit Zinseszinseffekt vorschlagen kann.

SCHRITT 4 **Je früher, desto besser**

Der Schlüssel zum Vermögenswachstum ist, so früh wie möglich anzufangen. Schau dir an, was bei einer Rendite von 3 % mit jährlicher Zinsgutschrift aus einem Anlagebetrag werden kann:

Wer mit 20 Jahren 1000 € anlegt, hat mit 65 Jahren 3781,60 €.

Wer mit 25 Jahren 1000 € anlegt, hat mit 65 Jahren 3262,04 €.

Wer mit 30 Jahren 1000 € anlegt, hat mit 65 Jahren 2813,86 €.

Wer mit 40 Jahren 1000 € anlegt, hat mit 65 Jahren 2427,26 €.

Übrigens

»Finanziellen Frieden hat nicht der, der Besitz anhäuft. Finanziellen Frieden genießt man, wenn man lernt, weniger auszugeben, als man verdient. Denn nur so kann man Geld zurücklegen und investieren. Solange man das nicht tut, kann man nicht gewinnen.« (12)

— Dave Ramsey

Ohne Schulden leben

DU BRAUCHST:
• Einkommen
• Selbstbeherrschung
• Geduld

BENÖTIGTE ZEIT:
• Ab heute

Es gibt kaum eine treffendere Aussage über ein schuldenfreies Leben als die des schottischen Moralphilosophen und Ökonomen Adam Smith aus dem 18. Jahrhundert: »Kann ein Mensch, der bei guter Gesundheit, der ohne Schulden ist und ein reines Gewissen hat, sich größere Glückseligkeit wünschen?« (13) Der Nutzen, den man aus einem schuldenfreien Leben zieht, ist verglichen worden mit der Befreiung vom Joch der Sklaverei. Adam Smith lebte zu einer Zeit, zu der ein Mensch noch das Eigentum eines anderen sein konnte; und er war ein entschiedener Gegner der Sklaverei – sowohl im physischen wie im finanziellen Sinn. Schulden sind Sklaverei, Freiheit bedeutet Leben. Darum höre auf den Rat von Mr. Smith und bleib frei, mein Freund!

SCHRITT 1 Verdiene etwas

Der erste Schritt zur finanziellen Unabhängigkeit ist ein eigenes Einkommen.

SCHRITT 2 Achte dein Geld

Geld ist ein Werkzeug, kein Spielzeug. Du arbeitest schwer, um es zu verdienen, und da solltest du überlegen, wie auch dein Geld wiederum für dich arbeiten kann.

SCHRITT 3 Kenne deine Bedürfnisse

Schätze realistisch ein, was du wirklich brauchst, im Unterschied zu dem, was du gern hättest. Das Geld, das für deine echten Bedürfnisse da ist, darfst du niemals zur Befriedigung von Wünschen aus dem Fenster werfen.

SCHRITT 4 Stelle einen Haushaltsplan auf

Besser, du sagst deinem Geld, wohin es gehen soll, als dass du dich wunderst, wohin es gegangen ist. (Siehe »So geht's: Einen Haushaltsplan aufstellen«.)

SCHRITT 5 Zahle bar!

Wenn du siehst, wie das Geld für irgendwelchen Krempel weggeht, tut das weh, und auf die Art gibst du dein Geld nicht ganz so gedankenlos her. Wer mit einem Bündel Benjamins winken kann, hat auch die besseren Chancen beim Feilschen.

SCHRITT 6 Spare!

Stelle deinen Plan so auf, dass du von deinen Einnahmen s übrig behältst. Der Überschuss kommt aufs Sparkonto und wird in langfristige Geldanlagen investiert.

SCHRITT 7 Gib nichts aus, was du nicht hast

Lass kein Minus auf deinem Kreditkartenkonto stehen. (Siehe »So geht's: Mit einer Kreditkarte umgehen«.)

Übrigens

»Es ist ein Narr, der in die Hand gelobt und Bürge wird für seinen Nächsten.«

— König Salomo, um 970–931 v. Chr.

HYGIENE & KÖRPERPFLEGE

5

Vom Scheitel bis zur Sohle besteht ein Mensch aus insgesamt mehr als 5000 Einzelteilen. Das Unwissen darüber, wie all diese Teile zusammenwirken, macht die Schwierigkeiten vieler Jungs, sich in ihrer Haut wohlzufühlen, nur noch schlimmer.

Die meisten Menschen achten nicht groß auf ihre Gesundheit. Aber diejenigen, die es tun, sehen in der Regel besser aus, fühlen sich besser und haben ein besseres Leben. Die Aufmerksamkeit eines jungen Mannes gegenüber seinem Körper beschränkt sich in der Regel auf das, was er im Spiegel sieht – er glaubt, wenn er nur gut genug aussieht, muss er sich keine Gedanken machen, was das Team im Hintergrund leistet. In Wirklichkeit aber ist der menschliche Körper ein kompliziertes Gebilde aus Knochen, Muskeln, Organen, Nerven, Hormonen und Hunderten von seltsamen Bestandteilen, die nur die Ärzte in ihren weißen Kitteln kennen.

Einer der führenden Mediziner weltweit ist ein Mann, der über all die vielen Teile im Inneren unseres Körpers nachdenkt, darüber, wie jedes von ihnen im Zusammenspiel mit den anderen unsere Gesundheit beeinflusst. Dr. Thomas R. Frieden ist Leiter des US-amerikanischen Zentrums für Krankheitsbekämpfung und Prävention, und er hat ganz genaue Vorstellungen davon, welchen Gesundheitsfragen man schon frühzeitig Beachtung schenken muss, damit es nicht irgendwann zu spät ist. Ganz oben auf seiner Liste für Männer steht ein gesundes Herz. Du meinst, Herzkrankheiten sind ein Problem von alten Knackern? Fehlanzeige, sagt Dr. Frieden. Die drei wichtigsten Faktoren, die die gute alte Pumpe in eine tickende Zeitbombe verwandeln, sind Rauchen, hoher Blutdruck und Bewegungsmangel. Gesunde Männer setzen bei allen drei Faktoren den Hebel an, bevor sie von ihnen ausgehebelt werden.

1. **Nicht rauchen.** Das Zentrum für Krankheitsbekämpfung betont, dass junge Männer die gesundheitlichen Risiken des Rauchens unter- und die eigene Fähigkeit aufzuhören überschätzen. 40 % aller jungen Raucher haben schon einmal erfolglos versucht, ihre Nikotinsucht zu besiegen. Das sind keine guten Nachrichten, wenn man bedenkt, dass Zigaretten mindestens 60 Substanzen enthalten, die erwiesenermaßen Krebs erregen. Jahr für Jahr ist Zigarettenrauch verantwortlich für ein Drittel aller Krebstoten. Und

das ist nur ein Teil der über 430.000 Menschen, die alljährlich an Krankheiten im Zusammenhang mit Zigarettenkonsum sterben.

2. **Blutdruck senken.** Der Blutdruck eines gesunden Mannes sollte nicht höher als 120 zu 80 liegen. Die Zahl 120 bezeichnet den Druck, der auf die Gefäßwände der Arterien einwirkt, wenn das Herz schlägt. Die 80 steht für den Druck in den Phasen dazwischen. Hoher Blutdruck betrifft längst nicht mehr nur übergewichtige alte Männer. Auch bei jungen Männern befindet sich Bluthochdruck auf dem Vormarsch. Die häufigsten Gründe sind Mangel an Bewegung, ungesunde Ernährung und Gleichgültigkeit gegenüber Fettleibigkeit. Hier ein paar Tipps, wie man seine Chancen erhöhen und den Blutdruck niedrig halten kann:

Gesund essen. Das bedeutet weniger Salz und mehr Obst und Gemüse.

Ausreichend Schlaf. Weniger als 7–8 Stunden Nachtschlaf kann die Fähigkeit deines Körpers zum Abbau von Stresshormonen beeinträchtigen, und das führt zu erhöhtem Blutdruck.

Bewegung. Sport trainiert nicht nur die Muskeln, die man sehen kann, sondern auch den, der rund um die Uhr in Bewegung ist: dein Herz.

3. **Täglich Sport treiben.** Dr. Friedens Ratschlag lautet: »Von allem, was wir kennen, kommt körperliche Betätigung einer Wunderdroge am nächsten. Selbst wenn du davon nicht abnimmst, hilft sie dir dabei, deinen Blutdruck zu regulieren, nicht zuckerkrank zu werden, das Krebsrisiko zu mindern, die Stimmung zu heben und den Cholesterinspiegel zu senken. Bewegung hat wirklich eine ungeheure Menge an positiven Wirkungen. Es kommt also alles darauf an, dass man anfängt und dann am Ball bleibt.« (1)

Natürlich ist es nicht immer leicht, sich in der eigenen Haut wohlzufühlen. Gesundbleiben kann man lernen, und vielleicht ist das einer der besten Wege, wie man anderen zeigen kann, dass man ein Mensch ist, der sein Leben unter Kontrolle hat, und zwar von innen heraus.

Who is Who - Dr. Thomas R. Frieden

Der Mediziner Tom Frieden steht an der Spitze des amerikanischen Zentrums für Krankheitsbekämpfung und Prävention. Zu seinen Arbeitsgebieten gehören die Eindämmung von Infektionskrankheiten, Katastrophenhilfe und der Kampf gegen die wichtigsten Auslöser von Leid und Tod in den Vereinigten Staaten und weltweit. Er hat viele Auszeichnungen erhalten und mehr als 200 wissenschaftliche Artikel veröffentlicht.

Dich rasieren

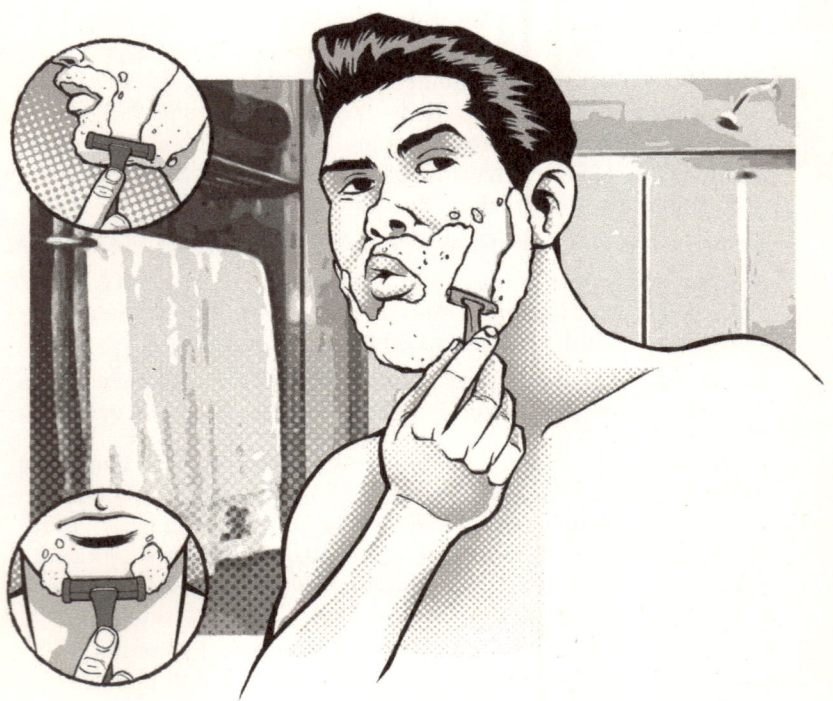

DU BRAUCHST:
- Rasiercreme oder -gel
- Einen frischen Rasierer
- Einen sauberen Waschlappen
- Ein Waschbecken
- Bartstoppeln

BENÖTIGTE ZEIT:
- 5 Minuten

Rasieren oder nicht rasieren, das ist die Frage. Wenn dein Gesicht eine bunte Wiese aus zartem Bartflaum, kahlen Flecken, Gestrüpp am Kinn und dem einen langen Schnurrhaar Modell »Kater« ist, dann ist die Antwort: Ja, Zeit für deine erste Rasur. Sollte das Bild eher der rückwärtigen Perspektive eines Neugeborenen ähneln, ist das kein Grund zur Sorge. Bald wirst auch du messerscharfe Klingen über zarte Backen ziehen. Vergiss nie: Stoppeln machen aus dir noch keinen

Mann. Der Schritt vom Kindes- zum Mannesalter hat nicht damit zu tun, ob die Dinger sprießen, sondern damit, ob du sie wieder wegbekommst, ohne dass du hinterher aussiehst wie nach einer Messerattacke.

SCHRITT 1 Wasser einlassen

Fülle ein sauberes Waschbecken halb mit warmem Wasser.

SCHRITT 2 Gesicht anfeuchten

Fahre ca. 1 Minute lang mit dem warmen Waschlappen über dein Gesicht, um das Barthaar geschmeidiger zu machen.

SCHRITT 3 Rasierschaum auftragen

Drücke dir einen Klecks Rasierschaum, etwa so groß wie ein Golfball, in die Handfläche. Davon nimmst du mit der anderen Hand Tupfen und trägst eine dünne, gleichmäßige Schicht über den Hautbereich auf, den du rasieren willst.

SCHRITT 4 Rasieren

Ziehe den Rasierapparat mit Druck, aber ohne zu pressen über die Haut, in derselben Richtung, in der dein Barthaar wächst. Fange am Unterende der Koteletten an und ziehe den Rasierer nach unten bis zum Kinn, in langen, gleichmäßigen Zügen.

SCHRITT 5 Rasierer ausspülen

Jeweils nach ein paar Zügen spülst du den Rasierer in dem warmen Wasser im Becken aus. Damit verhinderst du, dass sich Stoppeln unter der Klinge festsetzen.

SCHRITT 6 Der Kinnbereich

Ziehe den Apparat vom Kinn abwärts in Richtung Hals oder aufwärts vom Hals in Richtung Kinn – du musst ausprobieren, welche Richtung sich besser anfühlt und bessere Ergebnisse zeigt. Recke das Kinn und lege den Kopf in den Nacken, dann ist die Haut straffer gespannt.

SCHRITT 7 Der Oberlippenbereich

Die Haut auf der Oberlippe spannst du, indem du die Lippen in Richtung oberer Zahnreihe kneifst. Ziehe den Rasierer von der Nase abwärts bis zur Lippenkante.

SCHRITT 8 **Der Unterlippenbereich**

Die Haut auf der Unterlippe spannst du, indem du die Lippen in Richtung unterer Zahnreihe kneifst. Ziehe den Rasierer von der Lippenkante abwärts bis zum Kinn.

SCHRITT 9 **Nachkontrolle**

Spüle übrig gebliebene Rasiercreme ab und mach dich auf die Suche nach unrasiert gebliebenen Härchen. Achte besonders auf das Kinn, den Bereich vor den Ohren, die Umgebung der Lippen und der Nasenlöcher. Rasiere stehen gebliebene Stellen vorsichtig nach.

SCHRITT 10 **Rasierschaum abspülen**

Wische dir noch einmal mit einem feuchten Waschlappen das Gesicht. Schau, ob es Schnitte gibt, die vielleicht ein wenig bluten. Keine Panik, wenn du dich geschnitten hast. Daran verblutest du nicht, und es bleiben auch keine Narben. Drücke einfach ein kleines Stückchen weiches Papier darauf, das stillt die Blutung. Du musst nur daran denken, das Papier wieder abzuziehen, bevor du aus dem Haus gehst.

BONUSSCHRITT

Wenn die Haut nach dem Rasieren brennt, helfen kaltes Wasser oder ein Aftershave. Hast du das Gefühl, dass dein ganzes Gesicht nach der Rasur brennt, dann siehe auf der nächsten Seite »So geht's: Rasierbrand kühlen«.

Männer – Dichtung und Wahrheit:
»Durch Rasieren wächst das Barthaar schneller und kräftiger.«

Dichtung. Die Wahrheit ist, dass Rasieren keinen Einfluss auf Wuchs und Dicke der Haare hat. Das Haar wirkt vielleicht dicker, weil die glatt abgeschnittene Kante deutlicher zu sehen ist.

Rasierbrand kühlen

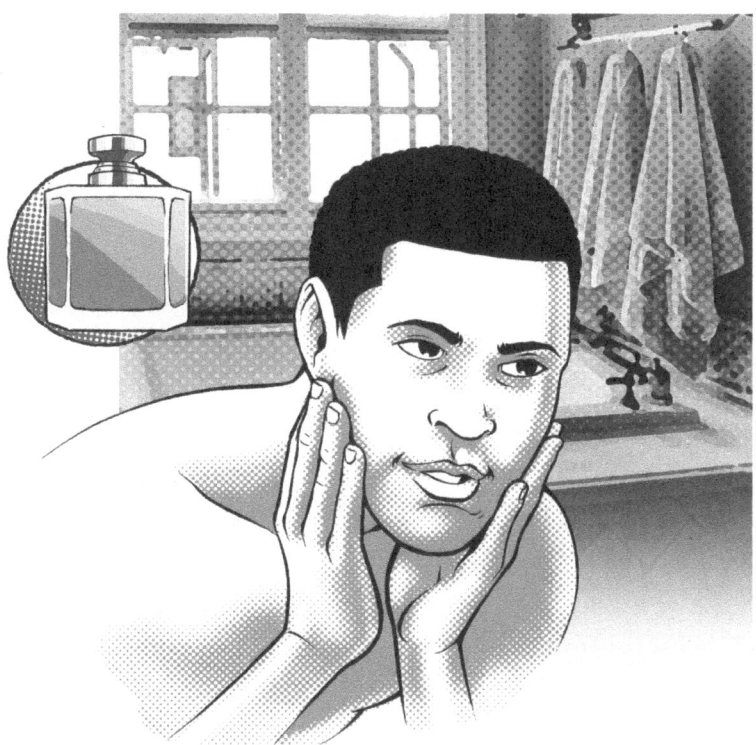

DU BRAUCHST:
- Einen sauberen Waschlappen
- Kaltes Wasser
- Aftershave-Gel mit Aloe vera

BENÖTIGTE ZEIT:
- 3 Minuten

Autsch! Es brennt. Es juckt. Überall sprießen rote Pickel! Das kannst du drehen, wie du willst, Rasierbrand ist nichts Schönes. Die gute Nachricht: Man kann diese Hautreizungen mit Erfolg vermeiden. Vor der nächsten Rasur schmeißt du den billigen Rasierschaum in den Müll und besorgst dir ein hochwertiges Gel; nimm einen neuen, scharfen Rasierer mit

Mehrfachklinge und denke immer daran, dass du die harten Klingen nicht zu fest auf die empfindliche Haut drücken darfst. Wenn sich die Haut trotzdem heiß anfühlt, dann versuch es mit den folgenden einfachen Schritten zur Brandbekämpfung.

SCHRITT 1 Nicht kratzen

Das könnte die Haut noch weiter reizen und womöglich sogar zu einer Entzündung führen.

SCHRITT 2 Gesicht anfeuchten

Benetze einen frischen, sauberen Waschlappen mit kaltem Wasser. Leg den kühlen Stoff auf die gereizte Gesichtshaut. Das reduziert die Durchblutung in den kleinen Gefäßen der obersten Hautschichten und mindert so die sichtbare Rötung.

SCHRITT 3 Nicht mit dem Waschlappen rubbeln

Auch das könnte die Haut noch weiter reizen und womöglich sogar zu einer Entzündung führen.

SCHRITT 4 Finger weg von Rasierwasser oder Eau de Cologne

Diese Produkte enthalten oft Alkohol und könnten die Haut noch weiter reizen. Der Alkohol würde das Feuer in deinem Gesicht noch weiter anfachen, gerade so, als ob du Benzin in die Flammen gießt.

SCHRITT 5 Haut beruhigen

Verwende ein parfümfreies Aloe-Vera-Gel oder eine Pflegecreme aus natürlichen Wirkstoffen. Nimm eine etwa walnussgroße Menge, und dein Gesicht wird es dir danken.

Wusstest du das?

Gesichtshaare wachsen gut 1 cm im Monat, im Jahr rund 15 cm. Ein glatt rasierter Mann verbringt im Schnitt mehr als 3000 Stunden seines Lebens beim Rasieren.

Deodorant oder Antitranspirant auftragen

DU BRAUCHST:
- Einen Deo- oder Antitranspirantstift
- Saubere, trockene Achselhöhlen

BENÖTIGTE ZEIT:
- 15 Sekunden

Die Verwendung von Deodorant oder Antitranspirant ist kinderleicht. Schwierig wird es erst, wenn man neben jemandem sitzt, der sich nicht die Mühe damit gemacht hat. Sieh es einmal so: Der penetrante Geruch von schwitzenden Achselhöhlen zählt zu den stärksten frauenabweisenden Wirkstoffen, die die Menschheit kennt. Nicht viel weiter unten auf der Ekelskala kommt der Augenblick, in dem jemand den Arm hebt und ein Schweißfleck unter der Achsel verkündet: »Ich schwitze!« Peinlicher geht es kaum. Aber keine Sorge. Es gibt eine einfache Lösung. Nimm Antitranspirant oder Deodorant – oder antitranspirantes Deo.

SCHRITT 1 Deckel abnehmen

Entferne eventuell noch vorhandene Abdeckungen oder Schutzfolien von dem Deo- bzw. Antitranspirantstift.

SCHRITT 2 Der erste Arm

Heb den Arm so weit über den Kopf, dass die trockene Achselhöhle frei liegt.

SCHRITT 3 Deo auftragen

Bewege den Stift mit gleichmäßigen Bewegungen auf und ab und trage dabei das Deo auf die Haut in deiner Achselhöhle auf. Wiederhole den Vorgang unter dem anderen Arm. 2–3 Züge sollten für alle Bereiche genügen. Wenn du zu viel nimmst, riecht man dein Deodorant schon, bevor man dich sieht.

SCHRITT 4 Trocknen lassen

Bevor du ein Hemd anziehst, lass das Deo einen Augenblick lang trocknen, damit es keine Spuren auf deiner Kleidung hinterlässt.

Höhlenkunde: Antitranspirant oder Deodorant

Antitranspirant – Laut Auskunft der Schweißfachleute des Instituts für Dermatologie an der Universität von North Carolina ist die Hauptwaffe im Kampf gegen feuchte Achselhöhlen Aluminium. Aber bevor du jetzt dein Glück mit einer Getränkedose versuchst, kauf dir lieber ein Antitranspirant. Ein Antitranspirant hilft, die Schweißbildung zu unterbinden, indem es Aluminium-Ionen in die nahe der Hautoberfläche liegenden Zellen der Schweißdrüsen in deiner Achselhöhle einlagert. Sobald die Drüsen anfangen, Sekret zu produzieren, reagieren die Aluminium-Ionen mit dem Schweiß, lassen die Zellen anschwellen und verschließen so die Drüsenausgänge. Aluminiumsalze sind allerdings nicht ganz unumstritten, stehen sie doch unter Verdacht, krebserregend zu sein.

Deodorant – Ein Deodorant ist eigentlich nichts anderes als ein Luftverbesserer für die Achselhöhle, der die unangenehmen Gerüche, die alle Menschen ausströmen, überdeckt. Jawohl, jeder Mensch hat seinen ganz individuellen Geruch. Dein Körpergeruch ist eine Mischung aus Umweltfaktoren, zum Beispiel, wann du zuletzt geduscht hast, ob dabei Seife im Spiel war, was du isst, wie viel Wasser du trinkst, und aus der DNA, die du von einen Eltern geerbt hast. Auf den genetisch bestimmten Geruch kannst du keinen Einfluss nehmen, aber du hast es sehr wohl in der Hand, wie oft du duschst und was du isst. Sorg also dafür, dass dein Körper und dein Essen immer frisch sind, damit du auch morgen gut riechst.

Deine Haare in Form bringst

DU BRAUCHST:

- Frisch gewaschenes Haar
- Ein Haarpflege-produkt (Pomade, wenn es seidig glänzen soll, Wachs für den matten Look)

BENÖTIGTE ZEIT:

- 1 Minute

> Das Leben ist ein endloser Kampf voller Rückschläge und Herausforderungen, aber irgendwann findet man den richtigen Friseur.
>
> — Anonymus

SCHRITT 1 Haare mit dem Handtuch trocknen

Dann kann sich das Stylingprodukt gleichmäßig im Haar verteilen. Bei zu nassen Haaren bleibt das Produkt nicht haften. Bei zu trockenen Haaren verklebt es.

SCHRITT 2 Auswahl des passenden Produkts

Nimm Pomade, wenn du deinem Haar einen leichten Glanz verleihen möchtest. Wenn die Haare matt bleiben sollen, verwende ein Haarwachs. Gib eine walnussgroße Menge in deine Handfläche.

SCHRITT 3 Vorbereitung

Verreibe das Produkt zwischen den Händen, bis es gleichmäßig auf beide Handflächen verteilt ist.

SCHRITT 4 Einarbeiten

Benutze die Finger, um das Produkt in die Haare einzuarbeiten. Dabei solltest du oben am Kopf beginnen und dich von dort nach vorne vorarbeiten. Arbeite das Mittel gut ein, bis hinunter zum Haaransatz an der Kopfhaut.

SCHRITT 5 Styling

Bring das Haar mit den Fingern, einem Kamm oder einer Bürste in die gewünschte Form.

Übrigens

»Zwei Dinge solltest du im Kopf behalten, wenn dir an deinem Haar etwas liegt. Erstens: Lerne deinen Friseur oder Stylisten kennen. Suche dir einen, der dir sympathisch ist, und bestehe darauf, dass nur er dir die Haare schneidet. Zweitens: Ganz gleich, ob du in den Friseurladen an der Ecke gehst oder in einen feinen Herrensalon, spare nicht an deinen Haaren. Shampoo, Stylingprodukte und der Haarschnitt sind immer exakt so viel wert, wie sie kosten. Die paar Extradollar im Monat lohnen sich. Selbst an einem Tag, an dem die Haare mal nicht so wollen, ist es kein Vergleich zwischen einem guten Haarschnitt und einem schlechten, bei dem, bis er wieder rausgewachsen ist, drei volle Wochen lang jeder Tag ein schlechter Tag ist.«

— Hudson,
Promifriseur und Inhaber des Salons Hudson E. Hudson

Mit Parfüm umgehen

DU BRAUCHST:
- Eine Flasche mit dem richtigen Herrenparfüm
- Einen sauberen, trockenen Hals

BENÖTIGTE ZEIT:
- 30 Sekunden

Wenn du zu viel Eau de Cologne nimmst, riecht man dich, bevor man dich sieht. Das ist nicht gut. Ideal ist es, wenn jemand, der dir nahe genug kommt, um deinen Duft zu riechen, denkt: »Hmm, er riecht gut.« Das ist weit besser als: »Puh! Hat er etwa in dem Zeug gebadet?« Wenn es um Düfte geht, ist weniger besser als mehr.

SCHRITT 1 Entscheide dich für einen Duft

Du solltest nie mehrere parfümierte Produkte gleichzeitig verwenden. Rasierwasser, Duschgel oder Deodorant mit jeweils eigenem Duft vertragen sich nicht mit Eau de Cologne. Und auch Mittel mit demselben Markennamen sind nicht immer für die gleichzeitige Verwendung gedacht.

SCHRITT 2 Nimm den Deckel ab

Öffne behutsam die Flasche oder den Zerstäuber mit deinem Duft.

SCHRITT 3 Trag den Duft auf

Tupfe oder sprühe eine kleine Menge Eau de Cologne auf die Haut am unteren Ende des Halses. 1–2 Tropfen oder Pumpstöße sollten genügen. Drei sind das ABSOLUTE Maximum!

WICHTIG
Verwende Düfte nur auf der Haut. Durch die Hauttemperatur werden die Duftstoffe in deinem Eau de Cologne freigesetzt. Verwende es nicht auf deiner Kleidung. Eau de Cologne kann Flecken hinterlassen, und der Duft kann sich verändern, je nachdem, mit welchem Waschmittel deine Kleidung gewaschen wurde.

SCHRITT 4 Verschließe die Flasche wieder gut

Das gute Zeug soll ja nicht verdunsten.

Vorschlag:

Parfümiere dich nicht jeden Tag. Und wechsle den Duft alle paar Monate.

Wusstest du das?

Viele gefälschte Parfüms verwenden Inhaltsstoffe, die nicht amtlich zugelassen sind. Die Fälschungen können hässliche Ausschläge verursachen, manchmal sogar gesundheitsgefährdende allergische Reaktion. Zugegeben, deine Freundin kann den Unterschied vielleicht nicht riechen. Aber deine Haut verrät dich. Also Hände weg von billigen Fälschungen.

Frischen Atem bekommen

DU BRAUCHST:
- Zahnbürste und Zahnpasta
- Zahnseide
- Trinkwasser
- Zuckerfreien Kaugummi mit Zimtgeschmack

BENÖTIGTE ZEIT:
- 5 Minuten

Halitose. Nochmal langsam: Ha–li–to–se. Hast du das schon mal gehört? Gut möglich. Selbst wenn es vielleicht so klingt: Halitose ist kein Fußpilz, der in schmuddeligen Umkleidekabinen lauert. Halitose ist der schicke wissenschaftliche Name für das häufige Phänomen, das gemeinhin als Mundgeruch bekannt ist. Und wie kannst du dafür sorgen, dass dein Mund nicht nach Schweißfüßen riecht? Ganz einfach: Du musst nur ein paar einfache Tipps zur Mundhygiene beachten.

SCHRITT 1 Putz dir die Zähne

Mach es dir zur Gewohnheit, deine Beißerchen mindestens zweimal am Tag zu putzen. Der Putzvorgang sollte 2 Minuten dauern. Eine Minute für die obere Zahnreihe, eine für die untere.

SCHRITT 2 Reinige die Zunge

Streck mal deine Zunge heraus und schau in den Spiegel. Welche Farbe hat sie? Sie sollte sauber und rosa aussehen; wenn nicht, dann nimm deine Zahnbürste, um den Belag zu entfernen. Aber Vorsicht, nicht so weit nach hinten gehen, dass du würgen musst. Schrecklich, wenn der Atem nach Erbrochenem riecht.

SCHRITT 3 Nimm Zahnseide

Du wirst staunen, wie viele Essensreste zwischen deinen Zähnen hängen bleiben. Riech mal an der Zahnseide, nachdem du sie verwendet hast. Ganz im Ernst. Wenn die Zahnseide stinkt wie ein Dixiklo, dann liegt das daran, dass Bakterien ihre Ausscheidungen auf deinem Zahnfleisch hinterlassen. Diese mikroskopisch kleinen Kackhäufchen verursachen Zahnfleischerkrankungen, und krankes Zahnfleisch stinkt. Kein noch so schicker Kaugummi kann diese Art von Verunreinigungen im Mund beseitigen. Wie lautet also die Lösung? Zahnseide. Jeden Tag. Nach etwa einer Woche sollten Zahnseide und Mund besser riechen. Wenn nicht, sprich mit deinem Zahnarzt – natürlich aus sicherer Entfernung.

SCHRITT 4 Trink mehr Wasser

»Wasser schmeckt doch nicht«, sagen manche Jungs. Los, reiß dich zusammen! Wasser hält den Mund feucht und fördert die Speichelproduktion. Speichel ist der schlimmste Feind aller Bakterien, denn er enthält antibakterielle Wirkstoffe und Enzyme. Weniger Bakterien im Mund bedeuten weniger Ausscheidungen in den Zahnzwischenräumen. Denn deren verdaute Abfallstoffe sind nicht anders als deine verdauten Abfallstoffe. Und die spülst du ja auch mit Wasser weg.

SCHRITT 5 Kaue zuckerfrei

Kaugummikauen fördert die Speichelproduktion. Aber Hände weg von Kaugummis mit viel Zucker. Bakterien lieben Zucker. Versuch es mal mit Kaugummi mit Zimtgeschmack, denn Zimt reduziert die Vermehrung der Mundbakterien. Und außerdem riecht er gut.

Es gibt zwei Arten von Lebensmitteln, die für einen richtig schlechten Atem sorgen können. Stark riechende Lebensmittel wie Knoblauch, Zwiebeln, Käse und Kaffee schlagen in diesem Bereich voll zu. Außerdem solltest du auf Fast Food mit viel Zucker und Fett verzichten. Bakterien lieben Zucker und Fett!

Übrigens

»Putze nur die Zähne, die du behalten willst.«

– Dr. Christopher Meletiou, Zahnarzt

Sich richtig die Hände waschen

:20–:30

DU BRAUCHST:
- Fließend Wasser (warm oder kalt)
- Seife
- Ein sauberes Handtuch

BENÖTIGTE ZEIT:
- 1 Minute

Ohne groß darüber nachzudenken, fasst jeder von uns Tag für Tag wirklich schmutzige Dinge an. Neugierige Forscher im Wright-Patterson Medical Center in Dayton, Ohio, sind der Sache auf den Grund gegangen und haben die folgenden schmutzigen Tatsachen zutage gefördert. Die Nummer 1 unter den keimverseuchten Dingen, die wir täglich anfassen, ist ein stinknormaler Geldschein. An weiteren Spitzenpositionen auf der Ekelliste finden sich Lichtschalter, Computertastaturen, Mobiltelefone und Toilettensitze. Kommt dir bekannt vor? Es ist nahezu unmöglich, diese verunreinigten Gegenstände zu meiden, aber es gibt eine hochwirksame Methode, wie man trotzdem sauber bleiben kann: Hände waschen. Und zwar immer wieder.

SCHRITT 1 **Hände anfeuchten**

Feuchte die Hände unter klarem, fließendem Wasser bis zu den Handgelenken gut an.

SCHRITT 2 **Einseifen**

Flüssige oder feste Seife eignen sich gleich gut.

SCHRITT 3 **Aufschäumen**

Reibe die Hände kräftig aneinander, bis sie von den Fingerspitzen bis zu den Handgelenken eingeseift sind.

SCHRITT 4 **Reinigen**

Reinige Handrücken, Fingerzwischenräume und Fingernägel mindestens zwanzig Sekunden lang durch gründliches Reiben.

SCHRITT 5 **Abspülen**

Halte die Hände unter den Wasserstrahl und spüle den Seifenschaum ab.

SCHRITT 6 **Abtrocknen**

Zum Abtrocknen solltest du ein sauberes Handtuch verwenden oder sie an der Luft trocknen.

SCHRITT 7 **Zudrehen**

Nimm nach Möglichkeit das Handtuch zum Zudrehen des Wasserhahns.

Info

Der richtige Zeitpunkt zum Händewaschen ist der Schlüssel zur Gesundheit:

Davor – Essenszubereitung, Essen, Zähneputzen, Pflege eines kranken Freundes, Behandlung einer Wunde, Gesicht waschen, Spülmaschine ausräumen, Baby auf den Arm nehmen

Danach – Essenszubereitung, Pflege eines kranken Freundes, Behandlung einer Wunde, Toilettensitzung, Windelwechsel, Naseputzen, Husten, Niesen, Haustier füttern, Katzenklo reinigen oder Hundekot beseitigen, Müll raustragen

Sich das Gesicht waschen

DU BRAUCHST:
- Warmes Wasser
- Einen sauberen Waschlappen
- Die richtige Seife

BENÖTIGTE ZEIT:
- 5 Minuten

Es ist Zeit, den Tatsachen ins Auge zu blicken. Akne ist die am weitesten verbreitete Hauterkrankung der Welt. Teenager leiden besonders darunter, denn 85 % aller Jungs in der Pubertät sind betroffen. Nenn es, wie du willst – Akne, Hautunreinheiten, Pickel, Mitesser, Pusteln –, weltweit tobt der Kampf gegen den lästigen Streuselkuchen im Gesicht. Kann man etwas tun? Ziemlich viel sogar, und alles fängt damit an, dass man lernt, wie man sich das Gesicht richtig wäscht.

SCHRITT 1 Mache es dir zur Routine

Wasche dir Gesicht und Hals jeden Morgen, nach jeder sportlichen oder körperlichen Betätigung, bei der du ins Schwitzen kommst, und allabendlich vor dem Schlafengehen.

SCHRITT 2 Feuchte einen sauberen Waschlappen mit warmem Wasser an

SCHRITT 3 Drücke den warmen Wachlappen an Gesicht und Hals

Das solltest du ca. 1 Minute lang tun. Es löst den Schmutz an der Oberfläche und öffnet die Poren.

SCHRITT 4 Nimm milde Seife für Gesicht und Hals

Benutze ein mildes, hautfreundliches und alkoholfreies Reinigungsprodukt. Gib es auf einen warmen Lappen und reibe dann mit sanften kreisenden Bewegungen über dein Gesicht. Du solltest nicht zu viel Druck ausüben, sonst schürfst du die Haut auf, und reibe nicht zu intensiv, denn das könnte die Haut reizen und austrocknen. Trockene Haut ist anfälliger für Ausschläge und neigt zu vermehrter Talgproduktion.

SCHRITT 5 Abspülen

Nimm warmes Wasser, um die Seifenreste gründlich von Gesicht und Hals zu entfernen.

SCHRITT 6 Hände weg!

Mal im Ernst. Deine Hände sind voller Bakterien, und Bakterien warten nur darauf, sich über dein Gesicht herzumachen. »Ich fasse mir nie ins Gesicht!«, sagst du. Ach ja? Stützt du den Ellenbogen manchmal auf den Schreibtisch und legst die Hand ans Kinn? Kratzt, quetschst oder drückst du an deinen Pickeln herum? Wäschst du dir häufig die Hände ... jede Stunde zum Beispiel? Genau, wie ich es mir gedacht habe. Deshalb: Hände weg vom Gesicht.

Was reingeht, muss auch wieder raus, das gilt auch für deine Haut. Dein Hormonspiegel reagiert auf deine Nahrung, und da Akne auch etwas mit Hormonschwankungen zu tun hat, solltest du wirklich darauf achten, was du isst. Wenn du fettige Lebensmittel mit viel ungesättigten Fettsäuren, Salz und Zucker in dich hineinstopfst, senkt oder erhöht dein Körper entsprechend den Hormonspiegel. Die Haut ist das größte Körperorgan, und sie reagiert sehr empfindlich auf deine Hormone. Wenn du minderwertiges Zeug isst, sieht man es deiner Haut an. Am besten meidest du Fertigmenüs aus der Tiefkühltruhe, hochverarbeitete Lebensmittel, Fast Food und Energydrinks mit verdächtigen Fremdwörtern bei den Inhaltsstoffen. Ich empfehle dir, weniger industriell hergestellte Getränke zu trinken und mehr natürliche – auch bekannt unter dem Namen Wasser.

Männer – Dichtung und Wahrheit:
»Sonne hilft gegen Pickel.«

Dichtung. Tatsache ist, dass UV-Strahlen, sei es von der Sonne selbst oder auf der Sonnenbank, deine Haut schädigen und Akne sogar verschlimmern können.

Sich die Fingernägel schneiden

DU BRAUCHST:
- Einen scharfen, sauberen Nagelklipser
- Eine Nagelfeile
- Einen Mülleimer

BENÖTIGTE ZEIT:
- 5 Minuten

Hier wird nicht gekaut! Dein ganzer Körper ist voller Krankheitskeime und Bakterien, aber nirgends hast du so viele davon wie unter den Fingernägeln. Kau die Nägel also nicht ab, sondern schneide sie. Das wertet dich im sozialen Umfeld auf, es stärkt dein Selbstvertrauen und deine Gesundheit.

SCHRITT 1 Weiche die Nägel ein

Weiche vor dem Schneiden die Nägel in warmem Wasser ein. Das Fingerbad macht sie geschmeidiger, und du kannst sie besser schneiden.

SCHRITT 2 Schau sie dir an

Achte auf Nietnägel und Beschädigungen der Nagelhaut, die zu Infektionen oder anderen Nagelerkrankungen führen können.

SCHRITT 3 Schneide sie

Mit einem scharfen, sauberen Nagelklipser schneidest du die Nägel so ab, dass an jedem Ende ein gleichmäßiger weißer Streifen bleibt.

SCHRITT 4 Feile sie

Wenn die Nägel wieder getrocknet sind, glättest du mit einer Nagelfeile die Kanten. Ungleichmäßige oder schartige Nägel sehen ungepflegt aus und können an Kleidungsstücken hängen bleiben, wodurch die Nägel reißen oder brechen.

SCHRITT 5 Schau sie dir noch einmal an

Unterziehe die Nägel einer Schlusskontrolle und vergewissere dich, dass alle in Länge und Form gleichmäßig sind und alle hübsch glatt. Schneide und feile nach, bis alle zehn Nägel genau gleich aussehen. Wenn das so ist, dann bist du fertig. Und jetzt machst du das Gleiche noch einmal mit den Zehennägeln. Ich meine das ernst … hast du dir die in letzter Zeit mal angesehen?

Wusstest du das?

Fingernägel wachsen schneller als Zehennägel, und der Nagel am Zeigefinger eines Menschen wächst schneller als der am kleinen Finger.

Deine Füße pflegen

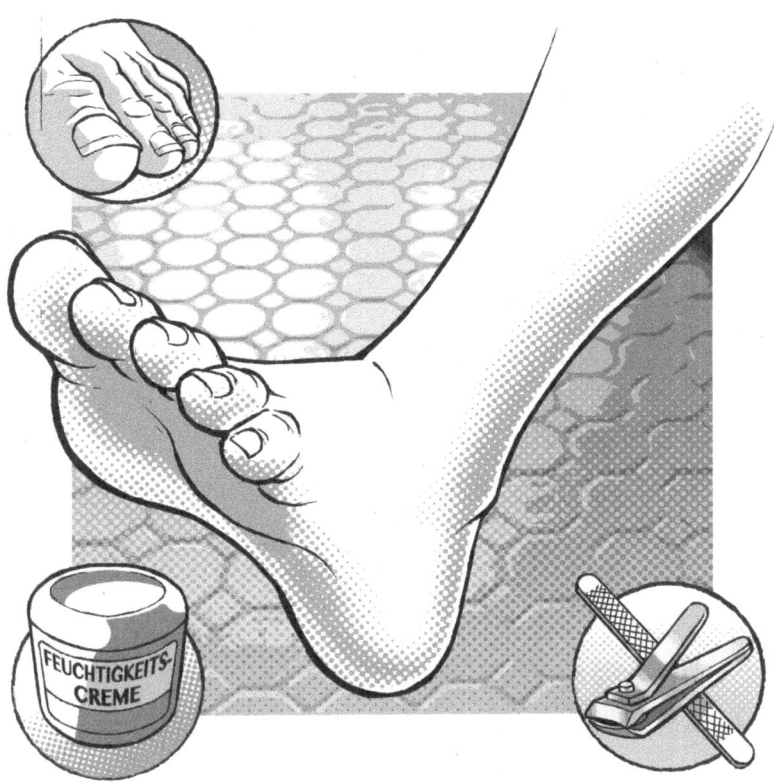

DU BRAUCHST:
- Seife, Waschlappen und Handtuch
- Einen scharfen, sauberen Nagelklipser
- Eine Nagelfeile
- Einen Mülleimer
- Feuchtigkeitscreme

BENÖTIGTE ZEIT:
- 10 Minuten

Manche Jungs fassen im Leben nie Fuß, weil sie sich nicht um ihre Füße kümmern. Der Zustand deiner Gehwerkzeuge sollte so sein, dass die Leute nicht das Fenster aufreißen, wenn du mal die Schuhe ausziehst. Tägliche Fußpflege erstickt den Gestank im Keim, und dann musst du auch in Flip-Flops nicht in der Ecke stehen.

SCHRITT 1 **Weiche die Füße ein**

Fülle in eine Wanne so viel warmes Wasser, dass du deine Füße ganz eintauchen kannst.

SCHRITT 2 **Wasche sie**

Mit Seife und einem Waschlappen schrubbst du die Füße ab. Vergiss den Bereich zwischen den Zehen und unter den Nägeln nicht. Wenn du fertig bist, trocknest du beide Füße mit einem Handtuch ab.

SCHRITT 3 **Schau dir die Nägel an**

Achte auf Nietnägel und Beschädigungen der Nagelhaut, die zu Infektionen oder anderen Nagelerkrankungen führen können.

SCHRITT 4 **Schneide sie**

Mit einem scharfen, sauberen Nagelklipser schneidest du die Nägel so ab, dass an jedem Ende ein gleichmäßiger weißer Streifen bleibt. Um eingewachsene Zehennägel zu verhindern, solltest du sie gerade, nicht geschwungen schneiden.

SCHRITT 5 **Feile sie**

Wenn die Nägel wieder getrocknet sind, glättest du mit einer Nagelfeile die Kanten. Ungleichmäßige oder schartige Nägel sehen ungepflegt aus und können leicht reißen oder brechen.

SCHRITT 6 **Gib der Haut Feuchtigkeit**

Massiere die Feuchtigkeitscreme von den Knöcheln abwärts in die Haut der Füße ein. Lass die Creme einziehen, bevor du die Socken anziehst.

Wusstest du das?

Ein Paar Füße hat ca. 250.000 Schweißdrüsen, und im Lauf eines Tages können sie bis zu einem Viertelliter Feuchtigkeit abgeben.

KLEIDUNG & STIL

6

Geh mal rüber zum Spiegel – ja, jetzt gleich – und schau dich genau an. Überprüfe dein Outfit, von Kopf bis Fuß. Was sagt deine Kleidung über dich aus? Ob du es glaubst oder nicht, was du trägst und wie du es trägst, beeinflusst die Art, wie andere dich sehen. Davon ist zumindest der Stil-Guru Nate Retzlaff überzeugt. »Dein Stil ist ein Ausdruck deines Wesens. Wenn du lernst, deine Kleidung dem anzupassen, was du gerade tust, dann zeigst du damit anderen, dass du Stil hast. Dein Äußeres und du selbst auch.« (1)

Hm – klingt fast so, als hätte Nate sich mit deinen Eltern unterhalten. Hat er nicht. Aber er redet sehr viel mit Vertretern der einflussreichen Modemarken rund um den Globus. Als Chefdesigner für Nikes Programm für Wachstumsmärkte muss Nate Retzlaff einen Riecher dafür haben, wie der nächste große Look aussehen wird, und zwar weltweit.

Nate ist nicht nur ein Trendsetter in Sachen Mode, er hat auch eine ziemlich klare Vorstellung, was einem Kerl morgens beim Anziehen durch den Kopf geht. »Mehr als je zuvor kann ein Mann heute durch die Wahl des richtigen Outfits bestimmen, wer er ist. Trotzdem sollten Jungs auch heute Sachen tragen, die dem Anlass angemessen sind. Ein Beispiel: Früher hat meine Mutter mir ewig damit in den Ohren gelegen, dass ich in der Kirche oder bei Hochzeiten und solchen Sachen meine guten Schuhe anziehen soll. Das war oft ein richtiger Zwang, mich in Schale zu werfen. Heute weiß ich, dass gutes Aussehen bedeutet, etwas zu tragen, in dem ich mich wohlfühle, etwas, das zeigt, wer ich bin – und das trotzdem den Anlass und die Menschen in meinem Umfeld respektiert.«

Laut Nate geht es bei Mode darum, nach außen hin auszudrücken, wer man im Inneren ist. »Man verbringt sein ganzes Leben damit, herauszufinden und zum Ausdruck zu bringen, wer man wirklich ist – und das auch und gerade in der Kleidung. Also sei mutig. Hab keine Angst vor Fehlern. Lerne einfach aus deinen Fehlern. Mein erster Rat für die Wahl eines Outfits: Sei du selbst. Es gib jede Menge Leute da draußen, die einen bestimmten Stil haben – und zwar alle denselben. Die Art, wie du dich kleidest, sollte von dem Wunsch bestimmt sein, deine eigene Identität zu finden. Wenn du es schaffst, deine Persönlichkeit durch deine Kleidung zu vermitteln, wirst du selbstsicherer und fühlst dich wohler in deiner Haut. Zweitens: Vermeide es, unangemessen aufzutreten. Drücke dich immer auf eine Art aus, die einerseits zeigt, dass du weißt, was du willst, andererseits aber auch, dass du dich wirklich auf andere Menschen einlassen willst, selbst wenn sie anders sind als du. Wer das lernt, kann nur gewinnen. Ein Mann mit Stil weiß, wann er sich besser ein bisschen in Schale wirft und wann er ein bisschen legerer auftreten kann, ohne dass es fehl am Platze wirkt. Der Trick ist: angemessen auftreten, ohne sich dabei selbst zu verraten.«

Denk mal einen Augenblick über Nates Worte nach, und dann stell dir die folgende Frage: Wenn die führenden Modemarken der Welt diesem Mann vertrauen, sollte ich das dann nicht auch tun? Und jetzt wirf einen Blick in deinen Kleiderschrank. Wenn du da auch nur ein einziges Teil mit dem weltweit bekannten *Swoosh*-Logo findest, tust du es vermutlich längst.

Who is Who? – Nate Retzlaff

Außer der Arbeit für Nike findet man in Nates Lebenslauf auch Entwürfe für ein paar andere Firmen, die du womöglich kennst. Kommen dir die Namen Adidas, Dakine, Reebok, X-Games, ESPN, Nissan, Marmot, Salomon, Toyo Tires oder Slingshot bekannt vor? Jawohl, das sind einige von den ganz Großen, und sie alle haben Nates Talente als Designer genutzt, um ihre Marken zu bewerben und auf Erfolgskurs zu bringen.

Wäsche waschen

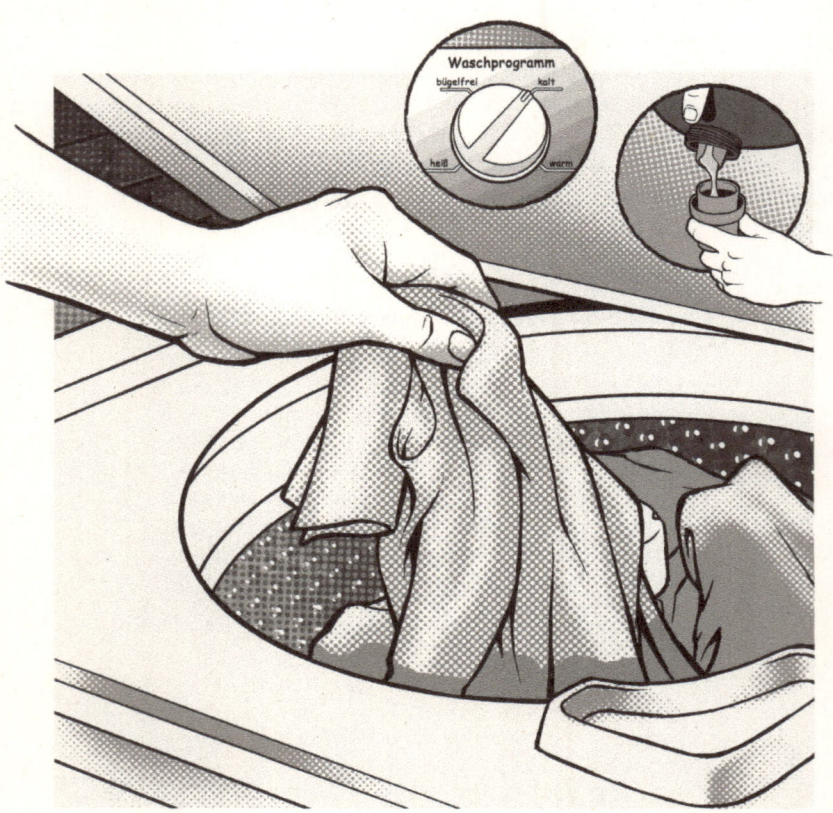

DU BRAUCHST:
- Schmutzige Wäsche
- Waschmaschine
- Waschmittel

BENÖTIGTE ZEIT:
- Bis zu 1 Stunde

W enn etwas sauber aussieht, heißt das noch lange nicht, dass es auch sauber ist. Kleidung »verschmutzt«, wenn sich Staub, Flecken, Schmutz und Schweiß in den Fasern ansammeln. Auf einer Skala von Eins bis Stinkig fallen die Spuren von Schweiß unter 10+. Dein Körper sondert von Natur aus zwei Arten von Schweiß ab. Das Sekret aus den ekkrinen Schweißdrüsen ist »normaler« Schweiß und besteht überwiegend aus Wasser. Das Sekret aus den apokrinen Schweißdrüsen entsteht bei Stress, eine klebrige Mischung aus Ammoniak, Kohlehydraten, Proteinen und Fettsäuren. Die Bakterien, die auf deiner Haut und in deiner Kleidung leben, knabbern an beiden Schweißsorten, mögen aber die Apokrine lieber. Zum Dank für die kostenlose Mahlzeit liefern sie dir den ranzigen Geruch, der von dem Kleiderhaufen in deiner Zimmerecke ausgeht. Folge also der folgenden einfachen Dreischritteregel, dann bleibst du sauber: 1. Trag es, 2. Wasch es, 3. Räum es weg.

SCHRITT 1 Sortiere die Wäsche

Achte auf die Etiketten. Sortiere nach Farben (dunklere, hellere), die du getrennt waschen willst. Auch für Baumwollsocken, Unterwäsche und Handtücher richtest du eine eigene Abteilung ein – die Heißwäsche.

SCHRITT 2 Steck sie in die Maschine

Räume das erste dieser drei Häufchen in die Maschine – also entweder dunkel oder hell oder heiß.

SCHRITT 3 Stell die Maschine ein

Wähle das Programm aus, das zu dem Material, das du in die Maschine gesteckt hast, passt. Oft hat man Einstellungen für Kochwäsche, normal verschmutze, stark verschmutzte und pflegeleichte Wäsche.

WICHTIG

Das Kochwäsche-Programm arbeitet in der Regel mit heißem Wasser (95 °C). Kleidungsstücke können in heißem Wasser einlaufen (d. h. schrumpfen). Wenn du in diesem Punkt Bedenken hast, wähle ein Warm- oder Kalt-Programm.

SCHRITT 4 Füge Waschmittel hinzu

Lies die Anweisungen auf der Waschmittelverpackung. Nimm die empfohlene Menge. Für flüssige Mittel und Pulver kann es verschiedene Methoden geben, lies also wirklich die Anweisungen.

WICHTIG

Nimm kein normales Waschmittel für eine High-Efficiency-Maschine (HE) – das kann die Maschine beschädigen. HE-Waschmittel sind auf der Packung deutlich so bezeichnet.

Wenn Wäsche, Waschmittel und eventuell noch Weichspüler in der Maschine sind, schließt du die Tür der Maschine und schaltest sie ein.

Info

Es gibt verschiedene Typen von Waschmitteln.

- Pulver – löst sich im Waschwasser auf. Preisgünstiger als flüssige Waschmittel.
- Flüssigwaschmittel – bereits aufgelöst. Damit lassen sich auch Flecken gut vorbehandeln.
- HE flüssig – Mittel mit verminderter Schaumbildung, notwendig für hocheffiziente Maschinen und Frontlader.

Mehr Info

Mach dich schlau, um was für Textilien es sich handelt – manche Stoffe laufen in heißem Wasser ein. Woll- und Baumwollsachen können unter zu großer Hitze ihre Form verändern. Plötzlich hast du zu kurze Ärmel, Hochwasserhosen, überhaupt diesen Eine-Nummer-zu-klein-Look, den du vermeiden solltest.

Wäsche trocknen

DU BRAUCHST:
- Nasse Wäsche
- Trockner
- Trocknertücher
- Alternativ: Wäscheständer oder Wäscheleine mit Wäscheklammern

BENÖTIGTE ZEIT:
- 30 Minuten bis 1 Stunde (beim Trocken auf der Leine eventuell länger)

> Die Kleidung macht den Mann. Nackte haben in unserer Gesellschaft so gut wie überhaupt keinen Einfluss.
>
> — Mark Twain

SCHRITT 1 Ist das Flusensieb sauber?

Zieh das Flusensieb heraus und reinige es, damit die Luft gut zirkulieren kann. Das Sieb sitzt entweder bei den Einstellknöpfen oder im Inneren der Trocknertür.

SCHRITT 2 Steck die Wäsche in den Trockner

Lade die frisch gewaschene Wäsche aus der Waschmaschine in den Trockner. Lass die nassen Sachen nicht in der Maschine, denn binnen Kurzem riechen sie muffig, und dagegen kommt kein Trockentuch Marke »Sommerhauch« mehr an.

SCHRITT 3 Stecke ein Trocknertuch dazu

Ein Trocknertuch macht das Gewebe weicher und verhindert, dass Kleidungsstücke durch die statische Elektrizität, die beim Trocknen entsteht, aneinander haften bleiben.

SCHRITT 4 Stell die Maschine ein

Der Trockner hat einen Einstellknopf, auf dem du die Art von Textilien, die du trocknen willst, einstellst.

WICHTIG

Meist ist ein Trockenprogramm an eine bestimmte Temperatur gekoppelt. Durch die heiße Trocknerluft können Textilien einlaufen. Wenn du dir Sorgen machst, nimm ein Programm mit einer niedrigeren Temperatur.

SCHRITT 5 Drücke auf »Start«

Wenn die Kleider und das Trocknertuch im Trockner stecken, schließt du die Trocknertür und startest die Maschine.

SCHRITT 6 Hol die Wäsche wieder heraus

Bei den meisten Geräten folgt noch eine »Auflockerungsphase« nach dem eigentlichen Trocknen. Wenn du Sachen hast, die glatt bleiben sollen, holst du die am besten schon vorher heraus und hängst sie auf oder faltest sie.

ALTERNATIVE ZU SCHRITT 1–7 Wäsche auf dem Wäscheständer oder auf der Leine trocknen

Achte in Innenräumen auf gute Belüftung und häng die Wäschestücke nicht zu eng nebeneinander. Fixier die Wäsche mit Wäscheklammern.

Wusstest du das?

Laut des Kieler Instituts für Schadenverhütung und Schadenforschung (IfS) ist der Wäschetrockner das Elektrogerät mit der höchsten Brandgefährdung. Demnach sind ca. 15 % aller durch Elektrogeräte verursachten Brände auf einen Trockner zurückzuführen.

Ein Hemd bügeln

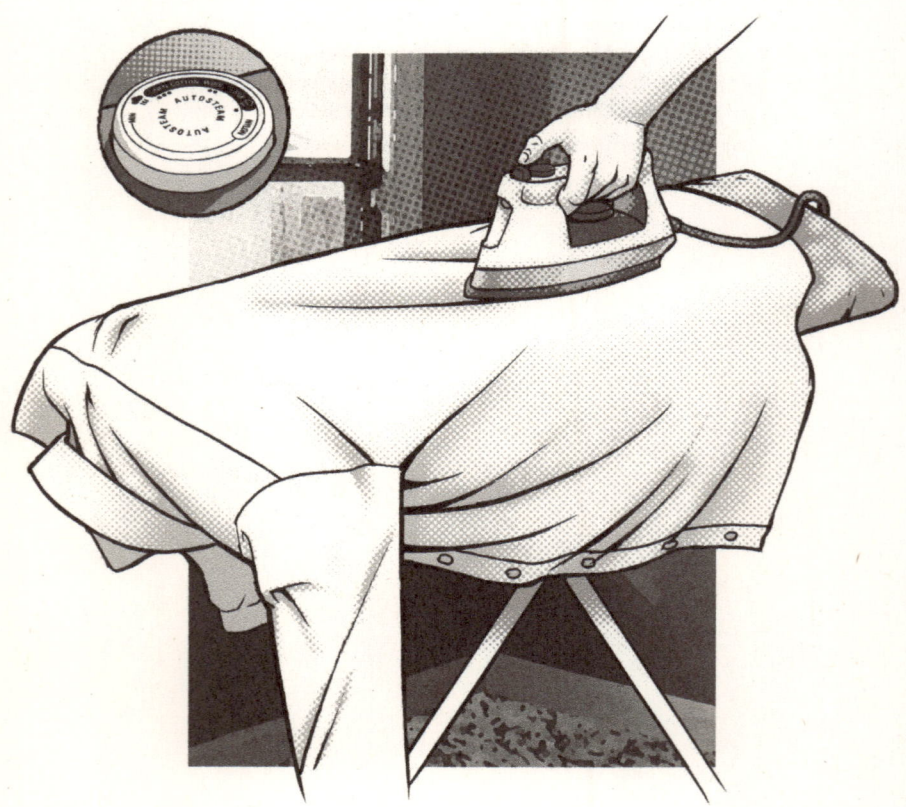

DU BRAUCHST:

- Frisch gewaschene Wäsche
- Bügeleisen
- Bügelbrett
- Wasser

BENÖTIGTE ZEIT:

- 10–15 Minuten

Knitterfalten in der Kleidung sind unvermeidlich, ganz gleich, was man dagegen tut. Selbst ein Hemd, das gerade frisch aus dem Trockner kommt, muss wahrscheinlich gebügelt werden, damit Ärmel und Kragen so glatt und adrett aussehen, wie es sein soll. Nimm dir die Zeit zum Bügeln – die Leute merken den Unterschied. Wenn du es nicht tust, wird man dir an dem Tag keine Komplimente für dein Outfit machen.

SCHRITT 1 Bügelbrett aufstellen

Platziere das Bügelbrett in der Nähe einer Steckdose.

SCHRITT 2 Bügeleisen vorbereiten

Wenn du ein Dampfbügeleisen verwendest, fülle den Wasserbehälter; erst danach solltest du den Stecker in die Dose stecken und die passende Temperaturstufe einstellen. (Achte UNBEDINGT darauf, dass das Bügeleisen nicht zu heiß wird, denn sonst könnte es dein Hemd versengen und ruinieren. Auf dem Etikett im Hemd findest du eine Angabe, wie heiß das Bügeleisen sein darf.) Lass das Bügeleisen aufrecht stehen, bis die gewünschte Temperatur erreicht ist.

SCHRITT 3 Kragen bügeln

Nun legst du den Kragen mit der Außenseite nach unten glatt auf das Bügelbrett. Bügle den Kragen sorgfältig vom Rand in Richtung Naht, dann drehst du ihn um und schaust, ob auch alles glatt ist.

SCHRITT 4 Schultern und Schulterpasse bügeln

Dazu knöpfst du das Hemd auf und legst es mit der Innenseite nach oben flach auf das Bügelbrett. Ziehe die Schulterpartie über die Schmalseite des Bügelbretts und bügle den Stoff von der Unterkante des Kragens her abwärts bis zur Oberseite der Ärmel. Bewege das Hemd nach Bedarf hin und her, bis die gesamte Schulterpartie glatt ist.

SCHRITT 5 Manschetten bügeln

Bei den Manschetten gehst du genauso vor wie beim Kragen.

SCHRITT 6 Ärmel bügeln

Platziere einen Ärmel mit der Naht zu dir flach auf dem Bügelbrett. Jetzt beginnst du am oberen Ende des Ärmels und arbeitest dich in Richtung Manschette vor. Wenn du möchtest, kannst du die Oberkante des Ärmels mit einer Bügelfalte versehen. Danach drehst du das Hemd um und wiederholst den Vorgang am zweiten Ärmel.

SCHRITT 7 Vorder- und Rückseite glätten

Dazu legst du das Hemd so auf das Bügelbrett, dass sich der Kragen an der Schmalseite des Bügelbretts befindet. Beginne mit der Vorderseite mit den Knopflöchern und glätte sie bis zum unteren Saum. Anschließend drehst du das Hemd um und bügelst die Rückseite. Zuletzt drehst du das Hemd noch einmal und nimmst dir die Seite mit den Knöpfen vor.

SCHRITT 8 Zuknöpfen und aufhängen

Zum Schluss hängst du das Hemd auf einen Kleiderbügel, schließt den obersten Knopf und hängst es in den Schrank.

SCHRITT 9 Aufräumen

Zieh den Stecker aus der Dose, warte, bis das Bügeleisen abgekühlt ist, und entferne eventuelle Wasserreste aus dem Wassertank. Räume Bügeleisen und Bügelbrett wieder weg.

Info

Wenn du ein fremdes oder altes Bügeleisen benutzt, solltest du vorab einen Test an einem alten Stück Stoff oder Handtuch machen. Manchmal kommen Kalkreste oder andere Ablagerungen aus den Dampfdüsen und verderben dir deine Kleidung.

Eine Hose bügeln

DU BRAUCHST:
- Eine Hose
- Bügeleisen
- Bügelbrett
- Wasser

BENÖTIGTE ZEIT:
- 10–15 Minuten

Stolz daherschreiten kann nur der, der auch weiß, wie er seine Hose bügelt. Welche Dienste dir dieses Wissen tut, merkst du erst, wenn du einmal etwas anderes als deine Lieblingsjeans anziehen willst – denn nur wer die Bügelkunst beherrscht, wird mit seiner Hose Eindruck machen.

SCHRITT 1 **Etikett lesen!**

In den Hosenbund eingenäht gibt es ein Etikett mit Pflegehinweisen. Schau auf diesem Etikett nach, welche Temperatur- und Dampfeinstellung für deine Hose die richtige ist. Wenn du Dampf benötigst, füllst du den Wasserbehälter deines Bügeleisens vor dem Einschalten und wartest, bis es die richtige Temperatur erreicht hat.

SCHRITT 2 **Richtig hinlegen**

Nimm deine Hose am Bund und schüttle sie ein paarmal aus, um gröbere Falten zu beseitigen. Achte darauf, dass die Taschen glatt sind. Dann legst du die Hose mit der Hand am Hosenbund so auf das Bügelbrett, dass ein Hosenbein auf dem anderen zu liegen kommt. Nähte und Bügelfalten sollten dabei jeweils auf einer Linie sein.

SCHRITT 3 **Ein Bein nach dem anderen**

Wenn das Bügeleisen heiß ist, beginnst du an der Oberseite der Hose und führst das heiße Eisen langsam über das zuoberst liegende Bein, um alle Falten oder Knicke zu beseitigen. Wenn das obere Hosenbein glatt ist, klappst du es vorsichtig um und wiederholst den Vorgang an dem zweiten Hosenbein.

SCHRITT 4 **Bügelfalte überprüfen**

Jetzt klappst du das nach oben gefaltete Hosenbein wieder herunter und überprüfst, ob die Bügelfalten bei beiden Hosenbeinen an der gleichen Stelle sind.

SCHRITT 5 **Umdrehen und Vorgang wiederholen**

Dreh die Hose um, sodass die eben gebügelte Seite unten liegt, und wiederhole Schritt 3 und 4 von der anderen Seite.

SCHRITT 6 **Bügeleisen ausschalten**

Zieh den Stecker aus der Dose, warte, bis das Bügeleisen abgekühlt ist, und entferne eventuelle Wasserreste aus dem Wasserbehälter. Räume Bügeleisen und Bügelbrett wieder weg.

SCHRITT 7 **Fertig!**

Wenn du die Hose nicht sofort anziehen willst, hängst du sie in den Schrank oder faltest sie sorgfältig zusammen.

Wusstest du das?

Hosen bügeln ist angewandte Wissenschaft. Beim Bügeln mit einem heißen Eisen werden die Molekülketten, die die polymeren Fasern im Stoff zusammenhalten, gelockert und leicht gedehnt, und das führt dazu, dass sie beim Abkühlen des Stoffs glatt bleiben.

Schuhe putzen

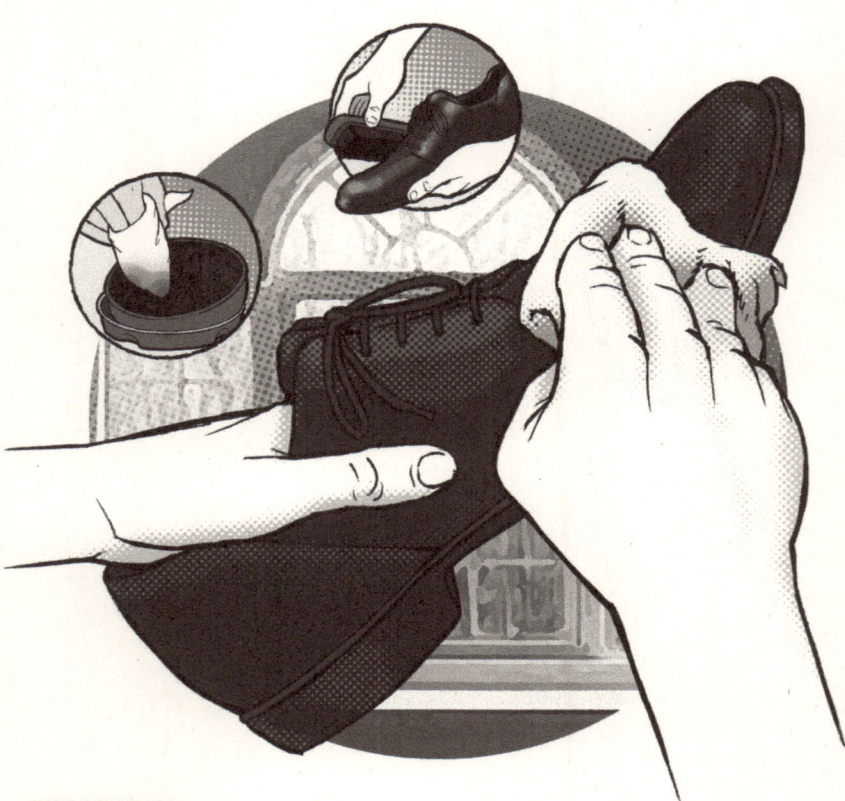

DU BRAUCHST:

- Ein Tuch oder Zeitungspapier als Unterlage
- Schuhpflegemittel: entweder flüssig oder als Schuhcreme
- Eine Rosshaarbürste
- Ein weiches Tuch

BENÖTIGTE ZEIT:

- 30–45 Minuten

Viele von den gewieften Geschäftsleuten, die überall von Flugplatz zu Flugplatz jetten, nutzen die Zeit zwischen den Flügen, um sich die Schuhe putzen zu lassen. Ein Mann, der sein Handwerk versteht, arbeitet im Flughafen von Charlotte, Virginia. Wenn du das Glück hast, auf dem Stuhl von Malik Shabazz zu landen, bekommst du mehr als nur ein bisschen Konversation, während er deine Treter auf Vordermann bringt. Mr. Shabazz verschafft nicht nur Schuhen neuen Glanz, er hat auch immer ein paar glänzende Ratschläge fürs Leben parat. Wer auf seinem Stuhl sitzt, bekommt etwa beim Wechsel von rechts nach links Ermahnungen zu hören wie: »Die anderen sehen Sie, bevor sie Sie hören. Ihr Äußeres spricht eine deutlichere Sprache als Ihre ersten Worte. Deshalb hat ein guter Mann immer gut geputzte Schuhe. Gut geputzte Schuhe geben den anderen zu verstehen, dass man sich selbst und sein Aussehen achtet.«

SCHRITT 1 **Arbeitsplatz vorbereiten**

Schütze deine Arbeitsfläche mit einem Tuch oder Zeitungspapier. Schuhcreme kann Flecken hinterlassen, die sich aus Textilien nur schwer wieder entfernen lassen.

SCHRITT 2 **Schuhe reinigen**

Verwende eine Bürste und ein feuchtes Tuch, um Schmutzreste von den Schuhen zu entfernen. Achte darauf, dass die Schuhe ganz trocken sind, bevor du irgendwelche Pflegemittel aufträgst.

SCHRITT 3 **Pflegemittel auftragen**

Wenn du ein flüssiges Pflegemittel verwendest, solltest du es mit dem Applikatorschwämmchen in kleinen, kreisenden Bewegungen auf dem gesamten Schuh verteilen. Für feste Schuhcreme benutzt du zum Auftragen das Tuch, das in der Regel mit der Schuhcreme geliefert wird. Danach sieht der Schuh scheckig aus.

SCHRITT 4 **Trocknen lassen**

Warte 15–20 Minuten, damit das Pflegemittel trocknen kann.

SCHRITT 5 **Bürsten**

Bearbeite den gesamten Schuh mit der Rosshaarbürste. Achte darauf, dass du die Seiten und die Rückseite nicht vergisst. Schnelle Seitwärtsbewegungen erzeugen den besten Glanz.

SCHRITT 6 **Nachpolieren**

Zum Schluss reibst du deine Schuhe mit einem weichen Tuch ab, bis sie glänzen. Vergiss nicht die Seiten. Auch hier sorgen Seitwärtsbewegungen für einen gleichmäßigen Glanz.

Packe sämtliche Materialien, die du zum Schuhputzen benötigst, für das nächste Mal zusammen und reinige die Arbeitsfläche.

Info

Beim Schuhputzen solltest du von Zeit zu Zeit die Schnürsenkel entfernen. Nur so kannst du auch die Laschen reinigen und polieren, damit sie genauso schön glänzen wie der restliche Schuh. Wenn du modische farbige Schnürsenkel trägst, solltest du sie bei jedem Putzvorgang entfernen und erst wieder einziehen, nachdem du dich vergewissert hast, dass keine Rückstände von Schuhcreme mehr in den Ösen haften.

Eine Krawatte binden

DU BRAUCHST:
- Eine Krawatte

BENÖTIGTE ZEIT:
- 2 Minuten (jeweils)

Die Tradition, dass Männer Krawatten tragen, hat mehr als 400 Jahre gesellschaftlichen Wandels und wechselnde Moden überdauert. Heutzutage sagt der schmale Stoffstreifen nichts mehr über den Rang oder die gesellschaftliche Stellung seines Trägers aus und findet sich mit ebenso hoher Wahrscheinlichkeit in der Garderobe eines Rockstars wie im Kleiderschrank eines Politikers. Lang und schmal, kurz und breit, einfarbig, kariert, aus Seide oder Kunstfaser – es gibt kaum etwas, was nicht im Lauf der Zeit Männerhälse geziert hätte. Eine Grundregel ist jedoch unverändert geblieben: Ein Mann, der Krawatte tragen will, muss wissen, wie er sie bindet. Hier sind drei Knotenvarianten samt Beschreibungen, wie man sie zustande bringt.

Der Windsorknoten

Oft heißt es, der englische König Edward VIII. aus dem Hause Windsor habe den Windsorknoten erfunden. Andere sagen, schon sein Vater Georg V. habe bei seiner Halszier diesen Bogen rausgehabt. Wie dem auch sei, der Windsorknoten ist ein breiter und besonders dicker Knoten, der am besten zu einem Haifisch- oder sonst einem Kragen mit weit auseinanderliegenden Spitzen passt.

SCHRITT 1

Zunächst legst du das breite Ende deiner Krawatte von links nach rechts über das schmale Ende. Das breite Ende sollte ca. 30 cm tiefer herunterhängen als das schmale.

SCHRITT 2

Jetzt führst du das breite Ende der Krawatte von unten durch die den Hals umgebende Schlaufe.

SCHRITT 3

Anschließend klappst du das breite Ende nach unten und führst es von rechts nach links hinter dem schmalen Ende vorbei. Das breite Ende sollte nun mit der Unterseite nach oben nach links vom Körper wegzeigen.

SCHRITT 4

Als Nächstes legst du das breite Ende wieder von links nach rechts vorne über den halb fertigen Knoten.

SCHRITT 5

Führe nun das breite Ende erneut aufwärts durch die Halsschlaufe.

SCHRITT 6

Zum Schluss ziehst du das breite Ende durch den Knoten. Benutze beide Hände, um den Knoten zu richten, indem du das schmale Ende mit der einen Hand herunterziehst, während du mit der anderen den Knoten in Richtung Kragen schiebst.

Der halbe Windsorknoten

SCHRITT 1

Zunächst legst du das breite Ende deiner Krawatte von links nach rechts über das schmale Ende. Das breite Ende sollte ca. 30 cm tiefer herunterhängen als das schmale.

SCHRITT 2

Schlinge das breite Ende um das schmale Ende und führe es dabei an dessen Rückseite vorbei. Das breite Ende sollte jetzt mit der Unterseite nach oben nach links vom Körper wegzeigen.

SCHRITT 3

Jetzt legst du das breite Ende nach oben über die Schlaufe um den Hals.

SCHRITT 4

Führe das breite Ende nun hinter der Schlaufe wieder nach unten. Die breite Unterseite sollte danach oben liegen.

SCHRITT 5

Als Nächstes legst du das breite Ende wieder von links nach rechts über den halb fertigen Knoten.

SCHRITT 6

Führe nun das breite Ende hinter der Halsschlaufe nach oben.

SCHRITT 7

Zum Schluss ziehst du das breite Ende durch den Knoten. Benutze beide Hände, um den Knoten zu richten, indem du das schmale Ende mit der einen Hand herunterziehst, während du mit der anderen den Knoten in Richtung Kragen schiebst.

Der einfache Krawattenknoten (Four-in-Hand)

SCHRITT 1

Zunächst legst du das breite Ende deiner Krawatte von links nach rechts über das schmale Ende. Das breite Ende sollte ca. 30 cm tiefer herunterhängen als das schmale.

SCHRITT 2

Führe nun das breite Ende von rechts nach links hinter dem schmalen Ende vorbei. Der untere Teil des breiten Endes sollte jetzt mit der Unterseite nach oben liegen.

SCHRITT 3

Nun legst du das breite Ende wieder zurück über das schmale.

SCHRITT 4

Danach schlingst du das breite Ende von hinten durch die Schlaufe um den Hals.

Zum Schluss ziehst du das breite Ende durch den Knoten. Benutze beide Hände, um den Knoten zu richten, indem du das schmale Ende mit der einen Hand herunterziehst, während du mit der anderen den Knoten in Richtung Kragen schiebst.

Männer – Dichtung und Wahrheit:
»Seide ist männlich.«

Wahrheit. Die beliebtesten und hochwertigsten Krawatten sind aus Seide. Für eine gute Seidenkrawatte benötigt man ca. 110 Seidenraupenkokons.

Einen Knopf annähen

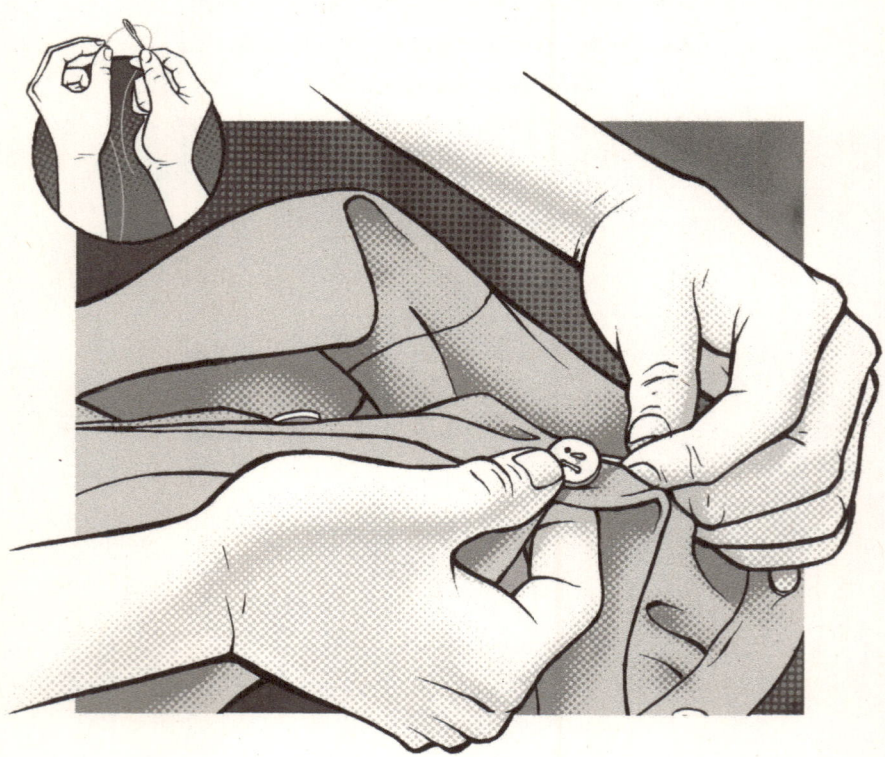

DU BRAUCHST:
- Knopf
- Faden
- Nähnadel
- Schere

BENÖTIGTE ZEIT:
- 5–10 Minuten

Ursprünglich waren Knöpfe an Kleidungsstücken nur schmückendes Beiwerk. Erst durch die Erfindung des Knopflochs im dreizehnten Jahrhundert bekamen die kleinen runden Objekte den Gebrauchswert, den sie noch heute haben. Traditionellerweise werden Kleidungsstücke für Männer von links nach rechts geknöpft. Diese Konvention stammt aus dem Mittelalter, als Männer in der Lage sein mussten, beim Duell schnell mit der linken Hand den Mantel aufzuknöpfen, während sie mit der rechten das Schwert zogen.

SCHRITT 1 **Fädle die Nadel ein**

Dazu schiebst du das Fadenende durch das Nadelöhr und ziehst ca. 30 cm Faden durch das Öhr. Schneide den Faden nun ca. 30 cm hinter der Nadel von der Garnrolle ab und verknote die beiden Enden miteinander.

SCHRITT 2 **Positioniere den Knopf**

Achte darauf, dass der Knopf genau in einer Linie mit den übrigen Knöpfen und direkt gegenüber dem Knopfloch liegt.

SCHRITT 3 **Beginne mit dem Nähen**

Jetzt stichst du mit der Nadel mitsamt Faden von der Unterseite des Stoffs aufwärts durch den Stoff und eins der Löcher im Knopf.

SCHRITT 4 **Weiternähen**

Zieh den Faden durch den Stoff und das Loch, bis der Knoten erreicht ist. Dann führst du die Nadel zurück durch das gegenüberliegende Loch des Knopfs.

SCHRITT 5 **Weiternähen**

Bei Knöpfen mit zwei Löchern machst du weiter, indem du die Nadel aufwärts durch das erste Loch und abwärts durch das zweite führst. Das wiederholst du sechs- bis achtmal. Bei Knöpfen mit vier Löchern gehst du so vor, dass die Fäden auf der Vorderseite des Knopfes ein X bilden.

SCHRITT 6 **Der letzte Stich**

Beim abschließenden Stich schiebst du die Nadel nochmals von unten durch den Stoff, aber nicht durch den Knopf. Wickle den Faden mehrmals um die Fäden unterhalb des Knopfs, um den Steg zu verstärken. Dann stichst du die Nadel wieder nach unten durch den Stoff. Wenn du die Nadel abtrennst, musst du darauf achten, dass der Faden noch lang genug ist für den nächsten Schritt.

SCHRITT 7 **Verknoten und Versäubern**

Verknote die beiden Fadenenden und schneide die überstehenden Enden mit der Schere ab.

Wusstest du das?

König Franz I. von Frankreich trug einmal ein höfisches Festgewand, das mit 13.600 goldenen Knöpfen verziert war!

Flecken gezielt entfernen

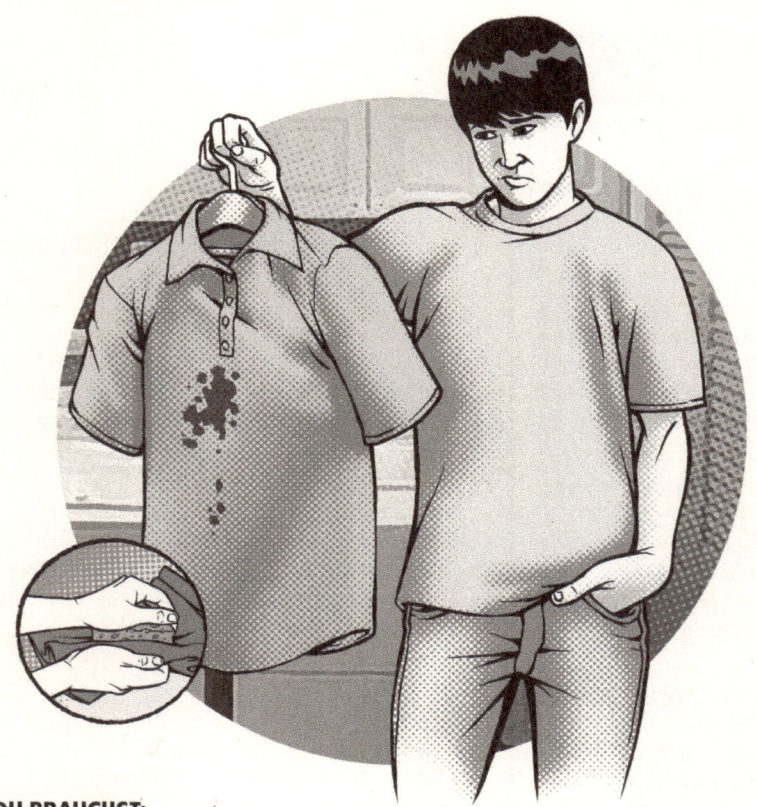

DU BRAUCHST:

- Kaltes Wasser
- Hilfsmittel –
  Spülmittel, Essig,
  Zitronensaft
- Papiertuch
- Waschmaschine
  oder chemische
  Reinigung

BENÖTIGTE ZEIT:

- 30 Minuten

Mist! Dein Lieblingsessen ist auf dem Weg zum Mund gerade im freien Fall auf deinem T-Shirt gelandet. Der dadurch verursachte Fleck ist genau vorn in der Mitte und zieht in Windeseile ein. Jetzt heißt es, Ruhe bewahren und, was immer du tust, Finger weg vom heißen Wasser. Zieh dir stattdessen ein sauberes Shirt an und lass dir Zeit, den Fleck schonend zu entfernen. Hier sind ein paar Tipps.

SCHRITT 1 Identifiziere den Übeltäter!

Unterschiedliche Flecken verlangen unterschiedliche Behandlung.

SCHRITT 2 Weiche den Fleck ein

Den Fleck sofort mit kaltem Wasser auszuspülen ist auf alle Fälle ein guter erster Schritt, denn das verhindert, dass die Substanz sich im Gewebe festsetzt.

SCHRITT 3 Wähle ein geeignetes Hilfsmittel

Das Hilfsmittel richtet sich danach, was genau den Fleck verursacht hat. Milde Säuren wie Essig oder Zitronensaft helfen gegen Kaffee oder Tee; Wasch- oder Spülmittel sind besser bei Fett, Blut, Schokolade, Lippenstift oder Make-up.

SCHRITT 4 Wende das Hilfsmittel vorsichtig an

Von der Rückseite des Stoffs tupfst du nun das passende Mittel auf den Fleck, um ihn wieder an die Oberfläche des Stoffs zu befördern. Gib das Hilfsmittel niemals direkt von oben auf den Fleckbereich, weil das die Verunreinigung noch tiefer in die Fasern treiben könnte.

SCHRITT 5 Leg den Fleck mit der Oberseite nach unten

Wenn du den verschmutzten Bereich mit der Oberseite nach unten auf ein Stück Küchenkrepp legst, eröffnest du der verschmutzenden Substanz einen Fluchtweg.

SCHRITT 6 Gib ihm Zeit!

Die Zeit ist dein Freund, also lass das Hilfsmittel in Ruhe auf den Fleck einwirken. Aber achte darauf, dass das Material nicht trocknet, weil das dazu führen könnte, dass der Fleck sich stabilisiert und womöglich sogar noch größer wird.

SCHRITT 7 Ausspülen

Nach 15 bis 30 Minuten wäschst du den verschmutzten Bereich mit kaltem Wasser aus. Im Idealfall wird dabei sowohl das Hilfsmittel als auch der eigentliche Fleck weggespült.

SCHRITT 8 Waschen

Wenn möglich, solltest du das Kleidungsstück sofort waschen oder in die Reinigung bringen.

Info

Für Wolle solltest du ausschließlich lauwarmes Wasser und ein mildes Waschmittel verwenden. Es darf KEINESFALLS ein Bleichmittel enthalten. Bleichmittel zerstören Wollfasern. Heißes Wasser ist tabu! In heißem Wasser kann Wolle verfilzen und einlaufen.

Ein Hemd zusammenlegen

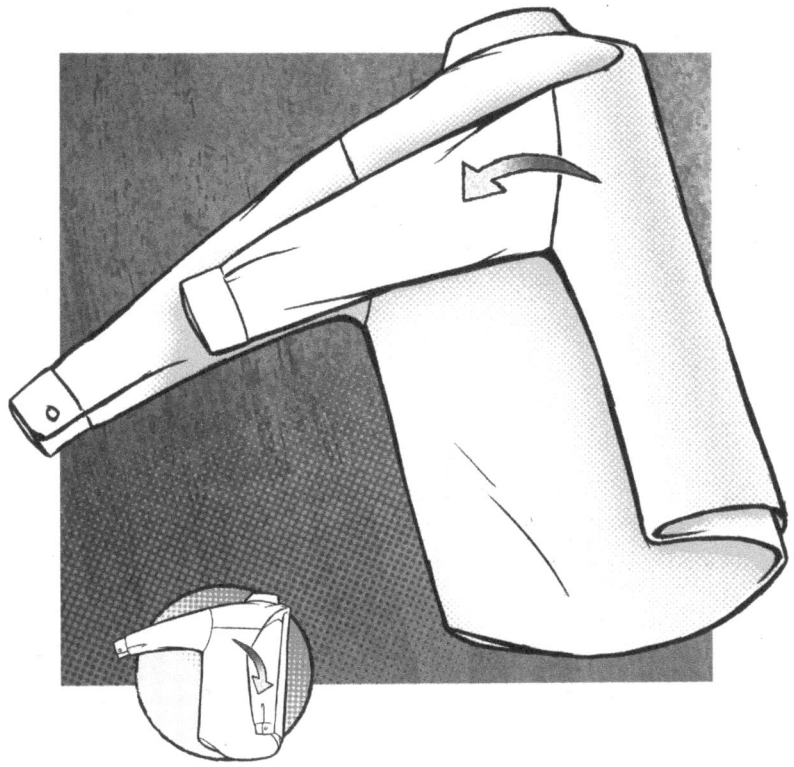

DU BRAUCHST:
- Ein kurz- oder langärmeliges Hemd

BENÖTIGTE ZEIT:
- 1 Minute

Nein, der Fußboden ist nicht genauso gut wie eine Kommodenschublade. Wenn du deine Hemden zusammenlegst und ordentlich verstaust, behalten sie ihr gutes Aussehen und ihren frischen Duft. Das klingt vielleicht langweilig, aber es bewahrt dich vor dem frustrierenden Gefühl, das sich immer dann einstellt, wenn man sein Lieblingshemd aus einem Knäuel sauberer Wäsche zieht und feststellen muss, dass es total zerknittert ist.

SCHRITT 1 **Knöpfe schließen**

Wenn das Hemd Knöpfe hat, knöpfst du es vollständig zu.

SCHRITT 2 **Umdrehen**

Jetzt legst du das Hemd mit der Vorderseite nach unten auf eine saubere, ebene Arbeitsfläche.

SCHRITT 3 **Glatt streichen**

Streiche mit den Händen über das Hemd, um alle Falten oder Unebenheiten zu glätten.

SCHRITT 4 **Rechts anfangen**

Klappe die rechte Seite des Hemds in einer geraden Linie von der Schultermitte bis zum Saum sorgfältig zur Mitte.

SCHRITT 5 **Ärmel umlegen**

Jetzt legst du den Ärmel so nach vorn, dass er auf einer Linie mit der senkrechten Falte zu liegen kommt. Dadurch entsteht an der Schulter eine schräge Kante.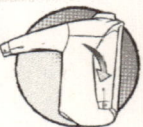

SCHRITT 6 **Noch einmal!**

Wiederhole nun Schritt 4 und 5 auf der linken Seite.

SCHRITT 7 **Unterseite einklappen**

Klappe die unteren 15 cm des Hemds nach oben.

SCHRITT 8 **Der letzte Schliff**

Falte das Hemd in der Mitte, sodass Unterkante und Schultern eine Linie bilden.

SCHRITT 9 **Umdrehen**

Zum Schluss drehst du das Hemd um, sodass die Vorderseite nach oben zeigt.

Übrigens

»Wer seine Kleidung faltenfrei hält, der spart sich Sorgenfalten.«
— Coleman Cox, Autor und Zitatensammler

Hosen ohne Bügelfalte zusammenlegen

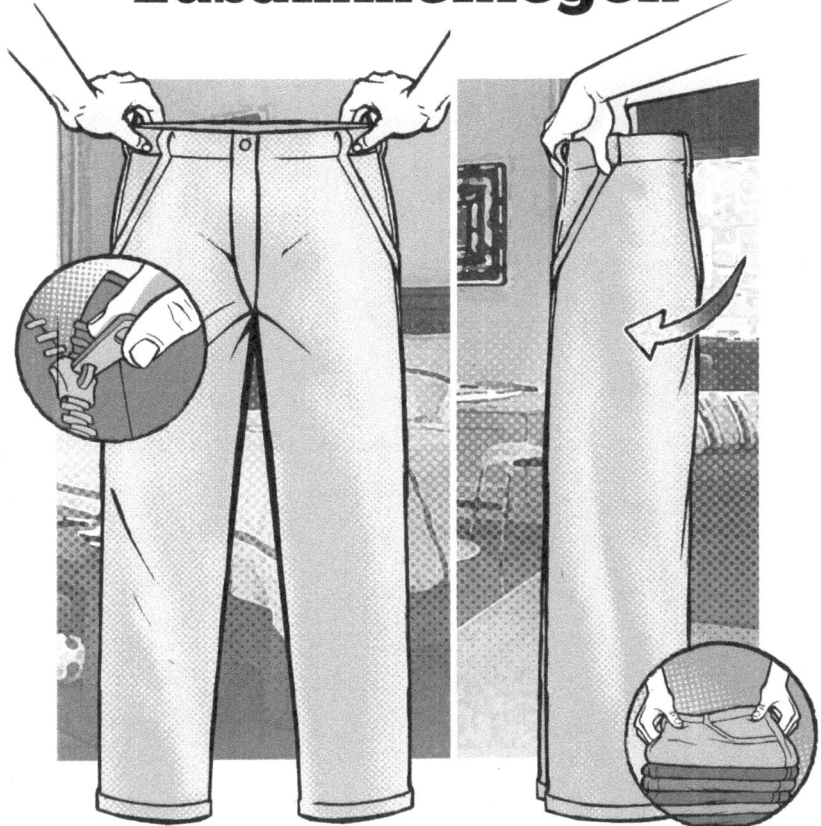

DU BRAUCHST:
- Eine gebügelte oder knitterfreie Hose

BENÖTIGTE ZEIT:
- 10 Sekunden

Eine zerknitterte Hose, die man aus einem Kleiderberg zieht, sieht schlampig aus und sollte niemals das Haus verlassen. Wenn du aufrecht und stolz erhobenen Hauptes durchs Leben schreiten willst, solltest du wissen, dass simples Falten und Stapeln deine Hosen ordentlich und allzeit einsatzbereit erhält.

SCHRITT 1 Schließe den Reißverschluss

Als Erstes musst du den Hosenknopf schließen und den Reißverschluss zumachen.

SCHRITT 2 Falte sie zusammen

Fasse deine Hose beidseitig am Bund, Knopf und Reißverschluss dir zugekehrt. Falte sie der Länge nach, sodass Knopf und Reißverschluss eine Seitenkante bilden und die aufeinanderliegenden Seitennähte des Bunds die andere.

SCHRITT 3 Lass sie aushängen

Halte die zusammengefaltete Hose am Bund fest und lass die Hosenbeine senkrecht herunterhängen.

SCHRITT 4 Lege sie hin

Jetzt legst du die wie beschrieben längsgefaltete Hose auf eine ebene Arbeitsfläche.

SCHRITT 5 Falte sie noch einmal

Falte die Hose in der Mitte, genau auf halbem Weg zwischen Taillenbund und Beinabschluss.

SCHRITT 6 Nochmals falten

Falte deine Hose noch einmal in der Mitte. So stellst du sicher, dass die Hosenbeine geschützt im Inneren zu liegen kommen.

Wusstest du das?

Zwei europäische Einwanderer, Jacob Davis und Levi Strauss, brachten 1873 ihre ersten Jeans auf den Markt, und damit begann der Siegeszug dieser Hosen. Neben indigoblauen Exemplaren gab es sie auch aus braunem Segeltuch, die Taschen mit Nieten verstärkt, um sie strapazierfähiger zu machen.

Hosen aufhängen

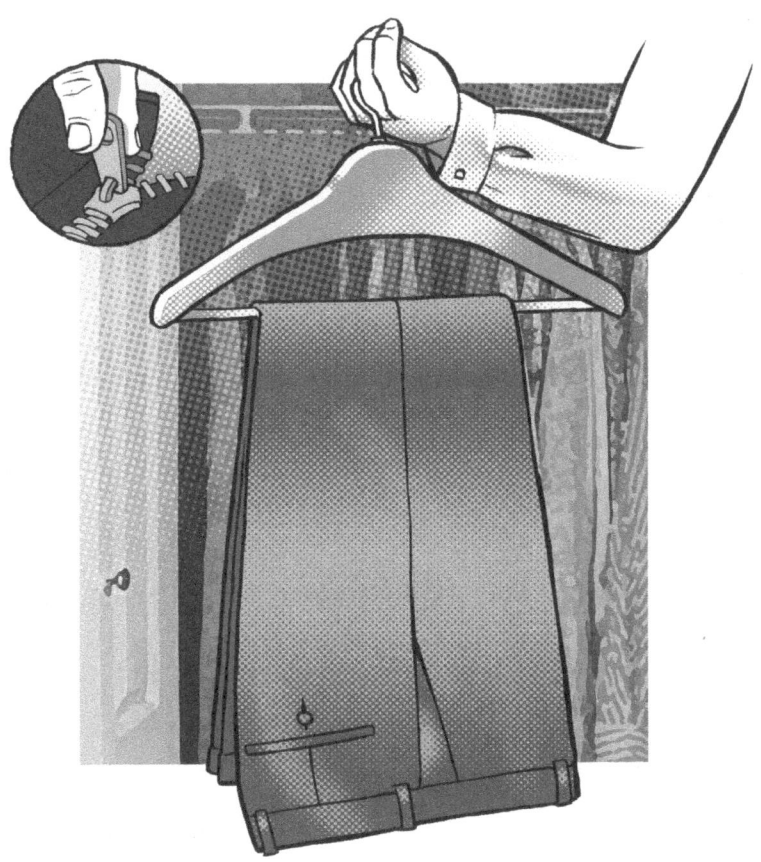

DU BRAUCHST:
- Eine gebügelte oder knitterfreie Hose
- Einen Hosenbügel

BENÖTIGTE ZEIT:
- 30 Sekunden

Manche Hosen sehen am besten aus, wenn sie zwischen dem Tragen ordentlich im Schrank hängen. Solange sie nicht zwischen anderen Kleidungsstücken eingezwängt sind, können deine Hosen so praktisch knitterfrei und jederzeit einsatzbereit bleiben – nicht frisch gebügelt, aber frisch vom Bügel.

SCHRITT 1 Schließe den Reißverschluss

Als Erstes musst du den Hosenknopf schließen und den Reißverschluss zumachen.

SCHRITT 2 Lass sie aushängen

Fasse deine Hose am vorderen Knopf und an der rückwärtigen Bundnaht und lass die Hosenbeine herunterhängen. Die vordere Bügelfalte sollte durchgängig von der Oberseite beider Hosenbeine bis zum Beinabschluss verlaufen.

SCHRITT 3 Falte sie zusammen

Falte die Hose quer zusammen, genau in der Mitte zwischen Hosenbund und unterem Beinabschluss.

SCHRITT 4 Positioniere den Kleiderbügel

Jetzt schiebst du den Kleiderbügel an den Hosenbeinen entlang bis zu der Stelle, an der sie zusammengefaltet ist. Die Hosenbeine dürfen dabei nicht verrutschen.

SCHRITT 5 Platziere die Hose auf dem Bügel

Jetzt platzierst du deine Hose auf den Bügel, sodass Bund und Beinabschlüsse auf einer Höhe hängen.

SCHRITT 6 Hänge sie auf

Sobald die Hose ordentlich auf dem Bügel liegt, kannst du sie in den Schrank hängen. Achte dabei darauf, dass sie nicht zwischen anderen Kleidungsstücken eingezwängt ist.

Info

Wenn du eine neue Hose kaufen willst, achte darauf, wie der Stoff verarbeitet ist. Muster wie Karos und Streifen sollten an den vorderen und rückwärtigen Nähten passgenau aneinanderstoßen. Alle Nähte, inklusive des Bunds, müssen flach und frei von Falten, Unebenheiten, kleinen Rissen und überflüssigem Material sein.

SPORT & SPIEL

7

Ein toller Mann muss nicht unbedingt ein toller Sportler sein. Tatsächlich schlagen nur ca. 0,03 % aller Jungs, die in Sportvereinen aktiv sind, irgendwann eine Profikarriere ein, und wenn sie es tun, müssen sie genauso »ihren Mann stehen« wie die anderen 99,97 % auch. Aber wenn du ein paar grundlegende Techniken im Sport beherrschst, findest du leichter Anerkennung, sobald du das Spielfeld, den Platz oder den Rasen betrittst oder dich einfach nur an einem improvisierten Match bei der Grillparty im Garten eines Freundes beteiligst. Sportlicher Erfolg ist kein großes Geheimnis. Genau genommen, lässt sich das Erfolgsrezept in drei Worten zusammenfassen: Wer übt, gewinnt.

Du träumst trotz allem von einer Profikarriere? Leider stehen deine Chancen da nicht besonders gut. Tatsächlich gibt es jedes Jahr mehr Pechvögel, die vom Blitz getroffen werden, als talentierte Sportler, die einen Bundesligavertrag oder einen Vertrag in der National Football League bekommen. Von den wenigen Ausnahmeathleten, die den Sprung ins Profilager geschafft haben, hört man oft, sie hätten sich beim Unterschreiben des Vertrags gefühlt, als würde ein Traum Wirklichkeit. Doch wie lang dauert dieser Traum? Die Antwort ist nicht das, was man als Nachwuchsspieler gerne hören möchte. Die überwältigende Mehrzahl der Berufssportler hat überraschend kurze Karrieren. Bei einer durchschnittlichen Dauer von nur drei Jahren und zwei Monaten sind die meisten Spieler der amerikanischen National Football League (NFL) nach einem Fünftel der Zeit, die sie in die Vorbereitung investiert haben, schon wieder draußen. Trotz Weltklassetraining und modernster Schutzkleidung ist das Spielfeld ein gefährlicher Arbeitsplatz. Der Konkurrenzkampf um Spitzenpositionen und das allgegenwärtige Verletzungsrisiko drohen ständig, der ruhmvollen Spielerkarriere ein Ende zu machen.

Ein NFL-Spieler, der das unwahrscheinliche Kunststück tatsächlich geschafft hat, ist der *Lineman* Norm Evans. Mit einer Körpergröße von 1,95 m und einem Gewicht von satten 113 Kilo trug dieser Offensivspieler 14 Jahre lang sein Trikot mit der Nummer 73 wie ein M1-Abrams-Panzer seine Tarnbemalung. Mit seiner sagenhaften geballten Ladung aus Schnelligkeit, Geschick und Kraft war Norm die geborene Kampfmaschine.

Seinen Gegenspielern blieb kaum etwas anderes als die Flucht, wenn dieses Kraftpaket anrollte.

Im Lauf seiner Footballkarriere spielte Norm Evans sowohl in der American Football League (AFL) als auch in der National Football League (NFL). Zehn dieser anstrengenden Jahre verbrachte er bei den Miami Dolphins und verpasste in diesem Zeitraum nur zwei Spiele in zehn Spielzeiten. Seinen hervorragenden Leistungen und seiner Zuverlässigkeit verdankt Norm einen Spitzenplatz in den Annalen des American Football als Mitglied der siegreichsten Mannschaft der NFL, den in 17 Spielen ungeschlagenen Miami Dolphins von 1972. Der Mannschaft gelang die erste und einzige *Perfect Season* – eine Spielsaison, in der sie kein einziges Spiel verlor –, am Ende gekrönt vom Gewinn des Super Bowl. Drei Super Bowls und zwei Pro Bowls später konnte Norm auf 160 Einsätze in 188 Spielen zurückblicken.

Und was ist das Geheimnis von Norms außerordentlichen Leistungen und seiner ungewöhnlich langen Karriere? Er selbst fasst sein Erfolgsrezept in einem einzigen Wort zusammen: »Übung.« Norm erklärt:

Du darfst nie aufhören, die Grundlagen zu trainieren. Wenn man das Richtige auf die richtige Art übt, geht es einem in Fleisch und Blut über. Als Lineman habe ich stets die grundlegenden Dinge trainiert. Immer wieder habe ich mit Trainern gearbeitet, die wussten, worauf es beim Spiel vor allem ankommt. Ein guter Trainer weiß, wie wichtig es ist, Dinge zu wiederholen, die elementaren Spielzüge wieder und wieder zu trainieren. Daran hat sich während meiner gesamten Karriere als Footballspieler nichts geändert. Ich erinnere mich noch, wie ich als Vierzehnjähriger in der Highschool mit dem Footballspielen anfing. Weißt du, was wir da geübt haben? Wie man einen *Sweep* läuft. Und weißt du, was wir am letzten Tag meiner aktiven Zeit in der NFL gemacht haben? Wir haben geübt, wie man einen *Sweep* läuft. (1)

Norms Erfolgsrezept ist einfach und hat nichts mit schnellem Ruhm zu tun. Übung. »Man braucht Charakterstärke, um zu begreifen, wie viel Zeit intensives Training verlangt«, sagt er. Norm ist der Erste, der dir sagt, dass man eine besondere Art von Sportler sein muss, wenn man immer wieder neu Erfolg haben will. Man braucht dafür die gleiche Einstellung wie beim Lernen:

Die Bereitschaft, immer wieder zu üben, bedeutet, dass man nicht aufhört zu lernen und nicht hochmütig glaubt, dass man schon alles weiß. Man muss bereit sein zu lernen, wie man im Lauf der Zeit immer besser wird. Der Schlüssel zum erfolgreichen Lernen ist Motivation. Was mich antrieb, war der brennende Wunsch, gut zu spielen. Das habe ich von meinem

Dad und seiner Einstellung, dass man immer wieder von vorn anfangen und Dinge beständig wiederholen muss. Er hat immer gesagt: »Junge, wenn du das Richtige tust, liegst du niemals falsch. Wenn du etwas nicht richtig machst, ist es der Mühe nicht wert.« Diesem Grundsatz, dass man durch wiederholtes Üben besser wird und dass man stets das Richtige tun muss, bin ich bis heute treu geblieben.

Norm glaubt auch, dass das Leben nicht nur aus Football besteht.

Mein Vater hat mir auch beigebracht, wie wichtig es ist, in allen Bereichen des Lebens das Richtige zu tun. Er hat mir zum Beispiel beigebracht, wie ich trainiere, meine Mutter zu achten. Und nicht nur meine Mutter, ich habe trainiert, jeden Menschen zu achten. Das hieß, dass ich nicht mit Lernen aufhören durfte und trainieren musste, wie man mit anderen besser kommuniziert. Kommunikation beginnt mit Zuhören.

Der Rat meines Vaters hat bis heute nichts von seiner Gültigkeit verloren. In allen Bereichen des Lebens brauchen wir Wiederholung. Durch langes Training habe ich gelernt, besser mit Menschen zu kommunizieren. Das ist nicht anders, als wenn man lernt, etwas anderes gut zu beherrschen, zum Beispiel wie man einen *Sweep* läuft. Nur durch jahrelanges Üben lernt man, die Grundlagen zu meistern. Sport, Freunde, Familie, Glaube – hör niemals auf zu üben, und du wirst niemals aufhören, besser zu werden.

Who is Who - Norm Evans

Ehemaliger Offensivspieler in der National Football League, 14 Spielzeiten (Houston Oilers, Miami Dolphins, Seattle Seahawks), zwei Pro Bowls und drei Super Bowls. Von 1984 bis 2009 war Norm Vorsitzender von Pro Athletes Outreach, einer christlichen Organisation von US-Profisportlern.

Einen Football werfen

DU BRAUCHST:
- Einen American Football
- Einen Wurfpartner

BENÖTIGTE ZEIT:
- Jede Menge Übung

Jeder angehende Quarterback träumt davon, ein paar Schritte zurückzutreten, auszuholen und den Ball dann in einer perfekten Spirale durch die Luft fliegen zu lassen. Bei den Profis aus der NFL sieht das aus wie ein Kinderspiel, aber Durchschnittsspieler kriegen nicht ohne Weiteres einen Wurf hin, den man sich anschließend noch einmal in Zeitlupe ansehen möchte. Die besten Werfer der Liga sagen, einen präzisen Pass wirft man, wenn man es lange genug geübt hat. Wenn du jedes Mal einen Treffer landen willst, brauchst du Übung, Übung und nochmals Übung.

SCHRITT 1 **Aufwärmen**

Bevor du loslegst, solltest du deinen Wurfarm aufwärmen und dehnen.

SCHRITT 2 **Den Ball richtig halten**

Halte den amerikanischen Fußball am rückwärtigen Ende der Schnürung. Zwei oder drei Finger berühren die Schnürung, während der Daumen auf der anderen Seite des Balls liegt. Daumen und Zeigefinger bilden dabei ein L. Halte den Football mit den Fingerspitzen, sodass zwischen dem Ball und deiner Handfläche ein kleiner Zwischenraum bleibt.

SCHRITT 3 **In Stellung gehen**

Die Fußstellung ist wichtig beim Werfen. Positioniere die Füße so, dass dein Körper im rechten Winkel zum Ziel steht – wenn du Rechtshänder bist, drehst du dich nach rechts, mit dem linken Fuß vorne. Den vorderen Fuß drehst du so, dass er in die Richtung zeigt, in die du werfen willst, und die Augen sind auf den potenziellen Zielpunkt gerichtet.

SCHRITT 4 **Fertigmachen zum Werfen**

Jetzt beugst du den Wurfarm so, dass der Ball locker über der Wurfschulter und unterhalb deines Ohrs ruht. Bei Bedarf kannst du den Ball mit der anderen Hand stabilisieren. Der Arm ist jetzt in der richtigen Position, um einen weiten Bogen zu werfen.

SCHRITT 5 **Werfen**

In einem einzigen fließenden Bewegungsablauf senkst du den Ball nun leicht hinter die Schulter ab, dann beschreibst du mit dem Arm einen Bogen und streckst dabei den Ellbogen. Gleichzeitig verlagerst du dein Gewicht auf den vorderen Fuß und drehst den Körper in Richtung Ziel. Beim Loslassen sollte der Ball über deine Fingerspitzen rollen. Der Zeigefinger berührt als letzter den Ball, dadurch wird er in Drehung versetzt. Beim Loslassen knickst du das Handgelenk nach unten ab. Diese koordinierte Bewegung von Arm, Körper und Füßen gibt dem Wurf Richtung und Schwung.

Männer – Dichtung und Wahrheit:
»Die Masse macht's.«

Wahrheit: Im Jahr 1980 gab es in der NFL nur drei Spieler, die mehr als 135 Kilo auf die Waage brachten. Wenig im Vergleich zu einer Untersuchung von Associated Press, wonach es in der NFL heute mehr als 400 Spieler mit diesem Körpergewicht gibt.

Einen Basketball versenken

DU BRAUCHST:
- Basketball
- Korb

BENÖTIGTE ZEIT:
- Jede Menge Übung

Dreimal in die All-American-Auswahl der Basketballspieler gewählt, zweimal in die Basketball-*Hall of Fame*, sechsmal Trainer des Jahres und zehnmal Trainer der Siegermannschaft in der Meisterschaft der NCAA (National Collegiate Athletic Association) – John Wooden führte seine Mannschaften insgesamt 855 Mal zum Sieg. Der Fernsehsender ESPN bezeichnete Coach Wooden als »besten Trainer aller Zeiten«. Seine ungebrochene Siegesserie in 88 Spielen ist bis heute die längste in der Geschichte des Division I-College-Basketballs. Doch was von einem der meistverehrten Trainer in der Geschichte des Basketballs ganz besonders in Erinnerung geblieben ist, sind die einfachen Ratschläge, mit denen er seine Spieler inspirierte. (2)

»Kümmere dich mehr um deinen Charakter als um deinen Ruf, denn dein Charakter ist dein wahres Ich, dein Ruf ist nur das, was die anderen in dir sehen.«
»Sei schnell, aber übereile nichts.«
»Verwechsle niemals Betriebsamkeit mit Leistung.«
»Was für ein Mensch du bist, ist viel wichtiger als was für ein Basketballspieler.«

Coach Wooden ging es nicht so sehr darum, seine Spieler zu Basketballhelden zu machen. In erster Linie wollte er sie zu anständigen Menschen erziehen, die auch später im Leben erfolgreich blieben, die stolz auf sich sein konnten und die von ihrer Ausbildung etwas hatten, das weit über den Basketball hinausging.

SCHRITT 1 In Stellung gehen

Sorge für einen sicheren Stand mit schulterbreit gespreizten Beinen. Die Füße zeigen zum Korb, und der Fuß auf der Seite der Wurfhand steht einen halben Schritt vor dem anderen. Die Knie sind leicht gebeugt, der Rücken bleibt gerade, und der Oberkörper ist dem Korb zugewandt.

SCHRITT 2 Den Ball richtig halten

Spreize die Finger und positioniere ihn locker auf der Wurfhand, während du ihn mit der anderen Hand seitlich abstützt. Der Ball sollte auf den Fingerspitzen liegen, sodass zwischen Ball und Handfläche ein kleiner Zwischenraum bleibt. Jetzt bringst du den Ball für den Wurf in die richtige Position zwischen Oberkörper und Kinn.

SCHRITT 3 Werfen

Mit Blick auf den Korb und in einer fließenden Bewegung drückst du nun die Knie durch und springst nach oben, während du gleichzeitig den Ball aus der Ausgangsposition vor das Gesicht hebst und dabei die Arme vorwärts und nach oben reckst. Bring den Ball nicht wieder zurück auf Ohrhöhe.

SCHRITT 4 Loslassen

Sobald dein Körper ganz gestreckt ist, gibst du den Ball frei, indem du ihn über die Fingerspitzen des Zeige- und Mittelfingers deiner Wurfhand rollen lässt. Wenn der Ball sich von der Hand löst, winkelst du die Handgelenke nach vorne ab, sodass der Ball im hohen Bogen auf den Korb zufliegt. Flache Würfe sind nicht gestattet.

SCHRITT 5 Zum Abschluss bringen

Du bleibst so lange an Ort und Stelle, bis der Ball den Rand des Korbs berührt. Dabei solltest du nicht nach vorne springen und auch keine Rückwärtsbewegung ausführen, wie man es manchmal bei allzu selbstgefälligen Möchtegern-Basketballspielern auf der Straße sieht. Deine Füße sollten genau da landen, wo du abgesprungen bist.

Wusstest du das?

Die Geburtsstunde des Basketball schlug im Jahr 1891, als ein paar Spieler einen Fußball dribbelten und in einen an einer Balkonbrüstung aufgehängten Pfirsichkorb warfen.

Einen Fußball kicken

DU BRAUCHST:
- Fußball
- Viel Platz

BENÖTIGTE ZEIT:
- Jede Menge Übung

Fußball, *football, soccer* – Europäer und Amerikaner sind sich traditionell uneins über die Bezeichnung für diese Sportart. Ursprünglich war es ein Spiel für englische Gentlemen und hieß dort *soccer* – obwohl es Wettkämpfe, bei denen es darum ging, einen Ball mit dem Fuß in ein Tor zu befördern, genau genommen schon im dritten Jahrhundert vor Christus im alten China gab. Am 26. Oktober 1863 setzten sich englische

Mannschaftsfunktionäre zusammen und formulierten einen Regelkatalog, der fortan für sämtliche Austragungen des Spiels gelten sollte, das sie *football* nannten. Heute ist diese Form des Fußballspiels der beliebteste Mannschaftssport auf der ganzen Welt – außer in den USA, wo ein Spiel auf Platz 1 steht, das verwirrenderweise ebenfalls *football* heißt, aber etwas ganz anderes ist. Das, was der Rest der Welt unter Fußball oder *football* versteht, ist in Amerika unter der Bezeichnung *soccer* bekannt – genau wie 1863 bei den vornehmen Briten. Damit sollten alle Unklarheiten beseitigt sein. Oder auch nicht. Auf Deutsch heißt *soccer* Fußball, wohingegen amerikanischer Fußball auch auf Deutsch American Football heißt.

SCHRITT 1 Aufwärmen

Bevor du loslegst, solltest du die Beine aufwärmen und dehnen. Das steigert die Leistung und mindert das Verletzungsrisiko.

SCHRITT 2 Ball fallen lassen

Such dir eine Stelle mit ausreichend Platz nach vorne und lass denn Ball vor dir auf den Boden fallen.

SCHRITT 3 Zurückgehen

Jetzt machst du ein paar Schritte rückwärts. Du brauchst keinen großen Anlauf, also solltest du gar nicht erst auf die Idee kommen, aus fünfzehn Schritt Entfernung auf den Ball zuzustürmen.

SCHRITT 4 Standbein festlegen

Das Standbein ist das Bein, das beim Schuss neben dem Ball steht, im Unterschied zu dem, mit dem du den Ball schießt – dies letztere ist das Spielbein.

SCHRITT 5 Auf den Ball zugehen

Jetzt gehst du aus zwei Schritt Entfernung geradewegs auf den Ball zu.

SCHRITT 6 Standbein in Position bringen

Wenn du den Ball erreichst, positionierst du den Fuß des Standbeins seitlich auf einer Höhe neben dem Ball. Wenn der Fuß zu weit hinten steht, gibt es einen flachen Schuss. Wenn er zu weit vorne steht, geht der Schuss in die Höhe.

SCHRITT 7 **Standbein ausrichten**

Die Fußspitze des Standbeins zeigt in die Richtung, die der Ball nehmen soll.

SCHRITT 8 **Schwung holen**

Jetzt bewegst du das Spielbein nach hinten, um Schwung zu holen. In einer fließenden Bewegung drehst du die Hüfte und bewegst das Spielbein nach vorne. Für einen flachen Pass ist das Knie gestreckt, für einen kraftvollen Schuss ist es gebeugt.

SCHRITT 9 **Treten**

Mit gestrecktem Fußgelenk trittst du nun gegen den Ball. Bei einem kräftigen Schuss sollte der Ball den Schuh etwa in der Mitte der Schnürung berühren, bei einem gezielten Schuss oder Pass am Innenrist.

SCHRITT 10 **Gleichgewicht halten**

Benutze die Arme, um beim Schießen das Gleichgewicht zu halten. Anfangs siehst du dabei vielleicht ein bisschen wie eine Vogelscheuche aus. Aber Übung macht den Meister.

Übrigens

»Beim Fußball soll man alles geben, aber man soll auch vernünftig bleiben, denn zwar gibt es Siege, aber es gibt auch Niederlagen. Keiner, der das Spielfeld betritt, weiß, wie es ausgehen wird.«

— Lucimar da Silva Ferreira,
brasilianischer Fußballprofi

Einen Baseball werfen

Der Spieler Willie Stargell, aufgenommen in die Baseball-*Hall of Fame*, hat es einmal so beschrieben: »Sie drücken dir einen runden Schläger in die Hand und werfen dir einen runden Ball zu, und dann erwarten sie, dass du ihn über die ganze Breite triffst.« Keine leichte Aufgabe, wenn man bedenkt, dass ein richtig guter Werfer einen Baseball mit an die 160 km/h über das Feld schleudern kann. Aber lass dir eins gesagt sein: Wer so etwas zustande bringen will, braucht

Kraft, Präzision und jede Menge Übung. Wenn du lernst, wie man einen Baseball richtig wirft, bist du bei Trainern beliebt und bei Schlagmännern gefürchtet.

SCHRITT 1 Den Ball richtig halten

Nimm den Baseball so in die Hand, dass Zeige- und Mittelfinger ihn an der Stelle greifen, an der die Nähte am nächsten beieinander sind. Der Daumen liegt an der glatten Unterseite des Balls.

SCHRITT 2 Nichts verraten

Damit der Schlagmann *(batter)* nicht vorab errät, wie du den Wurf ausführen willst, solltest du den Ball mit deinem Handschuh verdecken.

SCHRITT 3 Werfen

Halte den Ball so, dass Zeige- und Mittelfinger über die Oberseite des Balls greifen. Beim Werfen lässt du den Ball über die Fingerspitzen rollen; dadurch bekommt er einen Rückwärtsdrall.

SCHRITT 4 Zum Abschluss bringen

Behalte den Zielpunkt im Auge und führe den Wurfarm mit Schwung vor dem Körper nach unten.

Wusstest du das?

Bei ca. 160 km/h liegt offenbar die Obergrenze der menschlichen Möglichkeiten, einen Ball mit äußerster Geschwindigkeit zu werfen. Und wieso? Das Drehmoment, das nötig wäre, um den Ball noch weiter zu beschleunigen, wäre so stark, dass die Bänder im Ellenbogengelenk reißen würden.

Mit einem Golfschläger umgehen

DU BRAUCHST:
- Golfschläger
- Golfball
- Abschlag (Tee)

BENÖTIGTE ZEIT:
- Jede Menge Übung

> Von allen Spielen kommt Golf dem Spiel, das wir Leben nennen, am nächsten. Manchmal hat man Pech bei guten Schlägen, manchmal Glück bei schlechten Schlägen, aber man muss den Ball immer da spielen, wo er liegt.
>
> — Bobby Jones

SCHRITT 1 **Den Schläger richtig halten**

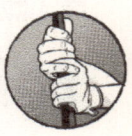

Wenn du Rechtshänder bist, ergreifst du den Schläger mit der linken Hand.
(Für Linkshänder umgekehrt.) Dann legst du die rechte Hand unterhalb der
linken um den Schläger und schiebst den kleinen Finger der rechten Hand
zwischen Zeige- und Mittelfinger der linken. Der linke Daumen sollte die
Handfläche der rechten Hand berühren.

SCHRITT 2 **In Stellung gehen**

Stell dich mit schulterbreit gespreizten Beinen und beuge den Oberkörper bei geradem
Rücken von der Hüfte aus nach vorne.

SCHRITT 3 **Den Ball ansprechen**

Achte darauf, dass du in einer bequemen Distanz zum Ball stehst. Nah genug, dass der
Kopf deines Golfschlägers den Ball sauber treffen kann, aber mit genügend Abstand, um
deine Bewegungsfreiheit nicht einzuschränken. Die Arme sind gestreckt.

SCHRITT 4 **Aufschwung**

Beim Aufschwung bleibt der rechte Arm gerade, während der linke leicht gebeugt wird
(bei Linkshändern umgekehrt). Beim Anheben des Schlägers drehst du den Oberkörper,
sodass zwischen dem rechten Unterarm und dem Schläger ein rechter Winkel entsteht.
Der Kopf bewegt sich dabei nicht mit, der Blick ist weiter auf den Ball gerichtet.

SCHRITT 5 **Durchschwung und Ausschwung**

Jetzt bewegst du die Arme wieder abwärts, sodass der Schläger einen Kreis beschreibt. Zu
Beginn ist der Kopf des Schlägers 90 °C hinter den Unterarmen, bewegt sich aber rasch
nach vorne, bis Arme und Schläger beim Abschlag eine Linie bilden. Nach dem Abschlag
lässt du den Schläger weiter schwingen, aufwärts und über die Schulter. Nach einem perfekten Ausschwung stehst du so, dass deine Gürtelschnalle in Richtung Zielpunkt zeigt.
Der Schläger ist hinter deinem Rücken, und der rückwärtige Fuß steht auf der Zehenspitze.

Männer – Dichtung und Wahrheit:

**»Um ein Hole-in-one zu erzielen, muss man bloß den Ball in
die Tasche stecken und die Scorekarte abzeichnen lassen.«**

Dichtung. Tatsache ist, ein Ass ist erst dann offiziell, wenn der Golfspieler eine
Runde mit mindestens neun Löchern gespielt und dabei nur einen einzigen
Ball benutzt hat; außerdem benötigt er einen Zeugen für den Treffer.

Den Golfball einputten

DU BRAUCHST:
- Golfschläger (Putter)
- Golfball

BENÖTIGTE ZEIT:
- Jede Menge Übung

Ein gepflegter Golfplatz ist ein richtiges Kunstwerk. Tatsächlich sind moderne Golfplätze wahre Wunder der Technik, verfeinert mit einer Prise Zauberei, sodass man auch etwas zu staunen hat. Die Pflege der in Handarbeit angelegten und mit Maschinen instand gehaltenen Rasenflächen mit ihren Millionen von allzeit kurzen, jederzeit perfekt gestylten Grashalmen erfordert Kenntnisse in Agrarwissenschaft, Chemie, Pflanzen-, Insekten- und Bodenkunde. Bei den meisten angesehenen Golfplätzen wird von den Chefgärtnern ein Abschluss in Landwirtschaft oder Umweltwissenschaft verlangt.

Wieso? Weil sich unter dem saftig-grünen Gras jede Menge Plastik, Rohre, Stein, Kies, Sand und sogar ein bisschen Erde (wenn auch nicht viel) verbergen. Wenn du dann noch Hydrokultur, Dünger, Chemikalien, Belüftung, Sonne, tägliches Mähen, noch mehr Chemikalien und ganz viel Streicheleinheiten dazunimmst, dann bekommst du – simsalabim! – den perfekten Golfplatz. Lassen wir die Zauberkunststücke mal beiseite – der fachgerechte Unterhalt eines Golfplatzes ist kein Job für Amateure. Aber spielen kann jeder. Fragt sich nur, ob dein Spiel so gut ist wie das Gras, auf dem du spielst.

SCHRITT 1 Den Schläger richtig halten

Wenn du Rechtshänder bist, ergreifst du den Schläger mit der linken Hand. (Für Linkshänder umgekehrt.) Dann legst du die rechte Hand unterhalb der linken um den Schläger und schiebst den kleinen Finger der rechten Hand zwischen Zeige- und Mittelfinger der linken. Der linke Daumen sollte die Handfläche der rechten Hand berühren.

SCHRITT 2 In Stellung gehen

Stelle dich mit schulterbreit gespreizten Beinen, die Knie sind leicht gebeugt. Jetzt ziehst du die Ellbogen dicht an den Oberkörper und beugst dich vor. In dieser Haltung solltest du den Kopf des Schlägers leicht und sanft hinter den Ball setzen können.

SCHRITT 3 Den Ball ansprechen

Positioniere den Putter direkt hinter den Ball und nähere dich dem Ball, bis der Abstand zwischen deinen Zehen und der dir zugewandten Seite des Balls nur noch die zweieinhalbfache Breite des Putterkopfs beträgt. Nun beugst du dich leicht vor und richtest die Mittellinie deines Körpers exakt am Ball aus.

SCHRITT 4 Den Schlag ausführen

Fertig, zielen, einputten. Dabei solltest du nicht zu viel nachdenken. Du musst einfach nur einen weichen, fließenden Schlag mit dem Putter in Richtung Loch ausführen. Geschafft.

Info

Ein teurer Putter kann schnell ein paar Hundert Euro kosten. Für einen günstigen Putter musst du beim Garagenflohmarkt in der Nachbarschaft vielleicht nur ein paar Euro auf den Tisch legen. Keiner von beiden macht aus dir einen besseren Golfspieler. Was sich am Ende auszahlt, sind ein gutes Auge und sehr viel Übung.

Einen Dartpfeil werfen

DU BRAUCHST:
- Dartpfeile
- Dartbrett

BENÖTIGTE ZEIT:
- Jede Menge Übung

Ist das eine Partie Darts oder eine Physikstunde? Genau genommen von beidem etwas. Bei der Physik geht es um Hebel, Scharniere, Gelenke, Beschleunigung, Wurfparabeln, Verzögerung – und um deine Gefühle. Gefühle? Na ja, wenn du dich darüber freust, dass dir bei einer Partie Darts der perfekte Treffer gelungen ist, dann hast du Hebel, Scharniere, Gelenke, Beschleunigung, Wurfparabeln und Verzögerung zum Einsatz gebracht, um genau in die Mitte der Zielscheibe zu treffen. Zum Glück muss man kein Mathematiker sein, um das Spiel zu meistern, aber es ist auf jeden Fall hilfreich, wenn man Respekt vor den Gesetzen der Mechanik hat.

SCHRITT 1 Alles im Griff!

Finde die Stelle in der Mitte des Pfeils, an der er genau ausbalanciert ist, und fasse ihn kurz hinter diesem Punkt mit dem Daumen und wahlweise ein oder zwei Fingern.

SCHRITT 2 Zielen

Vergiss nicht, dass deine Augen, der Pfeil und das Ziel genau auf einer Linie liegen müssen. Konzentriere dich auf den Teil der Scheibe, den du treffen willst. Das ist dein Ziel. Lass dich von niemandem ablenken. Ein Mädchen, das einen Pfeil an den Kopf bekommt, dürfte nur wenig Interesse an deiner Bekanntschaft haben. (Siehe »So geht's: Mit einem Mädchen sprechen, das dir gefällt«.)

SCHRITT 3 Ausholen

Jetzt beugst du den Ellenbogen und führst den Unterarm langsam rückwärts in Richtung Gesicht. Die meisten guten Werfer machen kurz vor dem Kinn oder seitlich neben der Wange halt. Pass auf, dass du mit dem Pfeil nicht dein Auge berührst.

SCHRITT 4 Tempo aufnehmen

Aus dem Ellenbogengelenk heraus bewegst du nun den Unterarm zügig in Richtung Ziel. Achte darauf, dass du das nicht zu schnell machst, sonst verlierst du die Kontrolle. Aber sei auch nicht zu langsam, sonst verlierst du womöglich einen Zeh.

SCHRITT 5 Loslassen

Verlass dich auf deinen Instinkt. Wenn Arm, Handgelenk und Pfeil den vordersten Punkt erreichen, lässt du den Pfeil in Richtung Ziel fliegen, genau zu der Stelle, die du von dem Moment an, in dem du zum Pfeil gegriffen hast, nicht aus den Augen gelassen hast. Wenn du den Ellenbogen zu stark hebst, landet der Pfeil über dem Zielpunkt. Wenn du den Pfeil zu spät loslässt, landet er zu weit unten.

SCHRITT 6 Dranbleiben

Deine Hand sollte am Ende des Wurfs auf das Ziel weisen. Damit erreichst du nicht nur ein höheres Maß an Zielgenauigkeit, du kannst auch auf deinen Pfeil zeigen und ausrufen: »Wow, Mann! Habt ihr den gesehen?«

Wusstest du das?

Wegen der hohen Verletzungsgefahr ist Rasen-Dart in den USA seit 1988 und in Kanada seit 1989 verboten.

Richtig Billard spielen

DU BRAUCHST:
- Billardtisch
- Gerades Queue
- Billardkugeln

BENÖTIGTE ZEIT:
- Jede Menge Übung

Billard – allgemeine Bezeichnung für Spiele, bei denen Kugeln mit einem speziellen Stock, dem Queue, auf einem filzbespannten, mit einem erhöhten Rand versehenen Tisch bewegt werden. **Poolbillard** – alle Spiele, die auf einem Pooltisch mit sechs Taschen gespielt werden. Ziel ist es, mithilfe einer weißen Kugel (Spielkugel oder Spielball) ein Sortiment von bis zu 15 einfarbigen und gestreiften Kugeln in die Taschen am Rand des Spielfelds zu befördern.

Snooker – eine Variante des Billard, die auf einem Tisch gespielt wird, der sechs Taschen hat und

3,55 x 1,77 m misst. Beim Snooker gibt es 22 Kugeln – eine weiße Kugel, 15 rote und 6 weitere Kugeln in verschiedenen Farben, darunter Gelb, Grün, Braun, Blau, Pink und Schwarz.

SCHRITT 1 **Den Stoß vorbereiten**

Dazu legst du die Hand vor die weiße Kugel auf den Tisch und drückst den Daumen seitlich gegen den Zeigefinger, sodass eine V-förmige Vertiefung entsteht, der sogenannte Bock, der als Auflage für das Queue dient.

SCHRITT 2 **Genau zielen**

Jetzt fasst du das Queue am dickeren Ende und platzierst die schmal zulaufende Seite in der V-förmigen Mulde deiner Bockhand. Achte darauf, dass der Stock in der Waagerechten bleibt, während du ihn probeweise ein paarmal langsam vor und zurück bewegst, um zu ermitteln, wie du genau die gewünschte Stelle der weißen Kugel triffst.

SCHRITT 3 **Gerade Stöße trainieren**

Trainiere an einem leeren Tisch, wie man die weiße Kugel in einer geraden Linie von einer Seite des Tischs gegen die gegenüberliegende Bande schießt, sodass sie anschließend wieder exakt an den Ausgangspunkt zurückkehrt.

SCHRITT 4 **Einlochen trainieren**

Jetzt platzierst du eine Billardkugel vor der weißen Kugel und trainierst, die weiße in gerader Linie gegen die andere Billardkugel zu stoßen. Dabei musst du versuchen, so zu zielen, dass die Billardkugel durch den Aufprall der weißen in eine der Taschen an der Seite oder an den Ecken befördert wird.

SCHRITT 5 **Spielen**

Mit Übung und Gefühl für den richtigen Winkel wirst du im Lauf der Zeit immer besser spielen.

Übrigens

»Die Billardkreide darf man nie so aufbewahren, dass die Seite mit der Kreide unten ist, sonst landet der blaue Staub überall auf dem Tisch, auf deiner Kleidung und deinen Händen, und am Ende weißt du nur noch, dass deine Nase juckt, wenn du blaue Finger hast.«

— Roger Stensland, Billardspieler (Großvater von Jonathan)

Hufeisen werfen

DU BRAUCHST:
- Einen Satz Hufeisen
- Zwei 35 cm hohe Stangen, mit 1 m Abstand in den Boden gesteckt

BENÖTIGTE ZEIT:
- Jede Menge Übung

Auf einem staubigen Acker in Bronson, Kansas, gewann Frank Jackson als Erster den Weltmeistertitel im Hufeisenwerfen. Dies geschah im Sommer des Jahres 1910, und zu der Zeit gab es noch keinerlei offizielle Regeln für das Spiel. Es war Zufall, dass das Spielfeld, auf dem Jackson an diesem Tag zum Wettbewerb antrat, so ähnlich aussah wie das, auf dem er daheim in Kellerton, Iowa, trainiert hatte. Vier Jahre später wurde in einem Gerichtssaal in Kansas City ein umfassendes Regelwerk verabschiedet. Erst danach begann der weltweite Siegeszug dieser Sportart. Heute ist das Spiel überall auf der Welt beliebt, sei es in Gärten, auf Campingplätzen oder bei Picknicks im Sommer.

SCHRITT 1 **Das Hufeisen richtig halten**

Nimm das Hufeisen in die Wurfhand. Es gibt keine Regeln, die dir vorschreiben, wie du das über ein Kilo schwere Hufeisen halten sollst. Der Griff, der das Hufeisen beim Werfen in Drehung versetzt, sieht so aus, dass der Daumen etwas seitlich von der Mitte oben auf dem Eisen liegt und die übrigen Finger darunter.

SCHRITT 2 **In Stellung gehen**

Gehe auf einer Seite von Sandgrube und Stange mit geschlossenen Füßen hinter der Abwurflinie in Stellung.

SCHRITT 3 **Antreten**

Mit dem Hufeisen in der Wurfhand lässt du nun den Wurfarm gestreckt nach hinten und anschließend wieder am Körper vorbei nach vorne schwingen. Dabei sorgst du für mehr Gleichgewicht und einen besseren Wurfrhythmus, wenn du mit dem deinem Wurfarm gegenüberliegenden Bein einen Schritt nach vorn machst. Solange dein Fuß hinter der Abwurflinie bleibt (ca. 8 bzw. 11 m vom Zielpfosten entfernt), kannst du deine Position frei wählen.

SCHRITT 4 **Werfen**

Beim Vortreten lässt du den Wurfarm gestreckt nach hinten und anschließend wieder am Körper vorbei nach vorne schwingen. Wenn Wurfarm, Hand und Hufeisen auf einer Linie mit dem Zielpfahl sind, lässt du Hufeisen los.

SCHRITT 5 **Dranbleiben**

Behalte den Wurfarm oben, während das Hufeisen durch die Luft zu dem Pfosten am anderen Ende des Spielfelds fliegt.

Männer – Dichtung und Wahrheit:

»Beim Hufeisenwerfen kommt es vor allem auf die Kraft an.«

Dichtung. Tatsache ist, dass ein Hufeisen bloß ein gutes Kilo wiegt. Bei diesem Spiel kommt es in erster Linie auf gutes Zielen und eine gute Strategie an.

AUTOS & AUTOFAHREN

8

Die Tage, in denen du mit deinen Matchboxautos auf dem Teppich Rennen ausgetragen hast, sind vorbei. Dass du mit echten Pferdestärken über den Asphalt donnern kannst, liegt jetzt zum Greifen nah. Das Wissen, wie man ohne Leichtsinn einen Wagen pflegt, ihn fährt, kauft, verkauft und seine Werte würdigt – das ist der Test dafür, ob du bereit bist, dich ans echte Steuer zu setzen. Die Wahrheit ist: Jeder Trottel kann Auto fahren, aber nur ein echter Mann weiß, wie man mit einem Auto umgeht. So ein Mann ist Doug Herbert, Fahrer beim NHRA (der amerikanischen National Hot Rod Association), Leiter eines Rennstalls, Geschäftsmann, Familienvater. Die Geschichte seines Lebens und seiner Autos kann auch dem verwegensten Fahrer den Atem rauben.

»Die Beschleunigung von null auf hundert in einer Dreiviertelsekunde, und dann von hundert auf über dreihundert binnen der nächsten dreieinhalb, das ist ein absoluter Adrenalinstoß«, sagt Doug. Als Mann, der hinter dem Steuer eines aufgeladenen Superturbo-Dragsters sitzt, weiß Doug Herbert, was Geschwindigkeit ist, und er genießt es. »Wenn du da aufs Gas trittst, das ist, als ob dich ein Kleinlaster rammt. Im einen Augenblick stehst du noch da, im nächsten, so schnell, wie du überhaupt das Pedal drücken kannst, hast du hundert Meilen drauf!« (1)
Herbert, gesegnet mit blitzschnellen Reflexen, professionellen Fahrkünsten und dem Zündschlüssel zu einem 8000-PS-Boliden, lebt seinen Traum. Die Leidenschaft für Geschwindigkeit, aber auch harte tägliche Arbeit haben Doug das Privileg eines Lebens auf der Überholspur verschafft. Aber am 26. Januar 2008 wurde aus diesem Traum ein Albtraum, als er nämlich erfuhr, dass gerade die Geschwindigkeit, die sein Leben ist, zwei geliebten Menschen das Leben genommen hatte – seinen beiden Söhnen.
Während Doug seine Trainingsrunden zur angesehenen *Full Throttle Drag*-Serie der NHRA in Arizona drehte, machten Jon und James das Gleiche illegal auf einer Straße zu Hause in North Carolina. Die Fahrt zum Frühstück bei McDonald's hatte für die Brüder am Wochenende Tradition. Nichts hielt sie von Würstchen, Ei und Käse als Start in den Samstag ab.
Doug hatte seinen Söhnen eingeschärft, dass sportliches Fahren keine Sache für Amateure ist. »Fahr nicht so schnell!«, hatte er Jon immer wieder gesagt. »Wenn du einen Strafzettel bekommst, nehme ich dir das

Auto weg.« Doch an diesem regnerischen Morgen schlugen die Jungs alle Warnungen des Vaters in den Wind, ebenso wie alle Verkehrsregeln, und verloren dabei mehr als nur ihren Führerschein.

Die Jungen gaben Gas, um einen langsameren Wagen zu überholen, und begriffen gar nicht, wie viel sie riskierten. In kürzerer Zeit, als ihr Vater brauchte, um ein Rennen zu gewinnen, hatten sie ihr Leben verloren, beim Frontalzusammenstoß mit einem entgegenkommenden Fahrzeug.

Mit gesenkter Stimme, in bedächtigen Worten, erinnert ihr Vater Doug sich. »Es traf mich vollkommen unvorbereitet. Ein Schlag vor den Kopf. Wie hatten die beiden so leichtsinnig sein können? Ich dachte, sie hätten von mir gelernt, dass man Rennen nur auf der Rennstrecke fährt.«

Das ist nun schon lange her, und Doug, der Profi, ist doch wieder in seinen Dragster gestiegen. Aber wenn er jetzt die Dreihundert-Meilen-Grenze durchbricht, geht er mit den Gedanken an seine Söhne, mit ihren Bildern über die Ziellinie. Ihre Porträts sind stolz auf beide Seiten des Dragsters gemalt, mit dem Versprechen: »Für immer unvergessen.«

Wenn er neben seinem Rennwagen steht, bei den Bildern seiner Söhne, dann hofft Doug, dass er mit seinem Appell zum sicheren Fahren die jungen Menschen erreichen kann. »Ich möchte den Teenagern im Land klarmachen, dass auch ich einmal sechzehn war, und wahrscheinlich sollte ich schon zehnmal gestorben sein bei dem, was ich im Lauf der Zeit alles riskiert habe. Autofahren ist gefährlich, und schnell fahren soll man nur da, wo es hingehört. Es gehört auf die Rennstrecke, nicht auf die Straße, wo man andere damit in Gefahr bringt.« Bestimmt würden auch Jon und James wollen, dass alle jungen Fahrer diese Lektion lernen und am Leben bleiben.

Who is Who? - Doug Herbert

Um andere vor dem Schicksal seiner Söhne zu bewahren, hat Doug Herbert die BRAKES-Stiftung mitsamt Fahrschule ins Leben gerufen, die sich die Erziehung junger Menschen zum sicheren Fahren auf die Fahnen geschrieben hat. Er hofft, dass die Geschichte von Jon und James mithelfen kann, andere Eltern, Freunde und Angehörige vor dem Schmerz zu bewahren, einen lieben Menschen bei einem Autounfall zu verlieren. Weitere Informationen über BRAKES findest du unter www.putonthebrakes.com.

Mit einem Schalthebel umgehen

DU BRAUCHST:

- Ein Fahrzeug mit manuellem Getriebe
- Einen leeren Parkplatz oder eine ebene Straße ohne Verkehr

BENÖTIGTE ZEIT:

- 30 Minuten, und dann jede Menge Übung

Wer rumstochert, der findet.« Diese alte Regel beim Umgang mit einem Schalthebel bringt dich nirgendwohin, es sei denn, du planst einen Trip zur Autowerkstatt. Zu wissen, wann man hoch- und runterschaltet, die Handbewegung mit dem Betätigen der Pedale und das womöglich noch mit der Unterhaltung mit den Beifahrern zu synchronisieren ist eine Kunst, die man nicht ohne Übung lernt. Zu Anfang wird es dir unmöglich vorkommen, aber mit Konzentration, Koordination und Praxis kannst du es lernen. Bis dahin sieh zu, dass dein Fahrstil so wenig rührend wie möglich ist.

SCHRITT 1 Sitz einstellen

Stell den Sitz so ein, dass du Lenkrad und Pedale gut erreichen kannst. Knie und Ellbogen sollten leicht angewinkelt sein. Die Handbremse ist angezogen, damit der Wagen nicht wegrollt. (Bei einem Auto mit Automatikgetriebe gibt es dafür die Parkstellung.)

SCHRITT 2 Pedale treten

Mach dir klar, dass es drei Pedale gibt. Von links nach rechts sind dies Kupplung, Bremse und Gaspedal. Mit dem linken Fuß auf der Kupplung und dem rechten auf der Bremse trittst du beide Pedale durch bis zum Boden und hältst sie dort.

SCHRITT 3 Gang raus

Bring mit der rechten Hand den Schalthebel in die Mittelstellung zwischen den Gängen – das ist die Position, in der er sich ohne Widerstand nach rechts und links bewegen lässt.

SCHRITT 4 Anlassen

Weiterhin mit durchgetretenen Pedalen drehst du den Zündschlüssel zum Anlassen des Wagens. Löse die Handbremse.

SCHRITT 5 Erster Gang

Mit der rechten Hand drückst du den Hebel in die mit »1« bezeichnete Position (erster Gang).

SCHRITT 6 Bremse lösen

Nimm den rechten Fuß vom Bremspedal und setze ihn auf das Gaspedal (ganz rechts).

SCHRITT 7 Kupplung und Gas

Behutsam hebst du den linken Fuß und lässt langsam die Kupplung los. Zugleich gibst du VORSICHTIG mit dem rechten Fuß Gas. Wenn du die Kupplung zu ruckartig loslässt, würgst du den Wagen mit einem Sprung nach vorn ab. Die Koordination zwischen Kupplungs- und Gaspedal ist entscheidend beim Anfahren und verhindert, dass der Motor entweder ausgeht oder aufheult. Mit etwas Übung spürst du die Stelle, an der die Kupplung fasst.

SCHRITT 8 Hochschalten

Wenn der Drehzahlmesser über die 3000 geht, schaltest du in den nächsthöheren Gang. Dazu nimmst du den rechten Fuß vom Gas, drückst mit dem linken die Kupplung, drückst den Schalthebel in den nächsten Gang und lässt wiederum behutsam das Kupplungspedal los und gibst Gas dabei.

SCHRITT 9 **Runterschalten**

Wenn die Drehzahl unter 2500 sinkt, schaltest du in den nächstniederen Gang. Nimm den rechten Fuß vom Gas, drücke mit dem linken die Kupplung, bringe den Hebel in die entsprechende Position und lasse das Kupplungspedal wieder los.

SCHRITT 10 **Anhalten**

Wenn der Wagen an Fahrt verliert, schaltest du einen Gang nach dem anderen herunter und drückst unmittelbar vor dem Anhalten den Schalthebel in die Mittelstellung oder trittst wieder die Kupplung, um den Antrieb zu unterbrechen, und bremst dabei mit dem rechten Fuß.

Info

Stell den Sitz nicht zu weit zurück, nur weil du cool aussehen willst. Dass du gut an Lenkrad und Pedale kommst, ist wichtiger als dein Aussehen am Steuer. Außerdem siehst du auf alle Fälle dumm aus, wenn du irgendwo gegenfährst, nur weil du nicht an die Pedale gekommen bist.

Einen Reifen wechseln

DU BRAUCHST:

- Reserverad
- Wagenheber
- Radmutternschlüssel (meist mit dem Hebel des Wagenhebers kombiniert)

BENÖTIGTE ZEIT:

- 15–30 Minuten

Spar dir die Blamage am Straßenrand. Finde schon bevor du einen Platten hast heraus, wo sich bei deinem Auto Wagenheber und Reserverad befinden. Übe den Reifenwechsel ein paarmal in der Geborgenheit deiner Auffahrt, bevor du tatsächlich eine Reifenpanne hast und es an einer viel befahrenen Straße tun musst.

SCHRITT 1 **Das Reserverad**

Hol als Erstes das Reserverad aus seiner Halterung am Wagen. Mach das nicht erst, wenn das Auto auf dem Wagenheber steht – das könnte gefährlich sein.

WICHTIG

Vor dem Reifenwechsel muss der Hebel eines Autos mit Automatikgetriebe auf »Park« stehen. Bei einem Schaltgetriebe legst du den ersten Gang ein und ziehst die Handbremse.

SCHRITT 2 **Das Werkzeug**

Finde Wagenheber und Radmutterschlüssel und hole sie aus dem Wagen. (Wenn sie nicht beim Reserverad sind, gibt es wahrscheinlich ein Fach dafür im Kofferraum.) Leg beides an der Stelle zurecht, an der du den Reifen wechseln willst.

SCHRITT 3 **Muttern lösen**

Bevor du den Wagen anhebst, hebelst du mit dem flachen Ende des Radmutterschlüssels die Radkappe (soweit vorhanden) ab und löst mit dem anderen (dem Steckschlüssel) die Radmuttern. Drehe jede Mutter im Gegenuhrzeigersinn, bis sie locker sitzt. Nimm die Muttern zu diesem Zeitpunkt NOCH NICHT komplett ab.

SCHRITT 4 **Wagenheber ansetzen**

Lies in der Bedienungsanleitung des Wagens nach, wo und wie du den Wagenheber ansetzen musst.

SCHRITT 5 **Wagen anheben**

Kurble oder hebe den Wagen so weit hoch, dass du die Räder wechseln kannst. Denk daran, dass der aufgepumpte Reservereifen mehr Bodenfreiheit braucht als der platte, den du abnimmst.

SCHRITT 6 **Muttern abnehmen**

Jetzt schraubst du die Radmuttern ganz ab und legst sie in Griffweite zurecht, aber so, dass sie nicht wegrollen.

SCHRITT 7 **Schadhaften Reifen abnehmen**

Nimm das Rad mit dem schadhaften Reifen ab und rolle es beiseite.

SCHRITT 8 Reserverad aufstecken

Wuchte das neue Rad auf die Radbolzen und achte darauf, dass die richtige Seite nach außen zeigt.

SCHRITT 9 Muttern wieder aufsetzen

Über Kreuz setzt du alle Radmuttern wieder auf und ziehst sie fest.

SCHRITT 10 Wagen herablassen

Kurbele den Wagen wieder herab, bis er auf allen vier Rädern steht und der Wagenheber sich herausnehmen lässt.

SCHRITT 11 Muttern nachziehen

Vergewissere dich, dass alle Muttern fest angezogen sind; dann räumst du zusammen und kannst weiterfahren.

Wusstest du das?

Du solltest NIE unter den Wagen kriechen oder Arme oder Beine darunterstrecken, solange er aufgebockt ist. Wenn der Wagenheber abrutscht, liegst du drunter. Sollte dir etwas unter das Auto rollen, nimm einen Stock, Regenschirm oder einen Besenstiel.

Starthilfe leisten

DU BRAUCHST:
- Starthilfekabel
- Zweite, auf-
  geladene Batterie
  (wahrscheinlich im
  Auto von einem
  Kumpel)

BENÖTIGTE ZEIT:
- 5–10 Minuten

Ach du je! Aus irgendwelchen Gründen hat die Innenbeleuchtung deines Autos die ganze Nacht über gebrannt, und jetzt ist die Batterie leer. Auch wenn du den Zündschlüssel noch so oft drehst, der Saft reicht nicht, um den Motor anzulassen. Und zu allem Überfluss bist du auch noch spät dran! Hör auf, selbst durch die Gegend zu springen, sondern mach dich lieber daran, der Batterie wieder auf die Sprünge zu helfen.

SCHRITT 1 Ein Starthilfekabel besorgen

Es ist immer eine gute Idee, ein Starthilfekabel im Kofferraum zu haben. Falls deins »verschwunden« ist, musst du jemanden bitten, dir eins zu leihen.

SCHRITT 2 Motorhaube entriegeln

Zum Entriegeln der Motorhaube ziehst du an dem Hebel, der sich in der Regel unterhalb des Armaturenbretts zwischen Lenkrad und Fahrertür befindet.

SCHRITT 3 Motorhaube öffnen

Nun greifst du an der Vorderseite des Fahrzeugs unter die Motorhaube, um einen weiteren Hebel zu ertasten. Sobald du den betätigst, lässt sich die Motorhaube öffnen. Wenn vorgesehen, fixierst du sie mit der Befestigungsstange, die entweder vom Motorraum nach oben unter die Haube geklappt wird oder von der Haube nach unten.

SCHRITT 4 Das zweite Fahrzeug in Position bringen

Das zweite Fahrzeug sollte so dicht neben deinem Auto abgestellt werden, dass die Batterien beider Autos mit dem Starthilfekabel verbunden werden können.

WICHTIG

Achte darauf, dass der Motor des zweiten Fahrzeugs NICHT läuft, wenn du das Starthilfekabel anbringst.

SCHRITT 5 Die roten Polzangen anklemmen

Zuerst musst du eine rote Polzange an den Pluspol (+) der leeren Batterie anklemmen. Anschließend wird die zweite rote Polzange am Pluspol (+) der intakten Batterie befestigt.

WICHTIG

Beim Anklemmen des Starthilfekabels darf die positive (+) Polzange nicht mit der negativen (–) oder anderen Metallteilen der beiden Fahrzeuge in Berührung kommen!

SCHRITT 6 Die schwarzen Polzangen anklemmen

Als Nächstes befestigst du eine schwarze Polzange am Minuspol (–) der intakten Batterie. Anschließend wird die zweite schwarze Polzange an ein Metallteil unter der Motorhaube des Empfängerfahrzeugs geklemmt, zum Beispiel an den Motorblock.

SCHRITT 7 **Motoren anlassen**

Zuerst startest du den Motor des Spenderfahrzeugs und lässt ihn ein oder zwei Minuten lang laufen; dabei sollten sämtliche elektrischen Zusatzgeräte (Radio, Scheinwerfer, Innenbeleuchtung) ausgeschaltet sein. Nun versuchst du, das Auto mit der leeren Batterie zu starten. Wenn es nicht gleich beim ersten Versuch funktioniert, gib der Batterie eine Minute Zeit zum Aufladen und versuche es dann erneut.

SCHRITT 8 **Kabel abnehmen**

Sobald der Motor deines Autos angesprungen ist, nimmst du in umgekehrter Reihenfolge die Starthilfekabel von beiden Fahrzeugen ab.

SCHRITT 9 **Aufladen**

Lass den Motor deines Autos eine Zeit lang laufen, bevor du ihn ausmachst. Auf die Weise stellst du sicher, dass die Batterie genügend geladen ist.

Info

Beim Entfernen des Starthilfekabels dürfen die Polzangen nicht miteinander oder mit anderen Metallteilen beider Fahrzeuge in Berührung kommen! Das könnte zu einem Kurzschluss führen, der eine teure Reparatur erforderlich macht.

Den Ölstand prüfen

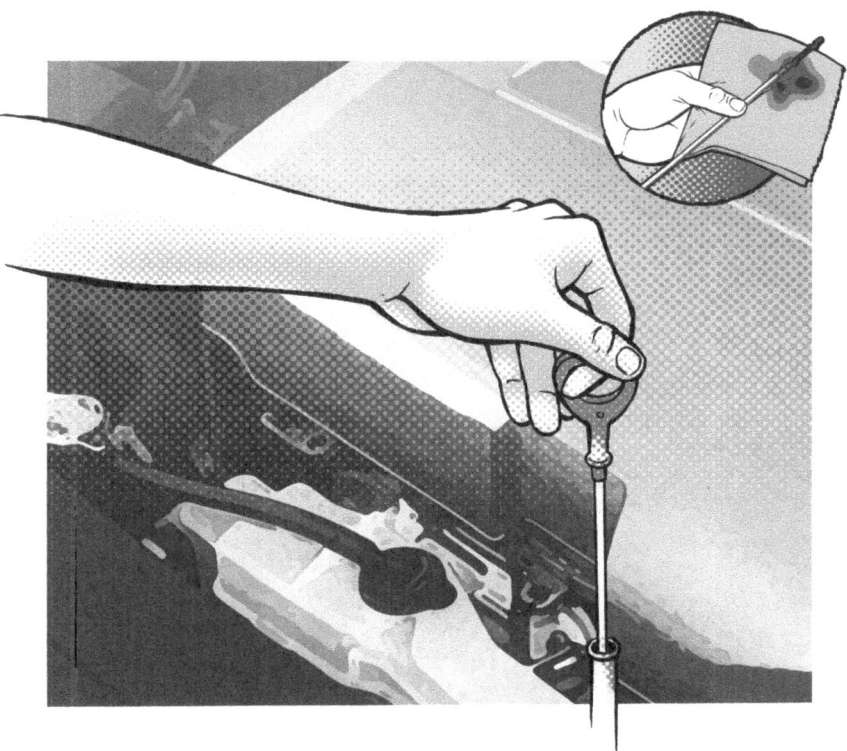

Ein Mess- oder Peilstab ist das Hilfsmittel, mit dem man beim Auto den Ölstand überprüft. Man muss schon ganz schön verpeilt sein, wenn man das nicht regelmäßig tut. Das Erste, was ein Automechaniker bei einem Motorschaden tut, ist, den Ölstand zu überprüfen. Wenn er feststellt, dass er zu niedrig ist, kannst du an seinem Blick sehen, was für ein Trottel du bist. Diese Blamage kann man sich ersparen, wenn man den richtigen Umgang mit dem Messstab lernt.

Damit du den Ölstand richtig ablesen kannst, muss das Auto auf einer ebenen Fläche stehen, und der Motor muss kalt sein.

SCHRITT 1 **Motorhaube entriegeln**

Zum Entriegeln der Motorhaube ziehst du an dem Hebel, der sich in der Regel unterhalb des Armaturenbretts zwischen Lenkrad und Fahrertür befindet.

SCHRITT 2 **Motorhaube öffnen**

Nun greifst du an der Vorderseite des Fahrzeugs unter die Motorhaube, um einen weiteren Hebel zu ertasten. Sobald du den betätigst, lässt sich die Motorhaube öffnen. Wenn vorgesehen, fixierst du sie mit der Befestigungsstange, die entweder vom Motorraum nach oben unter die Haube geklappt wird oder von der Haube nach unten.

SCHRITT 3 **Messstab finden**

Achte darauf, dass du den Messstab für das Motoröl nicht mit dem für die Getriebeflüssigkeit verwechselst. Der Ölmessstab befindet sich normalerweise in der Mitte des Motorraums und hat am Ende eine Metallschlaufe, die aus dem Motor ragt. Manchmal ist er auch farbig markiert und trägt die Aufschrift »Öl«.

SCHRITT 4 **Messstab herausziehen**

Jetzt ziehst du den Messstab heraus und wischst ihn mit einem Lappen oder einem Stück Küchenkrepp ab.

SCHRITT 5 **Gereinigten Messstab wieder einschieben**

Der Messstab muss nun wieder vollständig bis zum Anschlag eingeschoben werden, da er sonst nicht weit genug in die Ölwanne hineinreicht.

SCHRITT 6 **Nochmals herausziehen**

Halte den Stab waagerecht und überprüfe den Ölstand. Wenn er über der Markierung »voll« liegt, ist der Ölstand zu hoch. Wenn er unter dem Minimum bleibt, ist der Ölstand zu niedrig. In dem Bereich zwischen beiden Markierungen ist alles in Ordnung.

SCHRITT 7 **Bei Bedarf Öl nachfüllen**

Öl sollte nur in die Öffnung eingefüllt werden, auf deren Deckel »Motoröl« steht.

SCHRITT 8 Vorgang wiederholen

Wiederhole Schritt 5 bis 7, bis der richtige Ölstand erreicht ist.

SCHRITT 9 Motor anlassen

Vergiss nicht, den Messstab wieder einzuschieben und den Deckel mit der Aufschrift »Motoröl« zu schließen, bevor du die Haube zuklappst oder den Motor anlässt.

Wusstest du das?

Wenn die Öl-Warnleuchte im Armaturenbrett aufleuchtet, heißt das, dass der Öldruck im Motor zu gering ist, nicht dass der Ölstand zu niedrig ist. Wenn man in einem solchen Fall den Motor weiterlaufen lässt, kann es zu einem schweren Motorschaden führen.

Rückwärts einparken

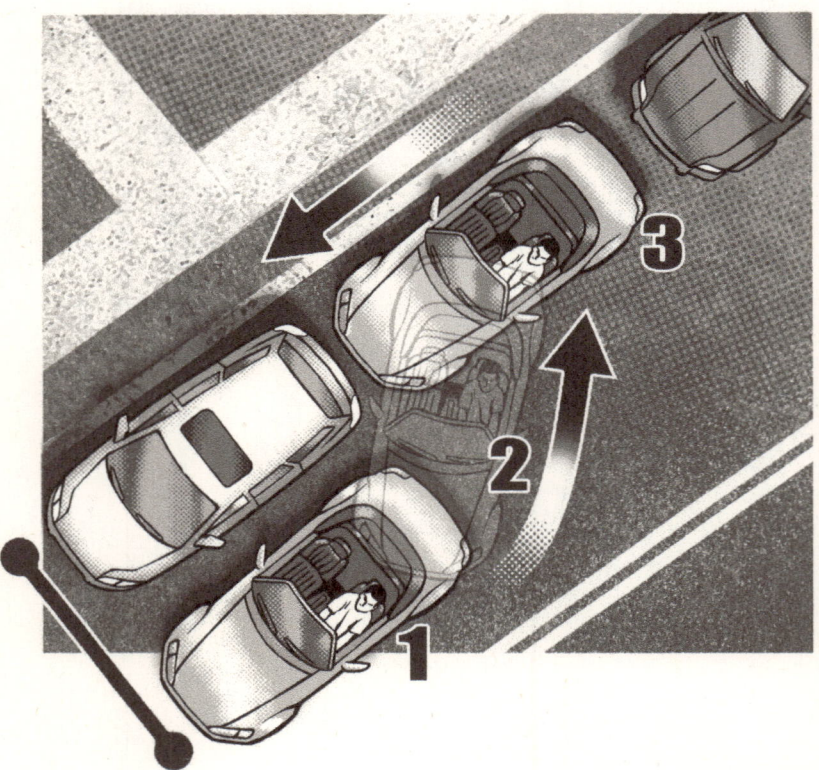

DU BRAUCHST:
- Ein Auto
- Eine Parklücke
- Geduld

BENÖTIGTE ZEIT:
- 30 Sekunden

Kein anderes Manöver im Schneckentempo hat ein so hohes Glückspotenzial für Autofahrer wie das Rückwärtseinparken. Wenn man seinen Wagen erfolgreich am Rand einer belebten Straße einparkt, ist das wie ein Sieg im Autorennen. Es soll vorkommen, dass Passanten applaudieren, wenn sie Zeuge eines eleganten Einparkmanövers werden. Das Gegenteil ist der

Fall, wenn sie mit ansehen müssen, wie ein Fahrer sein Auto 1 m vom Bordstein in einem Winkel von 37 °C »parkt«. So etwas solltest du dir nicht zum Vorbild nehmen. Wenn du die Kunst des Rückwärtseinparkens meisterst, ist alles andere ein Kinderspiel.

SCHRITT 1 Parklücke finden

Sobald du auf der Straßenseite, auf der du unterwegs bist, eine Parklücke entdeckst, die groß genug für dein Auto ist, setzt du den rechten Blinker.

SCHRITT 2 Die richtige Ausgangsposition

Nach dem Abbremsen hältst du neben dem Fahrzeug vor der von dir anvisierten Parklücke. Ideal ist ein Abstand von einem guten halben bis zu einem knappen Meter zu dem anderen Auto; dabei stehen die Fahrzeuge parallel, und die hinteren Stoßstangen sind auf einer Linie.

SCHRITT 3 Der Blick in die Spiegel

Versichere dich mithilfe von Rück- und Seitenspiegeln, dass nicht irgendwelche Passanten, Hindernisse oder andere Fahrzeuge im Weg sind.

SCHRITT 4 Verkehr überprüfen

Mit einem Blick über die der Straße zugewandte Schulter überprüfst du nun die Verkehrslage. Versichere dich vor dem Einparken, dass keine anderen Autos versuchen, an dir vorbeizufahren.

SCHRITT 5 Zurücksetzen

Fahr rückwärts. Sobald die Mitte deines Fahrzeugs die hintere Stoßstange des anderen Wagens passiert hat, drehst du das Lenkrad ganz nach rechts und fährst langsam weiter zurück. Dabei musst du die Beifahrer- und Vorderseite deines Autos im Auge behalten, damit sie nicht mit der Stoßstange des anderen Autos in Kontakt kommen.

SCHRITT 6 Ausrichten

Sobald dein Auto in einem 45 °C-Winkel zum Bordstein steht, drehst du das Lenkrad wieder nach links. Damit lenkst du die Vorderseite deines Autos hinter das andere Fahrzeug und stehst gerade in der Parklücke.

Zum Schluss legst du den Vorwärtsgang ein und tastest dich LANGSAM vorwärts. Unter Umständen musst du nach rechts lenken, um näher an den Bordstein zu kommen. Achte darauf, dass dein Fahrzeug genau in der Mitte der Parklücke steht, damit die Autos davor und dahinter genügend Platz zum Ausparken haben.

Männer – Dichtung und Wahrheit:
»Männer können besser einparken als Frauen.«

Dichtung. Tatsächlich spielt es keine Rolle, ob ein Er oder eine Sie am Steuer sitzt. Worauf es vor allen Dingen ankommt, sind Wissen, Erfahrung und die praktische Anwendung mathematischer Prinzipien, ein Gefühl für Entfernungen und gute Raumwahrnehmung. Jawohl, hier hast du die Antwort auf die Frage, wozu du die langweilige Geometrie jemals brauchen wirst, und die Mathematik schert sich nicht darum, ob du ein Mann oder eine Frau bist.

Einen Anhänger zurücksetzt

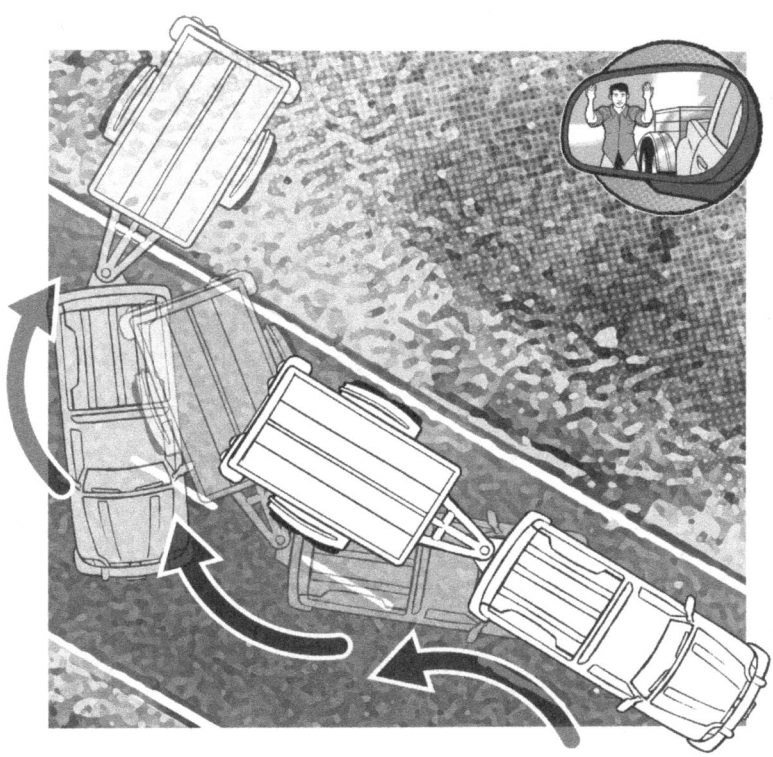

DU BRAUCHST:
- Ein Fahrzeug mit angehängtem Anhänger
- Einen Freund, der dich dirigiert (den Einweiser)

BENÖTIGTE ZEIT:
- 1–5 Minuten

Legastheniker werden von dieser Aufgabe begeistert sein, denn ihre verquere Denkweise entpuppt sich hier als Vorteil. Wer einen Anhänger manövrieren will, muss rückwärts denken. Ein schwer beladener Anhänger bewegt sich nach links, wenn man die Räder nach rechts einschlägt, und wenn man sie nach links einschlägt, bewegt sich der Anhänger nach rechts. Präge dir das gut ein, sei geduldig und übe so oft wie nötig, bevor du den Versuch unternimmst, rückwärts auf eine Bootsrampe zu fahren. Dein Ego wird es dir danken, und wenn er könnte, würde der Pfosten, den du nicht umgefahren hast, es ebenfalls tun.

SCHRITT 1 Die Umgebung in Augenschein nehmen

Umrunde einmal das Fahrzeug samt Anhänger. Am besten gehst du auch die Strecke ab, über die du den Anhänger im Rückwärtsgang manövrieren willst. Registriere alles, was du nicht umfahren willst.

SCHRITT 2 Gerade ausrichten

Bevor du zurücksetzt, musst du so weit vorwärts fahren, dass Fahrzeug und Anhänger möglichst exakt auf einer Linie sind.

SCHRITT 3 Den Einweiser im Auge behalten

Positioniere den Einweiser deines Vertrauens auf der Fahrerseite des Fahrzeugs und hinter dem Anhänger. Es ist wichtig, dass du deinen Lotsen in jedem Augenblick sehen und hören kannst.

SCHRITT 4 Rückwärtsgang einlegen

Nach einem letzten prüfenden Blick auf die Umgebung nimmst du Kontakt mit deinem Einweiser auf und legst den Rückwärtsgang ein.

SCHRITT 5 Leicht einschlagen

Der Schlüssel zum kontrollierten Bewegen des Anhängers beim Rückwärtsfahren ist, das Lenkrad nicht zu überziehen. Drehe das Lenkrad langsam, um den Anhänger in einem sanften Bogen in die gewünschte Richtung zu bewegen. Und vergiss nicht: Wenn du das Lenkrad nach rechts drehst, fährt der Anhänger nach links. Wenn du nach links drehst, bewegt er sich nach rechts.

SCHRITT 6 Den Anhänger genau im Auge behalten

Wichtig ist, dass du langsam fährst und das Lenkrad nicht zu weit einschlägst! Sobald der Anhänger zu stark in eine Richtung zieht, musst du vorwärts fahren, um ihn wieder auszurichten. Überprüfe die Umgebung, kommuniziere mit deinem Einweiser, und dann geht es wieder weiter rückwärts.

Permanent nachjustieren

Noch einmal: Wenn der Anhänger zu stark in eine Richtung zieht, hältst du an und fährst vorwärts, um ihn gerade auszurichten. Überprüfe die Umgebung, kommuniziere mit deinem Einweiser, und dann geht es wieder weiter rückwärts.

Das Manöver abschließen

Wenn der Anhänger da steht, wo du ihn haben willst, hältst du an und ziehst die Bremse. Gut gemacht. Jetzt kann sich dein Puls wieder normalisieren.

Übrigens

»Im Zweifelsfall immer aussteigen. Selbst wenn du nur den leisesten Zweifel hast, was hinter deinem Fahrzeug und dem Anhänger los ist, musst du mit dem Rückwärtsfahren aufhören, aussteigen und dich vergewissern. Es ist viel peinlicher, einen Pfosten zu übersehen oder einen Angelkahn zu rammen, als in Ruhe anzuhalten, nach hinten zu gehen und das Hindernis zu sehen und anschließend zu meiden.«

— Jay Sigafoos,
ehemaliger Fahrlehrer bei UPS

Sich nach einem Autounfall richtig verhalten

DU BRAUCHST:

- Ein Auto
- Ein anderes Auto, alternativ Graben, Wand, Pfosten …

BENÖTIGTE ZEIT:

- Einen Lidschlag für den Unfall, 1 Stunde oder mehr für die Nacharbeit

Vollgas und rumms! Ein Riesenspaß, solange man als Kind Spielzeugautos auf dem Wohnzimmerparkett in eine wohlinszenierte Massenkarambolage mit 50 Fahrzeugen rasen lässt. Weniger spaßig wird es, wenn man als Erwachsener mit einer echten Stahlkarosse an einer Kreuzung mit zwei anderen Autos zusammenprallt. Unfälle sind nie geplant. Das ist ja das Unglück daran. Bevor du jetzt allzu selbstbewusst auf die *Mir-passiert-so-was-nicht*-Spur gehst, solltest du die folgende Verkehrswarnung bedenken: Jahr für Jahr sind mehr Fahrer zwischen 16 und 24 an Unfällen beteiligt als aus jeder anderen Altersgruppe. Tatsächlich ist bei Fahrern zwischen 16 und 18 die Wahrscheinlichkeit am größten, dass ihnen so etwas passiert. Wieso, willst du wissen? Klare Sache. Junge, abgelenkte Fahrer mit hohem Adrenalinspiegel beschleunigen oft zu stark, fahren zu dicht auf, verreißen das Steuer oder kommen auf den Gedanken, beim Fahren irgendwelche Dummheiten mit ihrem Smartphone zu machen. Aber zu denen musst du nicht gehören. Für den Fall, dass dein Auto doch einmal unsanft Bekanntschaft mit einem anderen Fahrzeug macht, findest du hier ein paar wichtige Regeln, die du befolgen solltest.

SCHRITT 1 Ruhe bewahren

Atme tief durch und bewahre die Ruhe. Unmittelbar nach einem Unfall wird dein Adrenalinspiegel rasant ansteigen, deshalb solltest du dich darauf konzentrieren, normal zu atmen, um ruhig zu bleiben.

SCHRITT 2 Überprüfen, ob jemand verletzt ist

Vergewissere dich, dass du selbst und die anderen Insassen deines Autos unverletzt sind.

SCHRITT 3 Unfallstelle sichern

Schalte die Warnblinkanlage an. Wenn möglich, solltest du dein Auto an den Straßenrand fahren, um den Verkehrsfluss nicht zu behindern.

SCHRITT 4 Polizei anrufen

Selbst wenn es sich nur um einen Bagatellschaden handelt und der andere Fahrer vorschlägt, »das privat zu regeln, ohne Polizei und ohne Versicherungen«, solltest du immer die Polizei rufen.

SCHRITT 5 Kontakt mit der Versicherung aufnehmen

Telefoniere mit deinem Versicherungsvertreter oder mit der Unfall-Hotline deiner Versicherung. Beschreibe deine Situation und merke dir genau, was man dir rät.

SCHRITT 6 Alles dokumentieren

Du solltest möglichst viele Fotos machen und dir Details zu Unfallort, Schäden an Fahrzeugen und anderen Gegenständen sowie zu allen Verletzungen notieren.

SCHRITT 7 Informationen austauschen

Sprich mit dem Fahrer des anderen Fahrzeugs und sämtlichen Unfallzeugen. Achte darauf, dass ihr dabei alle wichtigen Informationen wie Namen, Adressen, Telefonnummern, Versicherungsdetails, Führerscheinnummern und Fahrzeugkennzeichen austauscht. Sei höflich, halte dich an die Fakten und sage nie, der Unfall sei deine Schuld gewesen, selbst wenn du das denkst.

SCHRITT 8 Nichts unterschreiben

Unterschreibe nichts, es sei denn, es handelt sich um Dokumente für die Polizei oder deine eigene Versicherung.

SCHRITT 9 Auf Nummer sicher gehen

Auch wenn die Polizei dein Auto für fahrtüchtig erklärt, solltest du nur bis zur nächsten Werkstatt fahren und es dort überprüfen und reparieren lassen.

Info

Entferne dich nie von der Unfallstelle. Wenn du das tust, begehst du Fahrerflucht, und der Unfallort wird zum Schauplatz eines Verbrechens.

Sich bei einer Polizeikontrolle richtig verhalten

DU BRAUCHST:
- Auto
- Bleifuß

BENÖTIGTE ZEIT:
- 10–20 Minuten

Du siehst grelles Blaulicht im Rückspiegel. Kleine Schweißperlen treten dir auf die Stirn. Erwischt! Immer mit der Ruhe. Nun, wo der Gesetzeshüter deine volle Aufmerksamkeit hat, möchte er (oder sie) sich mit dir unterhalten. Also bleibt dir nichts anderes übrig als anzuhalten, die Ruhe zu bewahren und daran zu denken, dass es vermutlich einen guten Grund für dieses Treffen gibt. Wenn ja, weißt du wohl schon, was du ausgefressen hast. Wenn nicht, wird der Beamte dir bald ein paar Fragen stellen, die dir Klarheit verschaffen.

SCHRITT 1 **Anhalten**

Schalte den Blinker ein und halte Ausschau nach einer Stelle, an der du sicher am Straßenrand anhalten kannst. Sobald du stehst, schaltest du den Motor aus und wartest, bis der Beamte oder die Beamtin zu deinem Auto kommt.

SCHRITT 2 **Im Auto sitzen bleiben**

Bleib angeschnallt, schalte die Musik aus, kurble das Fenster herunter und komm bloß nicht auf den Gedanken, zu deinem Handy zu greifen.

SCHRITT 3 **Hände zeigen**

Die Hände legst du auf den oberen Rand des Lenkrads, sodass der Beamte oder die Beamtin sie beim Näherkommen sehen kann.

SCHRITT 4 **Papiere zeigen**

Führerschein, Fahrzeugschein und Versicherungsnachweis holst du erst hervor, wenn der Beamte oder die Beamtin dich dazu auffordert.

SCHRITT 5 **Wahrheitsgemäß antworten**

Blicke dem Beamten oder der Beamtin in die Augen und beantworte die Fragen unbedingt wahrheitsgemäß. Keine Flunkerei!

SCHRITT 6 **Nicht widersprechen**

Vielleicht bekommst du einen Strafzettel, vielleicht auch nicht. Ganz gleich, wie die Entscheidung ausfällt, trag es wie ein Mann. Wenn du Widerspruch einlegen willst, tust du das besser vor Gericht.

Männer – Dichtung und Wahrheit:
»Wenn die Polizei dich anhält, gibt es immer einen Strafzettel.«

Dichtung. Tatsache ist: »Der Beamte entscheidet über das weitere Vorgehen, nachdem er Gelegenheit hatte, sich mit dir zu unterhalten. Ehrlichkeit, Haltung, Tonfall, ja sogar dein Verkehrsverhalten in der Vergangenheit können den Ausschlag geben, ob ein Strafzettel ausgestellt wird oder nicht.«

— Officer B. Harris, Polizeipräsidium Portland

ESSEN & KOCHEN

9

Unreife Jungs brauchen jemanden, der ihnen zu essen gibt, aber ein erwachsener Mann kennt sich in der Küche aus. Selbstgewiss genug, um die eigene Versorgung in die Hand zu nehmen, gewieft genug, um andere zu bewirten, ist ein Mann, der schneiden und schmoren, brutzeln und braten kann, der Küchenkünstler, den jeder gern um sich hat, wenn die Essenszeit naht.

Der Unternehmer und Familienvater Guy Fieri ist ein cooler Koch, der weiß, wo der Löffel hängt. Schon lange bevor der oldtimerfahrene Starkoch mit Igelfrisur und Sonnenbrille in seiner ersten Kochshow im Fernsehen auftrat, war es sein größtes Glück, Mahlzeiten zu kreieren, die anderen Freude machen.

Fieri kocht seit frühester Jugend. Im Gespräch mit Fans und Reportern bei einem Food-Festival in Kalifornien erzählte er, mittlerweile prominent, er sei gerade erst zehn gewesen, als er zum ersten Mal am Herd stand. »Ich weiß noch, wie mein Dad dasaß. Er nahm einen Bissen von seinem Steak und sah mich an. Er legte Messer und Gabel beiseite, und ich dachte: ›O Mann, gleich macht er mich zur Schnecke.‹ Er sah mich an und sagte: ›Hör mal, ich glaube, das ist das beste Steak, das ich je gegessen habe.‹ Ich war stolz wie Oskar. Es war das aufregendste Gefühl der Welt.« (1) An dem Tag machte Guy eine Entdeckung. »Ich kann kochen, ich kann Menschen damit glücklich machen, und meine Schwester übernimmt den Abwasch. Das ist meine Berufung.« Aber wie jeder gute Mann wusste Guy, dass Beharrlichkeit die entscheidende Zutat für sein Erfolgsrezept war, der einzige Weg, sich auf Dauer einen Platz am großen Küchentisch zu sichern.

Nach jenem ersten Steak kam Guy in der Nahrungskette ein gutes Stück voran, als er lernte, eine Spezialität zu backen, die nicht nur verschlungen *wird*, sondern es auch *ist*. Schon immer hatte er für Brezeln geschwärmt und fand, dass er sein Geld doch auch mit etwas verdienen konnte, das ihm Spaß machte. Und so baute und betrieb Fieri schon als Fünftklässler seinen ersten Brezelstand. Die Verkaufserlöse des Stands, den er *The Awesome Pretzel* (»Die sagenhafte Brezel«) taufte, brachten dem jungen Geschäftsmann genügend Geld ein, um den nächsten Schritt in seiner Küchenlaufbahn zu finanzieren. Mit sechzehn verließ er den sicheren Hafen seines Elternhauses, um elf Monate lang im französischen Chantilly zur Schule zu gehen. Als Austauschschüler entwickelte er eine Liebe zu anderen Sprachen, Kulturen und kulinarischen Kreationen. Und das alles im jugendlichen Alter. Guy fing ja gerade erst an.

Erst nach seiner Rückkehr in die USA, dem Abschluss von Highschool und College und einer Zeit als Restaurantmanager eröffnete er ein eigenes Lokal, und von da an ließ Fieri nichts mehr anbrennen. Der große Durchbruch kam mit dem Kochwettbewerb *The Next Food Network Star* beim Fernsehsender Food Network, den er souverän gewann. Die Zuschauer liebten nicht nur das Essen, das er auftischte, sie mochten auch seine Erscheinung und sein Auftreten, das Maß an Selbstvertrauen, das er in der Küche und auch außerhalb ausstrahlte. Abenteuergeist, die Bereitschaft, immer wieder Neues auszuprobieren, das war es, was Fieri seinen Konkurrenten voraushatte. Das und sein Engagement für die nächste Generation von Feinschmeckern, die lernen wollen, in der Küche selbstständig zu sein. Guys wichtigste Botschaft an die jungen Köche von heute ist ganz simpel: Ausprobieren, einfach ausprobieren! Du musst nicht perfekt sein. Das soll nicht heißen, dass du es gleich beim ersten Mal schaffst und dass es dir so leichtfallen wird wie ein Videospiel. Aber, Mann, nichts verschafft dir ein besseres Gefühl, als wenn du ein tolles Essen auftischst und deine Gäste es ansehen und »Wow!« sagen. Ja, Mann, das ist echter Erfolg. Wie Starkoch Fieri musst auch du dich trauen, etwas zu riskieren. Du musst bereit sein, es einfach mal zu probieren. Nicht alles, was du zubereitest, wird perfekt sein. Nichts, was ein Koch zubereitet, ist perfekt. Aber versuch es doch einfach mal mit dem Kochen.

Who is Who? - Guy Fieri

Guy Fieri ist Koch, Restaurantbesitzer, Fernsehstar, Autor, Gründer von »Cooking with Kids« und stolzer Vater von zwei Söhnen.

Kaffee aufbrühen

DU BRAUCHST:
- Kaffeemaschine
- Kaffeepulver
- Kaffeemühle (falls vorhanden)
- Kaffeefilter
- Kaffeebecher

BENÖTIGTE ZEIT:
- 15 Minuten

Kaffee ist die Mutter aller Energydrinks. Schon seit Jahrhunderten liefert Koffein vom Salon der feinen Leute bis zum Campfeuer der Cowboys den nötigen Energieschub. Wer jeden Tag einen Becher Kaffee in der örtlichen Kaffeebar kauft, verpulvert dafür rund 1000 Euro im Jahr. Wenn man sein Pulver zu Hause brüht, schlägt das nur mit rund 200 Euro zu Buche. Für die gesparten 800 Euro fällt dir schon etwas ein. Wie wäre es mit einem Start-up als Kaffeeröster?

SCHRITT 1 Die Maschine bereitmachen

Vergewissere dich, dass die Kaffeemaschine sauber und einsatzbereit ist.

SCHRITT 2 Wasser abmessen

Gieße so viel kaltes Wasser in den Wasserbehälter der Kaffeemaschine, wie du für die gewünschte Zahl an Tassen benötigst.

SCHRITT 3 Kaffeebohnen mahlen

(Du nimmst gemahlenen Kaffee? Dann geht es weiter mit Schritt 4.) Frisch gemahlener Kaffee schmeckt am besten. Man sollte immer nur so viele Bohnen mahlen, wie man für einen Brühvorgang braucht.

SCHRITT 4 Filter einsetzen

Setze eine frische Filtertüte in die dafür vorgesehene Halterung ein.

SCHRITT 5 Kaffeepulver einfüllen

Als Nächstes misst du das Kaffeepulver ab und gibst es in den Filter. Du magst deinen Kaffee nicht so stark? Dann benötigst du 1 bis 1 ½ Teelöffel Pulver pro Tasse. Oder doch lieber stärker? Dann nimmst du 2 bis 2 ½ Teelöffel pro Tasse.

SCHRITT 6 Kaffeemaschine einschalten

Nachdem du die leere Kaffeekanne unter den Filter gestellt hast, schaltest du die Maschine ein.

SCHRITT 7 Genießen

Sobald der Brühvorgang abgeschlossen ist, steht köstlichem Koffeingenuss nichts mehr im Wege.

Info

Kaffeebohnen sollten bei Zimmertemperatur in einem luftdichten, lichtgeschützten Behälter aufbewahrt werden. Damit der Kaffee immer frisch ist, sollte ein Paket Kaffeebohnen nach dem Öffnen innerhalb einer Woche aufgebraucht werden.

Pfannkuchen backen

DU BRAUCHST:
- Zutaten
- Messbecher
- Löffel zum Abmessen
- Große Rührschüssel
- Schneebesen
- Pfanne
- Pfannenwender
- Küchenherd

BENÖTIGTE ZEIT:
- 15 Minuten

Große Pfannkuchen, kleine Pfannkuchen – du hast die Wahl. Jeder richtige Mann kann drei normalgroße Pfannkuchen verdrücken. Versuch doch mal, statt drei kleinen einen großen Pfannkuchen zu backen, der mit seinen 30 cm Durchmesser den ganzen Teller ausfüllt. Garniert mit Butter, Sirup, Obst oder Speck kann so ein Megapfannkuchen geradezu magische Anziehungskraft entfalten.

SCHRITT 1 Zutaten zusammenstellen

Dies ist ein Rezept für achtzehn kleine oder sechs große Pfannkuchen.

3 Tassen Mehl
3 Esslöffel weißer Zucker
3 Teelöffel Backpulver
1 ½ Teelöffel Backnatron
¾ Teelöffel Salz
3 Tassen Buttermilch
½ Tasse Milch
3 Eier
1/3 Tasse zerlassene Butter

SCHRITT 2 Trockene Zutaten vermischen

In einer Rührschüssel vermischst du nun Mehl, Zucker, Backpulver, Backnatron und Salz.

SCHRITT 3 Restliche Zutaten hinzufügen

Als Nächstes gibst du Buttermilch, Milch, Eier und zerlassene Butter zu den trockenen Zutaten in die Schüssel.

SCHRITT 4 Rühren

Verrühre nun sämtliche Zutaten zu einem glatten Teig ohne Klümpchen.

SCHRITT 5 Ruhen lassen

Lass den Teig fünf Minuten ruhen, bevor du ihn weiterverarbeitest.

SCHRITT 6 Pfanne vorheizen

Nun lässt du die Pfanne bei mittlerer Hitze heiß werden. Wenn ein Wassertropfen in der Pfanne zischt, ist die richtige Temperatur erreicht.

SCHRITT 7 Pfannkuchen backen

Nachdem du die Pfanne mit ein wenig Butter oder Öl eingefettet hast, gießt du die gewünschte Menge Teig hinein. Sobald sich an der Oberfläche des Pfannkuchens Blasen bilden und aufplatzen, drehst du ihn mit dem Pfannkuchenwender, um auch die andere Seite zu bräunen.

Übrigens

»Keine Billigpfannkuchen aus der Tüte! Nimm immer Buttermilch, rühre gut und lass den Teig fünf Minuten ruhen, bevor du ihn weiterverarbeitest.«

— Jonathan

Rührei machen

DU BRAUCHST:
- Frische Eier
- Bratpfanne
- Rührschüssel
- Schneebesen oder Gabel
- Pfannenwender

BENÖTIGTE ZEIT:
- 5 Minuten

Die simpelsten Dinge sind oft die besten. Kaum ein Frühstück lässt sich so leicht aus der Verpackung nehmen und zubereiten wie ein Ei. Aufgeschlagen, verquirlt und mit einer Prise Salz und Pfeffer serviert, sorgen Eier für einen proteinreichen Start in den Tag. Wenn dann noch eine Scheibe Toast und ein Glas Saft dazukommen, ist alles perfekt.

SCHRITT 1 **Eier aufschlagen**

Schlage die Eier auf und gib sie in eine Rührschüssel. Für den Anfang solltest du zwei Eier pro Person kalkulieren.

SCHRITT 2 **Eier verquirlen**

Mit einem Schneebesen oder einer Gabel verquirlst du nun Eiweiß und Dotter, bis sie eine gleichmäßige, seidig glänzende Masse bilden.

SCHRITT 3 **Pfanne vorheizen**

Nun lässt du die Pfanne bei mittlerer Hitze heiß werden.

SCHRITT 4 **Eier braten**

Nachdem du die Pfanne mit ein wenig Butter oder Öl eingefettet hast, gießt du die verquirlten Eier hinein. Bewege sie mit dem Pfannenwender sanft in der Pfanne hin und her, bis die Masse fest wird.

SCHRITT 5 **Guten Appetit!**

Richte das fertige Rührei mit ein wenig Salz und Pfeffer auf einem Teller an und lass es dir schmecken.

Wusstest du das?

Eier werden schon seit Jahrtausenden zum Frühstück gegessen. Indische Historiker vermuten, dass schon 3200 v. Chr. Hühner ihrer Eier wegen gehalten wurden. Du solltest aber stets frische Eier nehmen.

Speck braten

> Unsere Lebenserwartung würde sprunghaft steigen, wenn frisches Gemüse so lecker röche wie Speck.
>
> — Doug Larson,
> Goldmedaillengewinner bei den Olympischen Spielen 1924

DU BRAUCHST:
- Rohen Speck (Bacon)
- Bratpfanne
- Küchenzange
- Küchenkrepp

BENÖTIGTE ZEIT:
- 10 Minuten

Mit Bacon schmeckt alles besser. Du brauchst Beweise? Was nimmt man, um bereits wohlschmeckendes Essen noch leckerer zu machen? Speck. Zum Beispiel ... was schmeckt besser als ein Burger? Ein Bacon-Burger. Was schmeckt besser als Nudelauflauf mit Käse? Nudelauflauf mit Käse und Speckwürfeln. Hast du schon mal Bacon-Eis probiert? Das solltest du mal versuchen!

SCHRITT 1 **Pfanne vorheizen**

Lass die Pfanne bei mittlerer Hitze heiß werden. Speck sollte nicht bei großer Hitze gebraten werden, sonst verbrennt er, und wenn das Fett Feuer fängt, tut es deine Küche womöglich auch.

SCHRITT 2 **Speckstreifen in die Pfanne legen**

Jetzt legst du die Speckstreifen nebeneinander in die Pfanne.

SCHRITT 3 **Hände waschen**

Nach jedem Kontakt mit rohem Fleisch solltest du dir die Hände waschen.

SCHRITT 4 **Speck wenden**

Mit der Küchenzange wendest du die Speckstreifen, damit sie auf beiden Seiten gleichmäßig angebraten werden.

SCHRITT 5 **Nach Geschmack garen**

Manche mögen ihren Speck lieber weich, andere mögen ihn kross. Es ist dein Speck, also ist es auch deine Entscheidung.

SCHRITT 6 **Abtropfen lassen**

Zum Schluss legst du den fertig gebratenen Speck auf mehrere Lagen Küchenkrepp, damit das überschüssige Fett aufgesaugt wird.

SCHRITT 7 **Guten Appetit**

Sobald der Speck deinen Wünschen entspricht, kannst du ihn dir schmecken lassen. Mmmh … Bacon!

Info

Speck- oder Baconbratfett sollte man nie in den Abfluss schütten. Es erstarrt und könnte das Rohr verstopfen. Besser ist es, wenn man das Fett in der Pfanne kalt werden lässt und dann in ein Gefäß füllt, das man in den Mülleimer werfen kann.

Nudeln kochen

DU BRAUCHST:
- Kochtopf
- Seihsieb
- Wasser
- Nudeln
- Salz
- Messlöffel
- Kochlöffel
- Küchenherd

BENÖTIGTE ZEIT:
- 15 Minuten

Du isst also gerne Nudeln. Welcher Mann tut das nicht? Die Köche in dem italienischen Restaurant »Buca di Beppo« in Garden Grove, Kalifornien, servierten eine Riesenportion der langen Nudeln in einer gewaltigen Schüssel mit 1500 l Fassungsvermögen. Gar nicht so abwegig, denn in den Vereinigten Staaten werden 3 Milliarden Kilo Pasta pro Jahr verzehrt. Das sind durchschnittlich 7 Kilo pro Person. Und das ist noch gar nichts, denn die Spitzenposition halten die Italiener mit einem Pro-Kopf-Verbrauch von 28,5 Kilo im Jahresdurchschnitt.

SCHRITT 1 Wasser aufsetzen

Fülle einen großen Kochtopf zu drei Vierteln mit Wasser und bringe es zum Kochen. (Wenn du den Deckel auflegst, wird der Siedepunkt schneller erreicht.)

SCHRITT 2 Salz hinzufügen

Gib einen Esslöffel Salz in das kochende Wasser.

SCHRITT 3 Portion abmessen

Fast alle Nudeln verdoppeln ihr Volumen beim Kochen. Aus einer Tasse ungekochter Pasta werden nach dem Kochen also zwei. Eine Handvoll Spaghetti ergibt zwei Portionen.

SCHRITT 4 Nudeln in den Topf geben

Jetzt gibst du die Pasta vorsichtig in das kochende Wasser. Den Deckel legst du beiseite. Die meisten Nudeln benötigen 8–12 Minuten, bis sie gar sind.

SCHRITT 5 Umrühren

Nudeln kleben zusammen, wenn man sie nicht in den ersten Minuten der Kochzeit umrührt.

SCHRITT 6 Temperatur im Auge behalten

Wenn das Wasser überzukochen droht, musst du die Hitzezufuhr verringern.

SCHRITT 7 Probieren

Mit einer Gabel fischst du eine Nudel aus dem Topf. Richtig gegarte Pasta ist zwar weich, hat aber noch Biss. Die Bezeichnung dafür lautet al dente.

SCHRITT 8 Abgießen

Zum Schluss stellst du ein Seihsieb in die Spüle. Vergiss nicht, dass Wasser und Dampf so heiß sind, dass man sich daran verbrühen kann. Durch Schwenken des Siebs entfernst du überschüssiges Wasser. Und du solltest die Pasta niemals abspülen.

Info

Ein Seihsieb ist ein schüsselförmiges Küchengerät mit großen Löchern, das zum Abgießen von gekochten Nahrungsmitteln wie zum Beispiel Pasta verwendet wird.

Stampfkartoffeln stampfen

DU BRAUCHST:

- Kartoffeln
- Kochtopf
- Seihsieb
- Kartoffelschäler
- Messer
- Kartoffelstampfer oder Mixer

- Kurzzeitmesser
- Butter (2–6 Esslöffel)
- Milch (zwischen ½ und ¾ Tasse)
- Salz und Pfeffer nach Geschmack

BENÖTIGTE ZEIT:

- 35–45 Minuten

Stampfkartoffeln gehören zum Standard auf den Tellern vieler Europäer. Aber wusstest du, dass die Kartoffel ursprünglich aus Nordamerika kommt? Tut sie wirklich. In Europa wurde die stärkehaltige Knolle erst 1526 eingeführt. Gekocht, gebacken, gebraten oder zerstampft ist die Kartoffel die beliebteste Beilage auf der Welt. Wo wir gerade bei Statistiken sind: Im Durchschnitt isst jeder Deutsche um die 60 Kilo Kartoffeln pro Jahr.

SCHRITT 1 Kartoffeln vorbereiten

Als Erstes musst du die Kartoffeln waschen und schälen; die Augen kannst du mit dem spitzen Ende des Schälmessers herausschneiden.

SCHRITT 2 Kartoffeln schneiden und aufsetzen

Mit einem scharfen Messer zerteilst du nun jede Kartoffel in vier bis sechs Stücke und gibst diese in einen Topf. Dann füllst du so viel Wasser ein, dass die Kartoffelstücke ganz bedeckt sind.

SCHRITT 3 Kartoffeln kochen

Sobald das Wasser kocht, reduzierst du die Hitze, sodass die Kartoffeln nur noch sanft köcheln, und lässt sie auf dieser Stufe 15–20 Minuten garen.

SCHRITT 4 Kartoffeln abgießen

Wenn die Kartoffeln so weich sind, dass sie sich leicht mit einer Gabel einstechen lassen, nimmst du sie vom Herd und gießt mithilfe des Seihsiebs das Kochwasser ab.

SCHRITT 5 Weitere Zutaten hinzufügen

Nun schüttest du die Kartoffeln zurück in den Kochtopf und fügst Milch, Butter, Salz und Pfeffer nach Geschmack hinzu.

SCHRITT 6 Pürieren und servieren

Mit einem Kartoffelstampfer, einer Kartoffelpresse oder einem Mixer werden die Kartoffeln so lange zerkleinert, bis das Püree cremig und frei von Klümpchen ist. Mmmmh …!

Wusstest du das?

Der Gärtner Peter Glazebrook aus der englischen Stadt Northampton erntete eine Kartoffel von wahrhaft gigantischen Ausmaßen. Mit einem Gewicht von 3,8 Kilo zerstampfte diese Knolle den vorherigen Weltrekord von 3,2 Kilo.

Ein Hähnchen im Backofen zubereiten

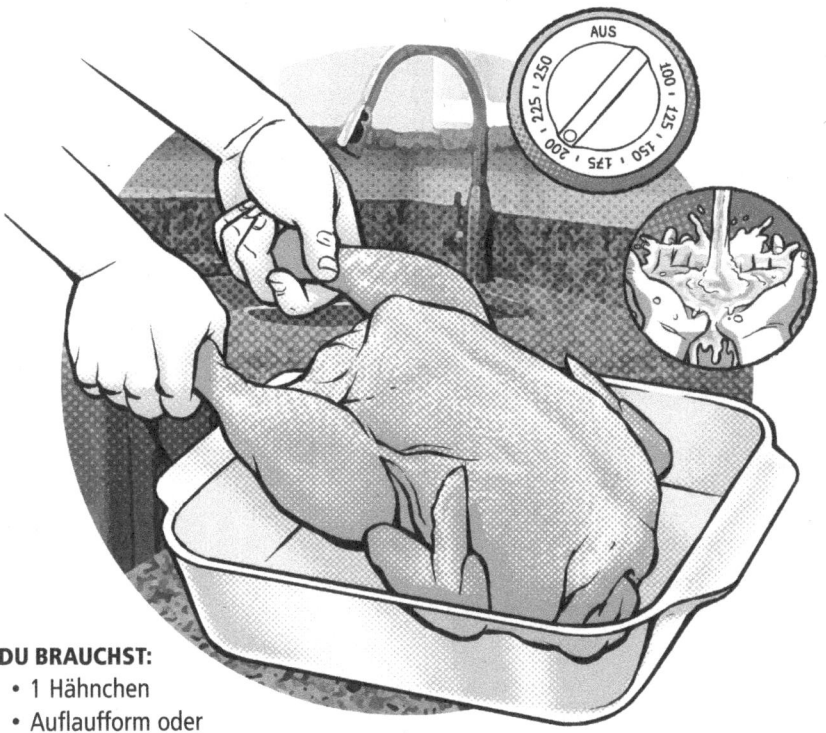

DU BRAUCHST:

- 1 Hähnchen
- Auflaufform oder flachen Bräter
- Pflanzenöl oder zerlassene Butter
- Salz und Pfeffer nach Geschmack
- Bratenpinsel
- Alufolie
- Bratenthermometer

BENÖTIGTE ZEIT:

- Etwa anderthalb Stunden

Rein mit dem Flattermann! Wenn das Wetter zu schlecht ist, um im Freien zu grillen, machst du einfach den Backofen an und schiebst ein Hähnchen in die Röhre. Richtig zubereitet ist ein Brathähnchen aus dem Backofen ein tolles Gericht, mit dem du Freunde und Familienmitglieder bewirten kannst – oder die junge Dame, die du mit deinen Kochkünsten beeindrucken willst.

SCHRITT 1 **Das Hähnchen vorbereiten**

Achte darauf, dass das Hähnchen vollständig aufgetaut ist. Dann spülst du das Hähnchen ab und tupfst es mit Küchenkrepp trocken. Anschließend legst du das Hähnchen in eine Auflaufform oder einen flachen Bräter, bepinselst es mit zerlassener Butter oder Öl und würzt es mit Salz und Pfeffer. Bedecke das Hähnchen mit Alufolie. Zum Schluss wäschst du dir die Hände, um Keime zu entfernen.

SCHRITT 2 **Backofen auf 200 °C vorheizen**

Nun drehst du den Backofenschalter auf 200 °C und wartest, bis die gewünschte Temperatur erreicht ist.

SCHRITT 3 **Hähnchen braten**

Anschließend stellst du den Vogel in die Mitte des Backofens und lässt ihn dort ca. 1 Stunde. Wenn dein Hähnchen mehr als 1,5 Kilogramm wiegt, verlängert sich die Garzeit um 10 Minuten pro Pfund. Für die letzten 20 Minuten der Garzeit entfernst du die Alufolie, damit die Haut des Hähnchens braun und knusprig wird. Stecke ein Bratenthermometer in die dickste Stelle eines Schenkels. Das Hähnchen ist gar, wenn die Kerntemperatur 75 °C beträgt und der austretende Fleischsaft klar ist.

SCHRITT 4 **Ruhen lassen**

Sobald die richtige Temperatur erreicht ist, nimmst du das Hähnchen aus dem Backofen und lässt es 10 Minuten lang ruhen. Dadurch kann sich der Fleischsaft gleichmäßig verteilen.

SCHRITT 5 **Aufräumen**

Während das Hähnchen ruht, machst du die Küche sauber und wäschst dir danach die Hände.

SCHRITT 6 **Tranchieren und servieren**

Nach der Ruhezeit tranchierst du das Hähnchen – du zerlegst und zerschneidest es also in Teile – und servierst es. Falls Reste bleiben, stellst du die sofort in den Kühlschrank.

Männer – Dichtung und Wahrheit:
»Chicken-Nuggets werden in der Regel aus hochwertigem weißem Fleisch hergestellt.«

Dichtung. Tatsache ist, dass die meisten industriell hergestellten Chicken-Nuggets aus maschinell entbeinten und zu einer rosafarbenen Paste verarbeiteten Fleischresten bestehen. Ein Glück, dass es dazu einen Dip gibt … stimmt's?

Steak im Backofen grillen

DU BRAUCHST:
- Steak
- Backofen
- Grillpfanne
- Normale Bratpfanne
- Olivenöl
- Steakgewürz

BENÖTIGTE ZEIT:
- 5–15 Minuten

Kein Grill! Was jetzt? – Kein Problem. Du bringst die Grillsteaks einfach in die Küche und grillst sie im Backofen. Ja, es ist möglich, ein Stück Fleisch unter dem Backofengrill perfekt zuzubereiten. Konstante Temperatur und Wetterunabhängigkeit machen aus dem Grill im Backofen eine perfekte Alternative zum Holzkohlegrill.

SCHRITT 1 Steak vorbereiten

Vergewissere dich, dass dein Steak nicht gefroren ist. Nun würzt du es auf beiden Seiten und lässt es 15 Minuten bei Zimmertemperatur ruhen.

SCHRITT 2 Auf Hygiene achten!

Um die Verunreinigung durch Keime zu vermeiden, solltest du gekochtes Fleisch (gilt auch für Geflügel, Fisch und Meeresfrüchte) niemals direkt neben rohem Fleisch lagern. Und nach dem Umgang mit rohem Fleisch musst du dir jedes Mal die Hände waschen, vor allem, bevor du danach andere Nahrungsmittel anfasst. Das Gleiche gilt für Küchengeräte.

SCHRITT 3 Backofen vorbereiten

Bei einem elektrischen Herd schiebst du den Grillrost so ein, dass er ca. 15 cm unterhalb der Grillspirale ist. Bei Gasöfen verbirgt sich der Grill hinter einer separaten, herunterklappbaren Tür, in der Regel unter dem Backofen. Dann drehst du den Regler auf »Grill« und stellst die Grillpfanne zum Vorheizen hinein.

SCHRITT 4 Steak anbraten

Gib einen Teelöffel Olivenöl in eine Pfanne und drehe den Regler für die Kochstelle auf die höchste Stufe. Sobald die Pfanne heiß ist, brätst du das Steak auf beiden Seiten 60 bis 90 Sekunden an.

SCHRITT 5 Steak grillen

Hol die heiße Grillpfanne aus dem Backofen und leg dein Steak in die Mitte. Anschließend wird es von beiden Seiten 3–4 Minuten gegrillt, wenn du es blutig haben willst, 5–6 Minuten für medium und 7–8 Minuten, wenn es durch sein soll.

SCHRITT 6 Ruhen lassen und genießen!

Nachdem du das Steak aus dem Backofen genommen hast, lässt du es vor dem Anschneiden noch 5 Minuten ruhen. So kann sich der Fleischsaft gleichmäßig verteilen. Dein Steak ist jetzt fertig zum Genuss.

Wusstest du das?

Bei einem Grill gibt es nur zwei Temperaturstufen: heiß und kalt. Mit anderen Worten: EIN und AUS. Wenn du die Hitze reduzieren willst, musst du die Grillpfanne niedriger stellen.

Tipps für das Garen von Fleisch

Wie hättest du es gerne? Beim Garen von Rind- oder Lammfleisch kann man wählen, wie lang das Fleisch der Hitze ausgesetzt bleibt. Manche Menschen mögen ihr Fleisch am liebsten fast roh (»blau«), während andere wollen, dass es aussieht wie ein angekohlter Hockeypuck. Fast roh oder fast mumifiziert – die Geschmäcker sind eben völlig verschieden!

Blau – außen nur leicht angegart, im Inneren kalt und sehr rot
Blutig – nur außen gar, im Inneren kalt und rot
Englisch – innen warm und rot
Rosa (medium) – innen rosa und fest
Halbrosa – innen nur noch leicht rosa
Durch(gebraten) – innen durchgängig graubraun

Ist es schon gar? Die Kerntemperatur gibt Auskunft darüber, welche Garstufe ein Stück Fleisch erreicht hat. Je geringer die Kerntemperatur, desto roher ist es beim Servieren. Je höher die Kerntemperatur, desto stärker durchgebraten. Dabei solltest du immer bedenken, dass die meisten Fleischstücke auch nach dem Entfernen von der Wärmequelle noch ein paar zulegen. Schweinefleisch und Geflügel sollten immer ganz durchgegart werden. Ein verdorbener Magen, den man sich durch zu wenig gegartes Fleisch zuzieht, ist qualvoll und der schnellste Weg ins Lager der Vegetarier.

Rind

Blau (weniger als 50 °C)
Blutig (50 °C–52 °C)
Englisch (52 °C–57 °C)
Rosa (57 °C–63 °C)
Halbrosa (63 °C–68 °C)
Durch(gebraten) (68 °C und darüber)

Lamm

Blutig (57 °C–60 °C)
Englisch (60 °C–66 °C)
Rosa (71 °C–74 °C)
Halbrosa (74 °C und darüber)

Geflügel

Hähnchen (74 °C–80 °C)
Pute (74 °C–80 °C)

Schwein

(65 °C und darüber)

Einen Holzkohlegrill anzünden

DU BRAUCHST:
- Holzkohlegrill
- Grillbriketts
- Flüssiganzünder
- Streichhölzer oder Stabfeuerzeug

BENÖTIGTE ZEIT:
- 5 Minuten

Grillen – das Braten am offenen Feuer – ist etwas, das die XY-Chromosomen bei jedem Mann in Wallung bringt. Vielleicht ist es eine genetisch bedingte Erinnerung an die Zeiten, als unsere Vorfahren am Lagerfeuer hockten und sich die Beute eines erfolgreichen Jagdzugs schmecken ließen. Vielleicht liegt es auch daran, dass man ein Grillfeuer meilenweit riecht und Männer diesen Geruch unwiderstehlich finden. Was immer der Grund sein mag, ein Grillmeister ist eine Respektsperson, und der erste Schritt auf dem Weg zum Ruhm ist, dass man lernt, wie man die Holzkohle perfekt zum Glühen bringt.

SCHRITT 1 Lüftungsschlitze öffnen

Als Erstes öffnest du die Lüftungsschlitze an der Unterseite des Grills.

SCHRITT 2 Grillrost entfernen

Nun nimmst du den Rost ab, der für das Grillgut bestimmt ist.

SCHRITT 3 Holzkohle einfüllen

In der Kohlepfanne schichtest du die Grillbriketts so auf, dass ein 10 cm hoher Kegel mit einem Durchmesser von 25 cm entsteht.

SCHRITT 4 Grillbriketts mit Flüssiganzünder übergießen

Anschließend verteilst du etwa eine halbe Tasse Flüssiganzünder gleichmäßig auf der Holzkohle. (Beachte dabei die Herstellerangaben auf der Rückseite des Holzkohlesacks).

SCHRITT 5 Flüssiganzünder einziehen lassen

Bevor du im Anschluss an Schritt 4 die Grillbriketts anzündest, solltest du eine Minute warten. So sorgst du dafür, dass das Feuer hinterher gleichmäßiger brennt, und verringerst die Gefahr einer Stichflamme.

SCHRITT 6 Grillbriketts anzünden

Beim Anzünden wendest du Gesicht und Körper vom Grill ab und setzt die unterste Schicht der Grillbriketts in Brand. An der Außenseite der Pyramide werden nun kleine Flammen nach oben züngeln, während sich im Inneren Rauch bildet.

SCHRITT 7 Grillbriketts in Ruhe durchbrennen lassen

Nach ca. 10–15 Minuten sollten die Briketts gleichmäßig mit einer weißgrauen Ascheschicht überzogen sein, während es im Inneren des Briketthäufchens rot glüht.

SCHRITT 8 Heiße Briketts verteilen

Mit einem langstieligen Metallwerkzeug verteilst du nun die heißen Grillbriketts gleichmäßig in der Grillschale.

SCHRITT 9 **Grillrost wieder einsetzen**

Lass den Grillrost nach dem Einsetzen richtig heiß werden, bevor du das Grillgut daraufleg st.

SCHRITT 10 **Grillen**

Ob Rindfleisch, Geflügel, Fisch oder sogar Gemüse – du hast die freie Auswahl.

Info

Warnhinweis! Auf gar keinen Fall darf man Flüssiganzünder in ein brennendes Feuer gießen oder spritzen. Die Flamme könnte an dem Flüssigkeitsstrahl entlang nach oben schießen, die Flasche entzünden und so ernste, sogar lebensbedrohliche Verbrennungen verursachen.

Ein Steak grillen

DU BRAUCHST:

- Fleisch in gewünschter Menge und Qualität
- Holzkohlegrill (vorgeheizt)
- Langstieliges Grillbesteck (Zange, Gabel etc.)
- Olivenöl
- Gewürze

BENÖTIGTE ZEIT:

- 6–20 Minuten

»Grillsoßen sind unnötig. Für ein gutes Stück frisches Fleisch braucht man nichts außer Salz und Pfeffer.«

— Chris Lyons,
Preisrichter bei der South Carolina Barbecue Association

Steak. Du musst nicht unbedingt in ein teures Restaurant gehen, um ein gutes Steak zu genießen. Mit ein paar Grundkenntnissen über das Grillen und die Auswahl des richtigen Stücks Fleisch kannst du im Handumdrehen zum Grillmeister des Viertels aufsteigen.

SCHRITT 1 **Steaks aus dem Kühlschrank nehmen**

Etwa 20 Minuten vor dem Grillen solltest du die Steaks auf einen Teller legen und bei Zimmertemperatur abgedeckt ruhen lassen.

SCHRITT 2 **Nach Geschmack würzen**

Anschließend bepinselst du die Fleischstücke auf beiden Seiten mit Olivenöl und würzt sie nach Geschmack. Für den Anfang kannst du mit einer Mischung, die zu gleichen Teilen aus Salz und Pfeffer besteht, nichts falsch machen.

SCHRITT 3 **Kräftig anbraten**

Nimm das Grillbesteck, um das Steak an der heißesten Stelle des Grills zu platzieren. Dort lässt du es auf beiden Seiten ca. 2–4 Minuten lang kräftig anbraten, bis es außen goldbraun bis leicht angekohlt ist. Die offizielle Garstufe ist jetzt »blutig«.

SCHRITT 4 **Weitergaren**

Nun schiebst du das Steak an eine kühlere Stelle des Grills und lässt es je nach gewünschter Garstufe weiter garen. Nach 3–5 Minuten pro Seite ist es »englisch« (Kerntemperatur 57 °C), nach 5–7 Minuten »rosa« (Kerntemperatur 60 °C) und nach 7–10 Minuten »halbrosa« (65 °C).

SCHRITT 5 **Genießen**

Direkt vom Grill oder nach ein paar Minuten Ruhezeit ist dein Steak jetzt bereit zum Verzehr.

Auf das richtige Stück kommt es an

Steak ist nicht gleich Steak. Bevor du dich auf den Weg zum Metzger machst, solltest du überlegen, was genau du essen möchtest. Wenn du weißt, wie die einzelnen Fleischstücke heißen und woher sie kommen, kann das darüber entscheiden, ob dir dein Steak auf der Zunge zergeht oder ob es zäh ist wie Leder.

Filetsteak – auch bekannt als Lende oder Filet Mignon, gilt es als Steak für »besondere Anlässe«. Da es von einem Teil des Rinds stammt, dessen Muskeln nicht stark beansprucht werden, bleibt es außerordentlich zart. Wenn man es sachgerecht zubereitet, kommt man bei diesem Steak ganz ohne Messer aus.

Preisniveau – €€€€
Zartheit – hoch
Fettgehalt – gering
Geschmack – aromatisch

Rumpsteak – in den USA unter anderem als Strip Steak bekannt, eignet sich dieses Stück perfekt zum Grillen für jeden Anlass. In der Regel hat das Steak auf einer Seite eine ca. 1 cm dicke Fettschicht. Sie sollte erst nach dem Grillen entfernt werden, damit das volle Aroma des Fetts in das Fleisch einziehen kann.

Preisniveau – €€€
Zartheit – hoch
Fettgehalt – hoch
Geschmack – intensiv

Ribeye-Steak – aus dem Mittelstück des Rippenbereichs beim Rind geschnitten, ist das Ribeye ein sehr hochwertiges Steak. Wenn du es sachgerecht garst, wirst du spüren, wie dir jeder saftige Bissen auf der Zunge zergeht.

Preisniveau – €€€
Zartheit – hoch
Fettgehalt – hoch
Geschmack – aromatisch

T-Bone-/Porterhouse-Steak – hierbei handelt es sich im Grunde um zwei Steaks in einem. Auf den beiden Seiten des T-förmigen Knochens befinden sich unterschiedliche Fleischsorten: auf der einen Seite ein Rumpsteak, auf der anderen ein Filetsteak. Beim Garen darfst du nicht aus den Augen verlieren, dass der Knochen den Garprozess beeinflusst. Die Partien direkt am Knochen garen langsamer. Das kann dazu führen, dass das Steak am Knochen blutig bis rosa bleibt, während es an den Rändern bereits ganz durchgebraten ist.

Preisniveau – €€€
Zartheit – hoch
Fettgehalt – gering auf der Filetseite, hoch auf der Rumpsteakseite
Geschmack – aromatisch bis intensiv

Sirloin-Steak – nicht allzu gut geeignet zum Grillen. Der Grund dafür ist, dass das Sirloin-Steak aus dem oberen Rückenbereich des Rinds geschnitten wird, wo die Muskeln stark beansprucht werden. Es eignet sich gut zum Schmoren oder, in Würfel geschnitten und mit Gemüse kombiniert, für Fleischspieße.

> Preisniveau – €€
> Zartheit – gering
> Fettgehalt – mager
> Geschmack – aromatisch

Bürgermeisterstück (engl. tri tip) – vor dem Zubereiten gewürzt oder mariniert, gart man dieses Stück am besten langsam und bei niedriger Temperatur. Es wird meist in dünnen, quer zur Maserung geschnittenen Scheiben serviert.

> Preisniveau – €€
> Zartheit – gering
> Fettgehalt – mager
> Geschmack – intensiv

Flanksteak – Flanksteak stammt aus einem sehr kräftigen, stark beanspruchten Teil der Bauchmuskulatur beim Rind. Dadurch wird es zäh und sollte am besten quer zur Maserung geschnitten werden. Wenn man es im trockenen Zustand mit Gewürzen einreibt oder über Nacht mariniert, kann dies das Fleisch zarter machen.

> Preisniveau – €
> Zartheit – gering
> Fettgehalt – mager
> Geschmack – aromatisch

Kronfleisch (engl. skirt steak) – dieses Stück stammt aus dem vorderen Bauchbereich des Rinds unterhalb der Rippen und vor der Flanke. Es handelt sich um ein langes, flaches Stück, das seines Geschmacks wegen geschätzt wird, nicht wegen seiner Zartheit. Zum Servieren schneidet man es am besten quer zur Maserung.

> Preisniveau – €
> Zartheit – gering
> Fettgehalt – mager
> Geschmack – intensiv

Ein Schweinskotelett grillen

DU BRAUCHST:
- Holzkohlegrill
- Schweinekoteletts
- Grillzange
- Alufolie
- Teller
- Bratenthermometer

BENÖTIGTE ZEIT:
- 20–30 Minuten

Schweinefleisch. Auch als »das andere Fleisch« bekannt, zählt Schweinefleisch zu den meistverzehrten Fleischsorten auf der Welt. Historiker haben herausgefunden, dass Schweine bereits um 5000 v. Chr. gehalten wurden. Zarte und wohlschmeckende Schweinskoteletts passen in jede Jahreszeit. Du musst nur darauf achten, dass du nicht zu viele in dich hineinstopfst. Je mehr Schweinefleisch du verzehrst, desto höher ist die Wahrscheinlichkeit von Herzerkrankungen. Allerdings verwendet man Herzklappen von Schweinen auch als Ersatz für geschädigte menschliche Herzklappen. Es kann also passieren, dass dasselbe Schwein, das ein Herz ruiniert hat, ein anderes auch wieder in Ordnung bringt.

SCHRITT 1 Grill anheizen

Heize den Grill an, bis die Hitze mittel bis stark ist. Während des Vorheizens lagerst du die Schweinskoteletts bei Zimmertemperatur, damit sie hinterher gleichmäßig garen.

SCHRITT 2 Koteletts auf den Grill legen

Mithilfe der Grillzange legst du die Koteletts auf den Grill und schließt den Deckel.

SCHRITT 3 Um 45° drehen

Schweinskoteletts mit einer Dicke von ca. 2 cm sollten nach 2 Minuten um 45° gedreht werden. Danach schließt du den Deckel für weitere zwei Minuten. Bei dickeren Koteletts erhöht sich die Garzeit um ca. 2 Minuten pro Seite.

SCHRITT 4 Wenden

Nimm die Grillzange, um die Schweinskoteletts zu wenden. Wiederhole Schritt 3. Die Garzeit für 2 cm dicke Schweinskoteletts liegt bei insgesamt 8 bis 9 Minuten. Die Kerntemperatur sollte mindestens 65 °C betragen.

SCHRITT 5 Ruhen lassen

Zum Schluss nimmst du die Schweinskoteletts vom Grill und legst sie auf einen Teller. Bedecke sie mit Alufolie und lass sie vor dem Servieren 5 Minuten ruhen.

Wusstest du das?

Die Redewendung »schwitzen wie ein Schwein« hat nichts mit transpirierenden Vierbeinern zu tun. Schweine schwitzen nicht, aber heißes Metall schon. Deshalb findet man im englischen Sprachraum die folgende Erklärung: Bei der Gewinnung von Roheisen (*pig iron*) wird das Metall auf extreme Temperaturen erhitzt und anschließend in eine Form gegossen. Erst wenn das Metall weit genug abgekühlt ist, kann es gefahrlos bewegt werden. Aber woher weiß der Hüttenarbeiter, wann das Metall kalt genug für die Weiterverarbeitung ist? Er sieht es daran, dass die Eisenbarren, die sogenannten *pigs*, anfangen zu »schwitzen«. Beim Abkühlen des geschmolzenen Metalls kühlt sich die Luft ringsum nämlich bis zum Taupunkt ab, und dabei bilden sich kleine Wassertröpfchen an der Oberfläche des Metalls.

Rippchen grillen

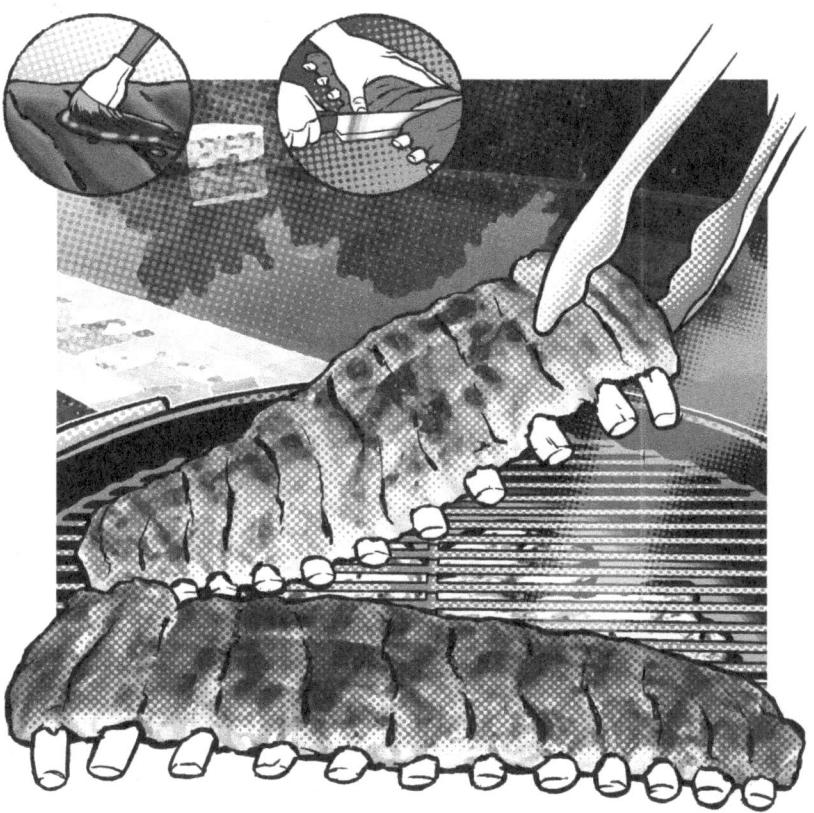

DU BRAUCHST:

- Rippchen (Rind oder Schwein? Rinderrippchen sind fleischiger, aber Schweinerippchen in der Regel zarter)
- Grill
- Teller
- Messer
- Barbecuesoße
- Gewürze zum Einreiben
- Bratenthermometer
- Bratenpinsel
- Grillzange
- Holzspäne – Mesquite oder Hickory (optional)

BENÖTIGTE ZEIT:

- ca. 2 Stunden

Die National Barbecue Association der USA hat den Mai zum offiziellen Barbecuemonat erklärt. Nein, das hast du nicht geträumt; es stimmt wirklich. Und um die Vorfreude auf die Grillsaison im Sommer kräftig anzuheizen, hier ein paar appetitfördernde Fakten, die bei einer Grillparty für Gesprächsstoff sorgen können:

1. Tag für Tag werden über eine Viertelmillion feuchte Reinigungstücher dazu verwendet, Finger und Gesichter von Barbecuesoße zu befreien.

2. Ursprünglich bestand Barbecuesoße, deren Geschichte schon Hunderte von Jahren zurückreicht, nur aus Essig und Pfeffer.

3. Lyndon B. Johnson, der sechsunddreißigste Präsident der Vereinigten Staaten, lud als Erster zu einem Barbecue in den Garten des Weißen Hauses; bei dieser Gelegenheit gab es Grillrippchen nach texanischer Art.

Über Rippchen kann man reden, man kann sie grillen, vor allem aber kann man sie essen. Egal ob süß, sauer, mit Soße oder trocken gewürzt – ein Grillrippchen lässt die Träume jedes Fleischliebhabers wahr werden.

SCHRITT 1 **Rippchen vorbereiten**

Befreie die Rippchen von Sehnen, Häutchen und Knorpeln und spüle sie unter fließendem Wasser ab. Anschließend legst du sie auf einen Teller und reibst sie nach Geschmack mit Gewürzen ein.

SCHRITT 2 **Ruhen lassen**

Danach stellst du die gewürzten Rippchen für 1 Stunde in den Kühlschrank.

SCHRITT 3 **Grill vorbereiten**

Während die Gewürze in die Rippchen einziehen, bereitest du den Grill für indirektes Grillen bei mittlerer Temperatur vor.

SCHRITT 4 **Rippchen grillen**

Nun legst du die Rippchen so auf den Grill, dass sie indirekter Hitze ausgesetzt sind, und lässt sie auf beiden Seiten 15 bis 20 Minuten garen. Vergiss nicht, dass Rippchen erst bei einer Innentemperatur von 82 °C wirklich gar sind.

SCHRITT 5 Mit Soße bepinseln

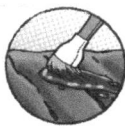

Nimm einen Bratenpinsel und bestreiche die Rippchen mit Barbecuesoße. Danach lässt du sie für weitere 10 Minuten bei indirekter Hitze auf dem Grill, damit die Soße gut in das Fleisch einziehen kann.

SCHRITT 6 Vom Grill nehmen und servieren

Sobald die Rippchen 82 °C erreichen, sind sie fertig zum Zerteilen und Genießen.

Wusstest du das?

Es ist gar nicht schwer, den Rippchen das typische Raucharoma zu verleihen. Dazu weichst du ein paar Hickory- oder Mesquite-Späne 10 Minuten lang in Wasser ein. Anschließend gießt du das Wasser ab und stellst die feuchten Späne in einem Schälchen aus Alufolie neben die glühenden Kohlen. Sobald die Späne zu schwelen beginnen, kannst du mit dem Rippchengrillen loslegen.

Ein ganzes Hähnchen grillen

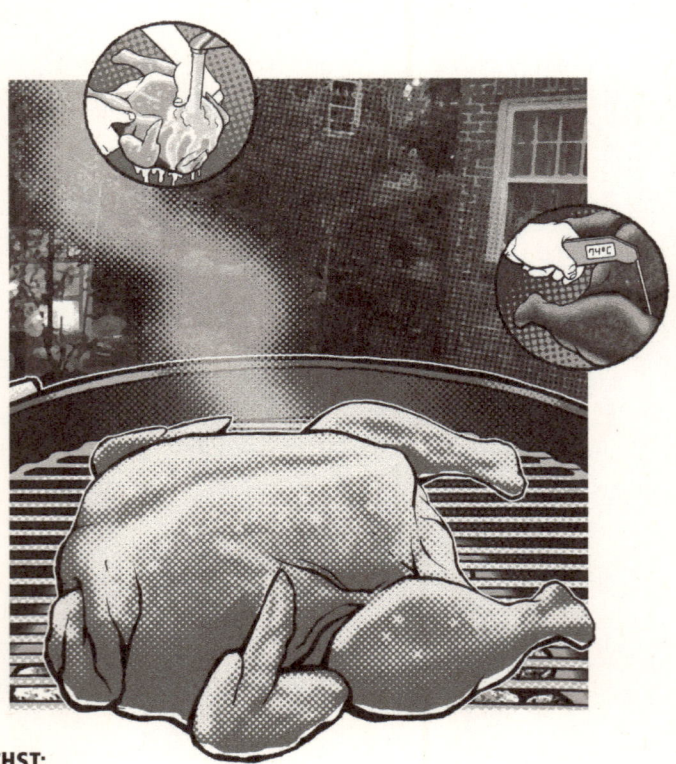

DU BRAUCHST:
- Ein ganzes Hähnchen
- Öl
- Salz und Pfeffer nach Geschmack
- Grill
- Bratenthermometer

BENÖTIGTE ZEIT:
- 40–60 Minuten

Schon seltsam, wie häufig man hört, dass andere Fleischsorten angeblich wie Hähnchen schmecken. Wann hat dir zuletzt jemand erzählt, sein Hähnchen erinnere ihn an Alligator- oder Kaninchenfleisch? Noch nie. Die Vergleiche gehen immer in die andere Richtung. Das liegt daran, dass Hähnchenfleisch so allgegenwärtig ist, dass es überall zum Vergleich herhalten muss. Dabei vergisst man leicht, dass Hähnchen tatsächlich schmeckt wie – na, wie Hähnchen eben. Und Hähnchenfleisch rangiert ganz weit oben auf unserem Speisezettel. Laut Auskunft des Landwirtschaftsministeriums der Vereinigten Staaten (USDA) verzehrt ein US-Bürger im Durchschnitt mehr als 25 Kilo Hähnchenfleisch pro Jahr – weißes Fleisch, dunkles Fleisch, Chicken Wings und Nuggets. Das ist eine ganze Menge. Damit deine nächste Hähnchenmahlzeit unvergesslich bleibt, solltest du auf das Sandwich mit Hühnerformfleisch verzichten und stattdessen einmal probieren, einen kompletten Flattermann zu grillen.

SCHRITT 1 Den Vogel vorbereiten

Als Erstes entfernst du die Verpackung, spülst das Hähnchen unter fließendem Wasser ab und tupfst es mit Küchenkrepp trocken.

WICHTIG

Vergewissere dich, dass sich in der Bauchhöhle des Hähnchens keine »Kleinteile« mehr befinden. Viele Metzger packen für besonders sparsame Kunden Herz, Leber und Hals des Tiers in diesen Hohlraum.

SCHRITT 2 Grill vorbereiten

Richte den Grill so ein, dass er zum indirekten Grillen bei mittlerer Hitze bereit ist.

SCHRITT 3 Hähnchen grillen

Nun legst du das Hähnchen mit dem Rücken nach unten auf den Grill, schließt den Deckel und grillst es 25 Minuten lang.

SCHRITT 4 Hähnchen wenden

Mithilfe der Grillzange drehst du das Hähnchen anschließend auf die Brustseite, schließt erneut den Deckel und grillst es für weitere 20–30 Minuten.

SCHRITT 5 Temperatur messen

Zum Schluss steckst du ein Bratenthermometer in die dickste Stelle des Schenkels. Das Hähnchen ist gar, wenn der austretende Fleischsaft klar ist und das Thermometer 74 °C anzeigt.

SCHRITT 6 **Ruhen lassen**

Sobald das Hähnchen die richtige Temperatur erreicht hat, nimmst du es vom Grill und lässt es 5 Minuten ruhen, damit sich der Saft gleichmäßig im Fleisch verteilen kann.

SCHRITT 7 **Aufräumen**

Während der Ruhezeit reinigst du den Grill.

Männer – Dichtung und Wahrheit:

»Von rohem Hühnerfleisch kann einem hundeübel werden.«

Wahrheit. Jahr für Jahr werden in Deutschland ca. 1000 Fälle von Salmonellenvergiftung gemeldet. Rohes und unzureichend gegartes Hühnerfleisch kann mit Salmonellen infiziert sein. Zu den Symptomen zählen Durchfall, Fieber und Bauchkrämpfe, und sie können 12 bis 72 Stunden nach der Infektion auftreten. Die meisten Menschen erholen sich ohne ärztliche Behandlung.

Fisch grillen

DU BRAUCHST:
- Fischgrill
- Grillfisch
- Messer
- Antihaftspray
- Gabel

BENÖTIGTE ZEIT:
- 15–20 Minuten

Hast du Lust, dir ein Stück Fisch zwischen die Kiemen zu schieben? Richtig zubereitet ist Fisch vom Holzkohlegrill unschlagbar. Gegrillter Fisch ist reich an Omega-3-Fettsäuren und Vitaminen (z. B. D und B_2) – ein einfacher Weg zu einer kreislaufschonenden, fettarmen Abwechslung auf dem Teller. Serviert mit Reis, frischem Gemüse und ein bisschen frischem Obst ist das Ergebnis eine gesunde Mahlzeit, für deren Zubereitung du nicht mehr als 20 Minuten benötigst.

SCHRITT 1 **Fisch vorbereiten**

Wenn du frischen Fisch grillen willst, musst du ihn zunächst filetieren und sämtliche Gräten entfernen. Fischfilet muss vor dem Grillen vollständig aufgetaut sein.

SCHRITT 2 **Grill vorbereiten**

Falls nötig (s. Schritt 3), sprühst du den Grillrost vor dem Anheizen mit Antihaftspray ein. Dann wartest du, bis der Grill mäßig heiß ist.

SCHRITT 3 **Fisch grillen**

Frischen Fisch legst du mit der Hautseite nach unten auf den Grill. Bei Filet musst du den Grillrost mit Antihaftspray einsprühen, damit der Fisch nicht festklebt.

SCHRITT 4 **Nach Geschmack würzen**

Je nach Geschmack streust du frische Kräuter oder andere Gewürze auf die Fleischseite des Fischs.

SCHRITT 5 **Garen**

Nach ca. 8 Minuten testest du mit einer Gabel an der dicksten Stelle, ob der Fisch durchgebraten ist. Wenn das Fleisch blättrig auseinanderfällt und innen komplett weiß und undurchsichtig ist, ist es gar.

SCHRITT 6 **Vom Grill nehmen und servieren**

Wenn der Fisch eine Temperatur von 63 °C erreicht hat, nimmst du ihn vom Grill und servierst ihn sofort.

Info

Wenn man Fisch mit der Haut grillt, entwickelt er mehr Geschmack, und das Fleisch verbrennt nicht. Die Haut kann man nach dem Grillen entfernen, dann lässt der Fisch sich einfacher servieren und verzehren.

Ein Küchenmesser schleifen

10°-20°

DU BRAUCHST:
- Messer
- Schleifstein
- Mineralöl

BENÖTIGTE ZEIT:
- 1–5 Minuten

Vieles bleibt einem erspart, wenn man darauf achtet, dass Messer immer scharf sind. Mit einer scharfen Klinge sparst du Zeit, Energie und Ärger. Sie bewahrt dich auch vor der Erfahrung, dass mpfe Klinge zwar vor zähem Brot kapituliert, nicht jedoch vor deinem zarten Finger. Erspare dir den Schmerz und nimm dir einmal im Monat ein paar Minuten Zeit, um deine Küchenmesser sorgfältig zu schleifen. Dein Essen wird nicht nur besser aussehen, wenn alles fein säuberlich in Scheiben und Würfel geschnitten ist, es wird dir auch besser munden, wenn du weißt, dass deine Finger die Essenszubereitung unbeschadet überstanden haben.

SCHRITT 1 Schleifstein vorbereiten

Gib so viel Öl auf die grobkörnige Seite des Schleifsteins, dass er vollständig bedeckt ist.

SCHRITT 2 Der richtige Winkel

Jetzt setzt du die Klinge in einem Winkel zwischen 10 und 20 °C an den Stein.

SCHRITT 3 Erste Seite schleifen

Mit mäßigem Druck ziehst du nun bei unverändertem Winkel die Klinge mit der Schneide voraus flach über den Schleifstein. Diesen Vorgang wiederholst du 6- bis 12-mal pro Seite.

SCHRITT 4 Zweite Seite schleifen

Jetzt drehst du die Klinge um und wiederholst den in Schritt 3 beschriebenen Vorgang.

SCHRITT 5 Feinschliff

Nun drehst du den Schleifstein um und wiederholst die gesamte Prozedur auf der feinkörnigen Seite des Schleifsteins. So entsteht eine glatte Schnittfläche über die gesamte Länge der Klinge.

Übrigens

»Nur ein Faulpelz schneidet mit einem stumpfen Messer.«

— Roger Stensland
(Großvater von Jonathan)

WERKZEUG & HEIMWERKEN

10

Ob nun professioneller Handwerker oder Wochenendbastler – überall auf der Welt erfüllt es einen Mann mit Stolz, wenn er auf seiner To-do-Liste hinter einer Sache ein Häkchen setzen kann. Um anstehende Aufgaben sachgerecht erledigen zu können, sollte jeder Junge das eine oder andere über den Umgang mit Werkzeugen lernen. Mit ein paar handwerklichen Grundkenntnissen, solider Ausrüstung und einem geübten Blick hast du alles, was du brauchst, und wirst jedem Heimwerkerprojekt gewachsen sein.

Wenn du lernen willst, wie du das Maximum aus deinen Werkzeugen herausholst, solltest du dir gute Lehrmeister suchen, und Ned Wolf ist einer der besten. Du fragst: Wieso? Nun, Ned ist seit Jahren verantwortlich für Produktschulungen bei IRWIN Tools, einem der weltweit führenden Hersteller und Lieferanten von Werkzeugen mit und ohne Elektroantrieb. Neds Arbeitsplatz ist ein Büro/Laden/Männerparadies, vollgestopft mit allen nur erdenklichen Werkzeugen und Zubehörteilen, und alles in höchster Qualität. Vom kernigsten Stahlbauarbeiter bis hin zum sensibelsten Schreiner ist Neds Wirkungsstätte für wirklich jeden echten Handwerker das reine Paradies.

Viel gefragt und als Experte hochgeschätzt, schult Ned die führenden Kräfte in der Industrie, aber er freut sich auch immer, wenn er seine Kenntnisse an jemanden weitergeben kann, der mit dem Auf- und Ausbau seines handwerklichen Könnens wie auch seines Werkzeugschranks eben erst anfängt. Sein bester Ratschlag zum Thema lautet: »Mach die Arbeit zum Vergnügen!« (1)

Wenn ein Mann sich mit Werkzeug auskennt, weiß, wie man es verwendet, und eine Aufgabe hat, für die er Werkzeug benötigt, dann wird die Arbeit zum Vergnügen. Früher habe ich mit meinem Werkzeug gespielt. Jetzt arbeite ich mit Werkzeug, und die Arbeit ist mein Spiel. Ich habe diese Werkzeuge und ich kann mit ihnen spielen; und gleichzeitig kann ich etwas erledigen oder einem anderen bei seinen Vorhaben helfen. Wenn er etwas an seinem Auto zu machen hat, dann ist das für mich ein Spiel. Und wenn etwas an seinem Haus repariert werden muss, ebenfalls.

Sobald man mit Werkzeug richtig umgehen kann, verwandelt Arbeit sich in Spiel. Es macht Spaß, seine handwerklichen Fähigkeiten zum Einsatz zu bringen. Man kann bei jemandem, dem man imponieren will, Eindruck machen, und man kann sogar anderen helfen und ihnen einen Gefallen tun. Der Umgang mit Werkzeug kann so viel mehr sein als einfach nur das Erledigen einer Aufgabe. Arbeit oder Spiel, reparieren oder anderen helfen – wenn man das richtige Werkzeug hat und weiß, wie man damit umgeht, dann macht die Arbeit Spaß.

Mr. Wolf sagt nicht, dass jeder seine Garage mit sämtlichen Werkzeugen und Gerätschaften vollstopfen muss, mit denen er wirklich jede nur erdenkliche Aufgabe erledigen kann. Aber er findet schon, dass es nützlich ist, sich nach und nach einen Grundstock an Werkzeugen zuzulegen und zu wissen, was man damit macht.

Hier ist eine Liste von fünfzig Dingen, die jeder Heimwerker besitzen sollte:

1. Abisolierzange
2. Anschlagwinkel
3. Arbeitslampe
4. Atemschutzmaske
5. Besen
6. Balkensucher
7. Bandmaß
8. Blechschere
9. Bohreinsätze (für Metall & Holz)
10. Bohrmaschine (Netzbetrieb oder Akku)
11. Brecheisen
12. Einhand-Rohrzange
13. Feststellzange
14. Hammer
15. Handkreissäge
16. Handsägen (für Holz & Metall)
17. Holzleim
18. Innensechskant-Schlüsselset
19. Isolierband
20. Kappsäge
21. Kehrschaufel
22. Kombinationswinkel
23. Kombizange
24. Kreuzschlitzschraubendreher
25. Leiter
26. Meißel
27. Ohrstöpsel
28. Ring-/Maulschlüssel-Set
29. Säbelsäge
30. Saugglocken (für Waschbecken & Toilette)
31. Seitenschneider
32. Schlagschnur (Markierschnur)
33. Schleifklotz
34. Schlitzschraubenzieher
35. Schmirgelpapier

36. Schraubzwinge
37. Schutzbrille
38. Spachtel (4 cm)
39. Spitzzange
40. Steckschlüsselsatz (Ratschensatz)
41. Stichsäge
42. Taschenlampe
43. Teppichmesser
44. Tischkreissäge
45. Tritthocker
46. Universalklebeband
47. Universalschlüssel (Engländer)
48. Verlängerungskabel
49. Wasserpumpenzange
50. Wasserwaage

Who is Who? – Ned Wolf

Ned Wolf versteht etwas von Werkzeug. Das muss er auch, denn schließlich ist er zuständig für Produktschulungen bei IRWIN Tools und hatte sich davor schon einen Namen bei dem Werkzeughersteller Vermont American gemacht.

Ein Bandmaß ablesen

> Nur schlechte Handwerker geben ihrem Werkzeug die Schuld – aber noch ärmer ist der dran, der nicht mal Werkzeug hat, dem er die Schuld geben kann.
>
> — Roger Stensland, Zimmermann

DU BRAUCHST:
• Aufrollbares Bandmaß

BENÖTIGTE ZEIT:
• 5 Sekunden

Wer zweimal misst, muss nur einmal sägen. Bei teurem Material miss lieber dreimal. Das ist eine der wertvollsten Lektionen, die jeder Handwerker lernt – leider oft auf die harte Tour, wenn ein Brett nach dem Zuschneiden zu kurz ist. Mach dich damit vertraut, wie man ein Bandmaß abliest, dann sparst du Zeit und Geld und gibst deinen Kumpels keine Gelegenheit zu peinlichen Witzen wie: »Und wo ist jetzt das Werkzeug zum Bretterverlängern?«

SCHRITT 1 Bandmaß ausziehen

Als Erstes fasst du das Band am Endhaken und ziehst es auf die gebrauchte Länge heraus.

SCHRITT 2 Feststellknopf drücken

Nun drückst du den Feststellknopf, damit das Band nicht wieder in das Gehäuse gezogen wird.

SCHRITT 3 Grob ablesen

Die Skala des Maßbands beginnt am Endhaken und zählt von dort in Schritten von jeweils 10 cm aufwärts. Kräftig gedruckte rote Zahlen und ein Querstrich über die gesamte Breite des Maßbands markieren die Stufen. 1 m entspricht zehnmal 10 cm.

SCHRITT 4 Fein ablesen

Die weiteren Zentimeter (zwischen den Zehnern) werden durch durchgezogene Querstriche und schwarze Zahlen gekennzeichnet. Jeweils in der Mitte zwischen den Zentimetermarkierungen befindet sich ein etwas verkürzter Markierungsstrich ohne Zahl für die Halbzentimeter(= 5-Millimeter)-Markierung. Jeder Zentimeter ist insgesamt in zehn Millimeter unterteilt, die durch die kürzesten Striche auf der Skala markiert sind.

SCHRITT 5 Band wieder aufrollen

Wenn du den Feststellknopf löst, wird das Maßband automatisch wieder in das Gehäuse eingezogen.

Info

Amerikanische Maßbänder (die in Zoll sind, nicht in Metern) haben noch eine weitere Markierung alle 16 Zoll. Dies entspricht beim Hausbau dem Standardabstand zwischen zwei Wandstützen.

Mit einem Hammer umgehen

DU BRAUCHST:
- Hammer
- Nagel
- Brett

BENÖTIGTE ZEIT:
- 3 Sekunden

> Der Handwerker mag zwar der Herr des Hammers sein, aber der Hammer behält doch stets die Oberhand. Ein Werkzeug weiß genau, wie es zu behandeln ist, der Benutzer hingegen hat bestenfalls eine ungefähre Vorstellung.
>
> — Milan Kundera, *Das Buch vom Lachen und Vergessen*

SCHRITT 1 **Fest zupacken**

Halte den Hammer mit festem Griff nah am Stielende. Achte darauf, dass du den Stiel so festhältst, dass dir der Hammer nicht aus der Hand rutschen kann.

SCHRITT 2 **Zielen**

Nimm den Punkt, den du mit dem Hammer treffen willst, genau ins Visier. Der Blick muss fest auf den Nagelkopf geheftet bleiben, wenn du mit dem Hammer ausholst.

SCHRITT 3 **Ausholen**

Jetzt machst du das Handgelenk steif und benutzt die Kraft deines Arms und die Streckung des Ellenbogens, um den Hammer so zu schwingen, dass er den Nagel exakt auf den Kopf trifft.

Hinweis

Wenn der Nagel krumm wird, hat der Hammer den Nagelkopf schief getroffen. Dann musst du den Nagel herausziehen und noch einmal von vorn beginnen. Bei einem gelungenen Schlag trifft die flache Seite des Hammers (die sogenannte Bahn) flach auf den Nagelkopf; im Moment des Aufpralls besteht zwischen beiden kein Winkel.

SCHRITT 4 **Einschlagen**

Nach dem ersten Schlag hebst du den Hammer erneut und schlägst wieder zu, bis der Nagel so tief wie gewünscht eingedrungen ist.

Wusstest du das?

Es gibt zwei Arten von Zimmermannshämmern (Hämmer, die auf einer Seite eine Klaue zum Entfernen von Nägeln haben). Der gebogene Zimmermannshammer ist für Feinarbeiten gedacht; mit ihm lassen sich Nägel behutsam entfernen. Der gerade Zimmermannshammer ist eher was fürs Grobe; Nägel werden herausgehebelt und ohne viel Federlesens herausgezogen.

Mit einer Handkreissäge arbeiten

DU BRAUCHST:
- Handkreissäge
- Holz zum Sägen
- Bandmaß
- Bleistift
- Lineal/Gegenstand mit gerader Kante
- Arbeitsfläche
- Schutzbrille
- Ohrstöpsel

BENÖTIGTE ZEIT:
- 1–3 Minuten (abhängig von mehreren Faktoren: Was soll gesägt werden? Ist das Sägeblatt scharf?)

Brandon Russell, seines Zeichens Designer, Bauunternehmer und ehemaliger Moderator der Handwerker-Realityshows *Trading Spaces* (TLC) und *Drill Team* (A&E), gibt ein paar Hinweise zum richtigen Umgang mit einer Kreissäge:

Wenn man mit einer Kreissäge arbeitet, ist es wichtig, dass man weiß, wie herum sich das Sägeblatt dreht. Bei der Art von Säge, die auf den meisten Baustellen zum Einsatz kommt, wenn es um einen schnellen Zuschnitt geht oder Bretter oder Sperrholz zersägt werden sollen, dreht sich das Sägeblatt gegen den Uhrzeigersinn. Das bedeutet, dass die Sägezähne das Holz von unten her erfassen und sich aufwärts hindurchfressen.

Wenn die Schauseite des Holzes beim Sägen nach oben zeigt, besteht die Gefahr, dass das Sägeblatt an der Oberfläche Splitter herausreißt. Wenn man also Wert auf eine saubere Schnittkante legt, muss man das Brett umdrehen, sodass die Schauseite nach unten zeigt. Mach deine Hausaufgaben sorgfältig, miss zweimal, zeichne die Schnittlinie auf der Rückseite des Werkstücks an und achte darauf, dass die Schauseite nach unten zeigt. Dann fressen sich die Sägezähne in und durch das Holz und reißen an der Oberseite keine Splitter heraus.

Vergiss nicht, dass die Anzahl der Sägezähne an einem Sägeblatt eine wichtige Rolle dabei spielt, wie fein und glatt der Schnitt ausgeführt wird. Die Faustregel lautet: Je mehr Zähne, desto glatter der Schnitt – aber es bedeutet auch, dass der Sägevorgang länger dauert. Mit anderen Worten: Geduld zahlt sich aus. (2)

SCHRITT 1 Schnittlinie markieren

Nimm exakt Maß und zeichne die Linie an, entlang der du schneiden willst. Nimm ein Lineal oder einen anderen Gegenstand mit gerader Kante und einen Bleistift, um die Linie zu markieren, an der du die Säge entlangführen willst.

SCHRITT 2 Werkstück vorbereiten

Jetzt platzierst du das Holz, das du zuschneiden willst, so auf einer Unterlage, dass das Sägeblatt, wenn es sich durch das Holz frisst, mit keinem anderen Gegenstand in Berührung kommt.

SCHRITT 3 Safety first!

Ohrstöpsel ein- und Schutzbrille aufsetzen!

SCHRITT 4 Letzte Vorbereitungen

Setze nun das Vorderende der Säge (die sogenannte Fußplatte) auf das Werkstück, und zwar so, dass das Sägeblatt das zu zersägende Material noch nicht berührt. Platziere die Führungsmarkierung der Fußplatte exakt an der vorgezeichneten Schnittlinie.

SCHRITT 5 Start!

Betätige den Schalter an der Säge. Wenn das Sägeblatt die volle Drehzahl erreicht hat, drückst du es vom Körper weg gegen das Werkstück. Achte dabei darauf, dass die Führungsmarkierung der Fußplatte immer der mit Bleistift vorgezeichneten Schnittlinie folgt.

SCHRITT 6 Weitersägen

Führe die laufende Säge entlang der vorgezeichneten Linie durch das Material. Wenn du dich dem hinteren Ende näherst, denke daran, dass der abgesägte Teil jetzt gleich herunterfällt, und vergewissere dich, dass du nicht davon getroffen wirst.

SCHRITT 7 Fertig!

Nimm den Finger vom Schalter, um die Säge auszu-schalten. Halte sie ruhig, bis das Sägeblatt sich nicht mehr dreht. Erst wenn es vollständig zum Stillstand gekommen ist, kannst du die Säge an einem sicheren Ort ablegen.

Übrigens

»Eine Handkreissäge muss man immer von sich wegschieben, niemals zu sich hinziehen. Durch die Drehrichtung des Sägeblatts könnte die Säge sich sonst mit einem schnellen Sprung auf dich zubewegen. Das Ergebnis wäre womöglich ein unfreiwilliger Ausflug in die Notaufnahme, nach der schmerzhaften Begegnung mit einer außer Kontrolle geratenen Säge.«

— Eric Longshore,
Bauunternehmer, Avon Park, Florida

Mit einer Bohrmaschine bohren

DU BRAUCHST:
- Bohrmaschine
- Bohreinsatz

BENÖTIGTE ZEIT:
- 2–5 Minuten

Bewaffne einen Handwerker mit dem richtigen Werkzeug, dann kann er in fast alles ein Loch bohren. Den meisten Wochenendbastlern genügt ein Wochenendbastlerbohrer, weil sie nur Löcher in gängige Materialien wie Holz, Metall und hin und wieder Stein bohren. Für extreme Bohrvorhaben benötigt man allerdings mehr

Wissen, mehr Ausrüstung und ein bisschen mehr Kraft als bei einem handelsüblichen Akkubohrer. Im August 2012 stellten Ingenieure aus der Erdölindustrie einen Tiefbohr-Weltrekord auf, als sie ein Loch von fast 12,5 km Tiefe in die Erdkruste bohrten. Trotz dieser enormen Tiefe waren sie noch weit davon entfernt, auf der anderen Seite wieder herauszukommen. Dafür bräuchte man einen Bohrer, der die Hitze und den Druck im Erdkern aushielte und ca. 13.000 km lang wäre. Überlag mal, in was für einem Regal der Baumarkt an der Ecke so einen Bohrer hätte.

SCHRITT 1 Die Stelle markieren

Entscheide, wo genau du ein Loch bohren willst, und markiere die Stelle mit einem »X«.

SCHRITT 2 Umfeld überprüfen

Untersuche die Bereiche hinter, unter und in der direkten Umgebung des geplanten Lochs. Frage dich, ob es hinter oder unter dem »X« etwas gibt, das beim Bohren Schaden nehmen könnte. Achte auf Rohre, Nägel, Kabel, die Arbeitsplatte, deine Hand und die Hand von deinem Kumpel. Und trage niemals locker sitzende Kleidung oder Schmuck, denn die könnten sich im Bohrer verfangen, wenn du zu nah herangehst.

SCHRITT 3 Passenden Bohreinsatz auswählen

Wähle einen Bohreinsatz, der für das Material, in das du das Loch bohren willst, geeignet ist. Es gibt unterschiedliche Bohreinsätze für die unterschiedlichen Materialien. Auf der Verpackung steht, für welches Material dein Bohreinsatz geeignet ist.

SCHRITT 4 Bohreinsatz einspannen

Jetzt schiebst du den Bohreinsatz vorn in die Bohrmaschine und drehst das Bohrfutter fest. Bei einigen älteren und vielen Profimaschinen benötigt man dazu einen speziellen Bohrfutterschlüssel.

SCHRITT 5 Mit dem Bohren beginnen

Nun setzt du die Spitze des Bohreinsatzes mit leichtem Druck an die gewünschte Stelle und drückst langsam den Einschaltknopf, mit dem du auch das Tempo beeinflusst. Lass dir Zeit, vergiss nicht, dass das Material, in das du das Loch bohren willst, die Drehzahl bestimmt. Wenn du mit Gewalt durch hartes Material bohrst, wird der Bohreinsatz stumpf, und womöglich versengst du das Material.

Sobald du das Loch fertig hast, schaltest du die Bohrma-schine aus. Falls sich der Bohrer nicht ohne Weiteres aus dem Loch ziehen lässt, lege den Rückwärtsgang ein. Dann betätigst du langsam den Schalter und ziehst den Bohrer zurück.

Wusstest du das?

Eine Bohrmaschine kann auch als elektrischer Schraubendreher dienen. Mit dem richtigen Einsatz (erhältlich in jedem Baumarkt) kann man Schlitz- oder Kreuzschlitzschrauben leicht einschrauben oder auch wieder herausdrehen. Aber dabei ist Vorsicht geboten. Bei so viel Kraft kann man Schauben leicht überdrehen oder das Material beschädigen.

Und wusstest du das?

Mit Wasser kann man Löcher in Stahl bohren. Bei einer Wasserstrahlschneidemaschine wird ein Wasserstrahl unter Hochdruck mit mehr als 1450 km/h auf Metall gerichtet. Diese Art von Hochleistungs-Wasserstrahl ist nicht ganz das Richtige, um die Garagenzufahrt zu reinigen, aber er eignet sich hervorragend zum Zuschneiden von Metallkomponenten im Maschinenbau.

Ein Brecheisen benutzen

DREHPUNKT

DU BRAUCHST:

- Brecheisen
- Dinge, die herausgezogen, aufgestemmt oder auseinandergedrückt werden sollen

BENÖTIGTE ZEIT:

- 1–60 Sekunden

Unter den einfachsten, ältesten und wirkungsvollsten Werkzeugen in der Geschichte rangiert das Brecheisen nach wie vor ganz weit oben auf der Liste der Top Ten, die jeder Mann besitzen sollte. Es ist keineswegs nur ein Werkzeug für hirnlose Muskelprotze, sondern verlangt einiges an praktischen Kenntnissen und sorgfältiger

Überlegung, wenn man es richtig zum Einsatz bringen will. Nutze die Hebelwirkung des Stahls, dann stemmst du auch die schwierigste Aufgabe mit Leichtigkeit.

SCHRITT 1 **Handschuhe tragen**

Ganz gleich, was du mit dem Brecheisen vorhast, du musst auf jeden Fall kräftig zupacken.

SCHRITT 2 **Nägel herausziehen**

Mit dem eingekerbten, stark abgewinkelten Ende des Brech-eisens lassen sich Nägel herausziehen. Dazu greifst du mit der Klaue unter den Kopf des Nagels und hebelst ihn anschließend heraus, indem du das Werkzeug über die Krümmung hinweg nach unten drückst.

SCHRITT 3 **Auseinanderdrücken**

Wenn du zwei Bauteile aus Holz voneinander trennen willst, benutzt du die lange Seite des Brecheisens. Du schiebst das abgeflachte Ende so weit wie möglich zwischen die beiden Teile. Anschließend hebelst du sie auseinander, indem du das Brecheisen über die flache Krümmung herunterdrückst. Danach schiebst du das Brecheisen erneut in die entstandene Lücke und wiederholst die Stemmbewegung.

Übrigens

Auch Shakespeare bediente sich in seinen Werken häufig eines Brecheisens. So zum Beispiel in der berühmten Tragödie *Romeo und Julia* (5. Akt, 2. Szene, Vers 17–22):

Lorenzo

Unsel'ges Missgeschick! Bei meinem Orden,
Nicht eitel war der Brief: sein Inhalt war
Von teuren Dingen, und die Säumnis kann
Gefährlich werden. Bruder Marcus, geh',
Hol' ein Brecheisen mir, und bring's sogleich
In meine Zell'.

Einen Universalschlüssel verwenden

DU BRAUCHST:
- Universalschlüssel
- Schraube oder Mutter, die gedreht werden muss

BENÖTIGTE ZEIT:
- 30 Sekunden bis 1 Minute

In den USA nach dem ursprünglichen Hersteller auch unter dem Namen »Crescent«-Schlüssel bekannt, zählt der Universalschlüssel zum Grundinventar einer jeden Werkzeugkiste, und das schon seit über einem Jahrhundert. Wenn man mit einem Universalschlüssel richtig umzugehen weiß, kann einem das aus so mancher Klemme helfen, wenn nicht, sitzt man am Ende womöglich mit einem abgedrehten Schraubenkopf und massakrierten Fingerknöcheln da.

SCHRITT 1 Schlüsselmaul öffnen

Durch Drehen an der Rändelschraube lassen sich die Spannbacken des Schlüssels öffnen. Damit passt man das Schlüsselmaul der ungefähren Größe der Schraube bzw. Mutter an.

SCHRITT 2 Schlüssel ansetzen

Jetzt setzt du den Schlüssel an der Schraube/Mutter an. Wenn die Öffnung des Schlüsselmauls zu klein ist und er sich nicht ansetzen lässt, musst du die Spannbacken noch weiter auseinanderdrehen.

SCHRITT 3 Spannbacken anziehen

Anschließend drehst du an der Rändelschraube, bis beide Spannbacken fest an zwei Seiten der Schraube bzw. Mutter anliegen. Massakrierte Knöchel bekommt man, wenn der Schlüssel von der Schraube/Mutter abrutscht und die Hand gegen einen Gegenstand in der Nähe prallt. Solche Verletzungen kannst du vermeiden, indem du den Schlüssel möglichst weit unten an der Schraube/Mutter ansetzt.

SCHRITT 4 Drehen

Jetzt drehst du die Schraube/Mutter in die gewünschte Richtung. Mit folgendem am Alphabet orientierten Spruch kannst du dir merken, in welche Richtung du drehen musst: »**R**echts **r**eindrehen, **l**inks **l**ösen.«

Männer – Dichtung oder Wahrheit:

»Charles Lindbergh hatte auf seinem Rekordflug über den Atlantik nur zwei Werkzeuge dabei: einen Schraubenzieher und einen Universalschlüssel.«

Wahrheit. Jedes eingesparte Gramm Gewicht zählte, und dank der Vielseitigkeit der beiden Werkzeuge machte er es sich mit seiner Ausrüstung leicht.

Eine Wasserwaage benutzen

DU BRAUCHST:
- Wasserwaage mit 3 Anzeigeröhrchen (Libellen)

BENÖTIGTE ZEIT:
- 15 Sekunden

> Ich habe mal einen Mann gekannt, der sein Haus mit einer schiefen Wasserwaage gebaut hatte ... und so sah es auch aus.
>
> — Shawn Sigafoos, Bauunternehmer, Baugutachter

SCHRITT 1 **Libelle auswählen**

Als »Libelle« bezeichnet man das mit Flüssigkeit und einer Luftblase gefüllte Messröhrchen. Bessere Wasserwaagen haben drei solche Libellen. Eine davon ist für die Überprüfung der horizontalen Ausrichtung, eine für die vertikale Ausrichtung, und die dritte, die nicht ganz so oft zum Einsatz kommt, ist diagonal in die Wasserwaage eingelassen und dient zur Bestimmung des 45 °C-Winkels.

SCHRITT 2 **Waagerechte Ausrichtung überprüfen**

Leg die Wasserwaage horizontal (auf der Längsseite) an dem Objekt an, das du ausrichten willst, und konzentriere dich auf das horizontale Röhrchen. Wenn die Luftblase in diesem Röhrchen genau zwischen den Markierungen steht, ist der Gegenstand waagerecht. Wenn die Luftblase außerhalb der Markierungen steht, musst du nachjustieren, bis die Luftblase an der richtigen Stelle steht.

SCHRITT 3 **Senkrechte Ausrichtung überprüfen**

Als senkrecht oder lotrecht bezeichnet man einen Gegenstand, der in einer perfekten Vertikalen steht. Zum Überprüfen hältst du die Wasserwaage vertikal (aufrecht) an den fraglichen Gegenstand und konzentrierst dich auf die jetzt waagerecht (quer) vor dir liegende Libelle. Wenn die Luftblase in diesem Röhrchen genau zwischen den Markierungen steht, ist der Gegenstand senkrecht. Wenn die Luftblase außerhalb der Markierungen steht, musst du entsprechend nachjustieren.

SCHRITT 4 **Winkel überprüfen**

Das diagonal eingelassene Röhrchen gibt Auskunft darüber, ob ein Gegenstand in einem 45 °-Winkel steht. Wenn die Luftblase in diesem Röhrchen genau zwischen den Markierungen steht, beträgt der Winkel 45 °. Wenn nicht, musst du entsprechend nachjustieren, bis die Luftblase an der gewünschten Stelle steht.

Wusstest du das?

Die Libellenwasserwaage gilt als relativ neues Werkzeug. Als die alten Ägypter ihre exakt geometrischen großen Pyramiden erbauten, hatten sie nur eine einfache, aber dennoch effektive A-förmige Konstruktion aus drei Holzleisten und einer mit einem Gewicht beschwerten Schnur zur Verfügung, die sogenannte Setzwaage.

Quadratmeter berechnen

ZIMMER 1:
3,5 M X 2,5 M

ZIMMER 2:
3 M X 3,3 M

ZIMMER 3:
4,5 M X 6,5 M

29,25

DU BRAUCHST:
- Maßband
- Bleistift und Papier oder Taschenrechner

BENÖTIGTE ZEIT:
- Je nach Zimmergröße, ca. 5 Minuten

W ann werde ich das je brauchen?«, hast du dich früher in der Mathestunde gefragt. Nun, der Tag ist gekommen! Flächenberechnung ist ein Kinderspiel, nichts als eine simple Rechenaufgabe (Länge x Breite = Fläche in m²). Wenn du das richtig hinbekommst, waren die Mathestunden nicht umsonst. Wenn nicht, kaufst du womöglich zu viel Material oder, was noch schlimmer wäre, zu wenig.

SCHRITT 1 **Länge messen**

Als Erstes misst du die Länge von einer Seite des Zimmers zur anderen.

SCHRITT 2 **Breite messen**

Nun misst du die Breite von einer Seite des Zimmers zur anderen.

SCHRITT 3 **Multiplizieren**

Zum Schluss multiplizierst du: Länge x Breite = Fläche in Quadratmetern.

Info

Wenn das Zimmer, wie so oft der Fall, nicht rechteckig ist, musst du dir einfach vorstellen, dass es aus mehreren Quadraten und Rechtecken zusammengesetzt ist. Ein L-förmiges Zimmer kann man zum Beispiel auf ein lang gestrecktes Rechteck und ein Quadrat reduzieren. Berechne die Quadratmeterzahl des Rechtecks und des Quadrats. Wenn du die beiden Werte zusammenzählst, erhältst du die Quadratmeterzahl des gesamten Zimmers.

Einen verstopften Abfluss wieder frei bekommen

DU BRAUCHST:

- Saugglocke (Ausführung für Waschbecken)
- Wasserpumpenzange oder Einhandrohrzange
- Putztuch/ Papiertücher/ alten Lappen
- Kaugummi mit Zimtgeschmack

BENÖTIGTE ZEIT:
- 5–30 Minuten

Jetzt wird es unappetitlich. Wie unappetitlich, hängt in der Regel davon ab, wo sich der verstopfte Abfluss befindet. Der Küchenabfluss ist bestimmt eklig, aber eine Verstopfung durch Essensreste ist noch einigermaßen erträglich. Schlimmer wird es im Badezimmer. Verrottende Haarknäuel und schleimige Zahnpastareste lösen Brechreiz aus. Die öffentliche Toilette am Arbeitsplatz, verstopft durch wer weiß was … das ist so ziemlich das Ekelhafteste. Versuche, deinen Chef davon zu überzeugen, dass er lieber einen Installateur rufen soll.

SCHRITT 1 Überlauf zustopfen

Als Erstes verstopfst du den Überlauf mit einem alten Lappen. Dadurch verhinderst du, dass beim Pumpen mit der Saugglocke Wasser aus der Öffnung spritzt.

SCHRITT 2 Saugglocke verwenden

Mithilfe einer Saugglocke beseitigst du nun die Verstopfung. Wenn das nicht funktioniert, fährst du fort mit Schritt 3. (Wie du eine Saugglocke benutzt? Siehe bei »So geht's: Eine verstopfte Toilette wieder frei bekommen«.)

SCHRITT 3 Siphon lokalisieren

Der Siphon oder Geruchsverschluss ist der Teil des gebogenen Abflussrohrs, der wie ein J geformt ist. Das Wasser in diesem Teil des Rohrs verhindert, dass Fäulnisgase aus der Kanalisation durch den Abfluss nach oben steigen.

SCHRITT 4 Kaugummi kauen

Steck dir ein paar Zimtkaugummis in den Mund. Erinnerst du dich noch an die Fäulnisgase aus der Kanalisation von Schritt 3? Gleich wirst du mit ihnen Bekanntschaft machen, und der Zimtkaugummi verhindert vielleicht, dass dir davon schlecht wird. Vielleicht auch nicht, aber einen Versuch ist es allemal wert.

SCHRITT 5 Vorbereitungen treffen

Als Nächstes stellst du einen Eimer unter den Siphon, um das gestaute Wasser und das eklige Zeug aus dem Abfluss aufzufangen.

SCHRITT 5 Muttern lösen

Der Siphon ist auf beiden Seiten mit je einer Mutter befestigt. Da diese von Hand festgedreht werden, solltest du sie auch von Hand lockern und den Siphon dann leicht entfernen können. Falls sie zu fest sitzen, musst du eine Wasserpumpenzange oder eine Einhandrohrzange einsetzen.

Achtung!
Das gestaute Wasser wird mit ziemlich großem Druck in den Eimer spritzen.

SCHRITT 6 Rohre reinigen

Dieser Arbeitsschritt kann ziemlich unangenehm werden, aber er ist unumgänglich. Entferne die Verstopfungen aus Abfluss und Siphon.

SCHRITT 7 Siphon wieder einsetzen

Sobald Abfluss und Siphon von Verunreinigungen frei sind, kannst du den Siphon wieder einsetzen und die Muttern festziehen.

SCHRITT 8 Auf Undichtigkeiten überprüfen

Zum Schluss lässt du Wasser in den Abfluss laufen und vergewisserst dich, dass die frisch gereinigten Rohe dicht sind.

Wusstest du das?

Saugglocken für Waschbecken und Toiletten sind unterschiedlich gebaut. Die Saugglocke für Waschbecken sieht aus wie ein in der Mitte durchgeschnittener Ball mit einem langen Stiel. Sie ist unten flach, um den Abfluss eines Waschbeckens komplett zu verschließen. Bei einer Saugglocke für die Toilette gibt es im Inneren des Gummiballs noch einen zusätzlichen »Flansch«, der in das Abflussrohr der Toilette greift und dieses komplett verschließt, sodass man Wasser durch das Rohr pumpen kann (siehe Illustration bei »So geht's: Eine verstopfte Toilette wieder frei bekommen«).

Bei einer Toilette das Wasser abstellen

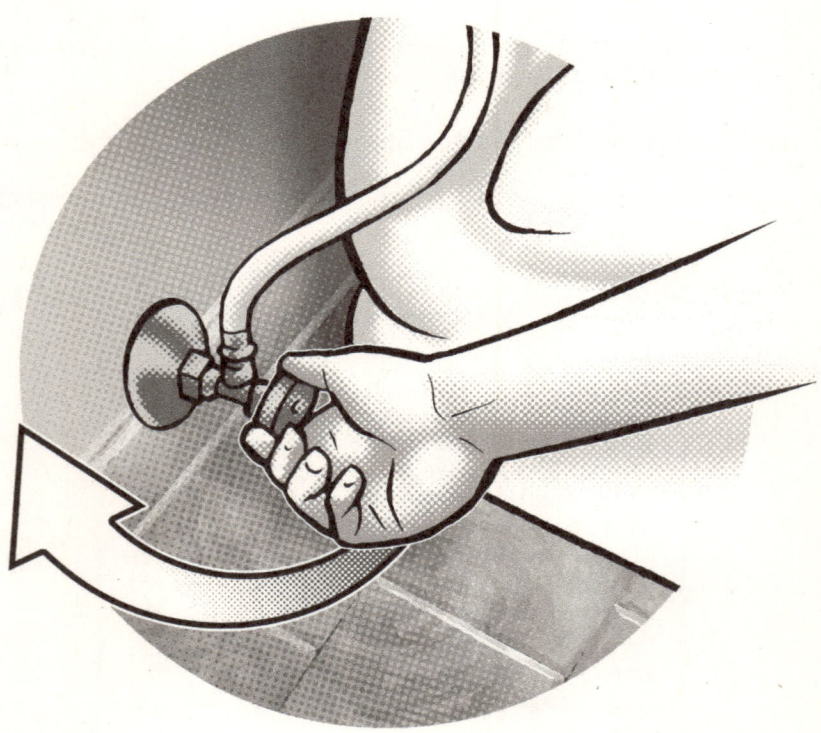

DU BRAUCHST:
• Deine Hand

BENÖTIGTE ZEIT:
• 5 Sekunden

Du warst gerade auf der Toilette. Nach dem Spülen ist nicht alles restlos im Abfluss verschwunden. Und was noch schlimmer ist: Das Wasser steigt und nähert sich bedrohlich dem Rand der Kloschüssel. Mit dem Abfluss ist irgendwas nicht in Ordnung, und während du mit großen Augen dastehst, wird dir klar, dass es noch viel schlimmer kommen kann. Sehr viel schlimmer, wenn du nicht ganz schnell handelst!

SCHRITT 1 Leitung ausfindig machen

Schau unter dem Spülkasten nach, wo die Wasserleitung vom Toilettenspülkasten zur Wand führt.

SCHRITT 2 Abstellhahn finden

An der Stelle, an der die Wasserleitung in der Wand verschwindet, siehst du einen Abstellhahn. Mit diesem Abstellhahn kannst du die Wasserzufuhr unterbrechen.

SCHRITT 3 Wasser abstellen

Normalerweise funktionieren Abstellhähne nicht anders als der Wasserhahn an deinem Gartenschlauch. Wenn du im Uhrzeigersinn drehst, läuft das Wasser nicht mehr weiter. (Zur Erinnerung: »**R**ein(drehen) **r**echts – **l**ösen **l**inks«.) An diesem Punkt sollte der Wasserspiegel in der Toilette nicht mehr weiter steigen. Noch mal gut gegangen!

SCHRITT 4 Alles weitere im Teil »So geht's: Eine verstopfte Toilette wieder freibekommen«

Männer – Dichtung und Wahrheit:

»Wenn man Halt, Wasser, halt! schreit, läuft eine verstopfte Toilette nicht über.«

Dichtung. Was sonst?

Eine verstopfte Toilette wieder frei bekommen

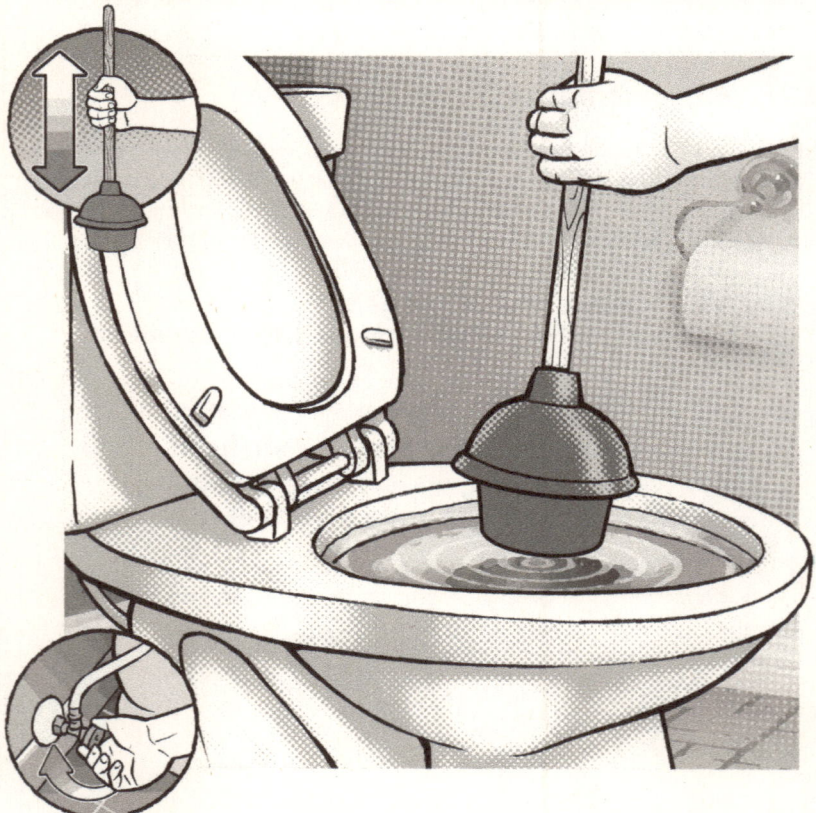

DU BRAUCHST:

- Saugglocke (Ausführung für Toiletten)
- Plastiksack
- Papiertücher

BENÖTIGTE ZEIT:

- 1–5 Minuten

Eine verstopfte Toilette kann Anlass zur Beunruhigung sein, vor allem wenn sie die einzig verfügbare ist. Man muss etwas unternehmen, bevor das Wasser über den Rand der Kloschüssel schwappt, und selbst wenn das eine unangenehme Aufgabe ist, wird der Mann, der sie übernimmt, zum Helden all derer, die mit voller Blase vor der Toilettentür warten.

SCHRITT 1 **Wasser abstellen**

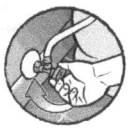

Wenn der Wasserspiegel in der Toilettenschüssel zu stark ansteigt, musst du die Wasserleitung hinter der Toilette abdrehen. Das verhindert, dass neues Wasser in den Spülkasten und die Toilettenschüssel fließt.

SCHRITT 2 **Passende Saugglocke auswählen**

Vergewissere dich, dass es sich bei der verwendeten Saugglocke um den Typ handelt, der für Toiletten geeignet ist. (Siehe dazu »Wusstest du das?« im Teil »So geht's: Einen verstopften Abfluss wieder frei bekommen«.)

SCHRITT 3 **Saugglocke einführen**

Jetzt führst du die Saugglocke in die Toilette ein. Wenn in der Toilettenschüssel Wasser steht, ist das gut, denn Wasser lässt sich nicht komprimieren und wird größeren Druck auf die Verstopfung ausüben, als wenn man nur Luft in das Rohr hineinpumpt.

SCHRITT 4 **Pumpen**

Zu Anfang solltest du die Saugglocke langsam herunterdrücken. Wenn du es zu heftig tunst, könnte Wasser aus der Toilettenschüssel spritzen.

SCHRITT 5 **Weiterpumpen**

Drück die Saugglocke mehrfach herunter und zieh sie dann heraus. Wenn das Wasser aus der Toilettenschüssel nun ungehindert abfließt, hast du die Verstopfung beseitigt. Wenn das Wasser in der Toilettenschüssel stehen bleibt, musst du das Ganze noch einmal machen.

SCHRITT 6 **Wasser aufdrehen**

SCHRITT 7 **Sauber machen und Hände waschen**

Verstaue die Saugglocke in einem Plastiksack; keiner dankt es dir, wenn du mit der tropfenden Saugglocke durchs Haus gehst. Danach musst du dir immer, wirklich immer die Hände waschen!

Wusstest du das?

Lange vor der Erfindung der Wasserspülung benutzte man Nachttöpfe, um sich im Haus zu erleichtern. Nach der Benutzung wurde der Inhalt ausgeschüttet (in vielen Fällen einfach aus dem Fenster).

Sicherungen überprüfen

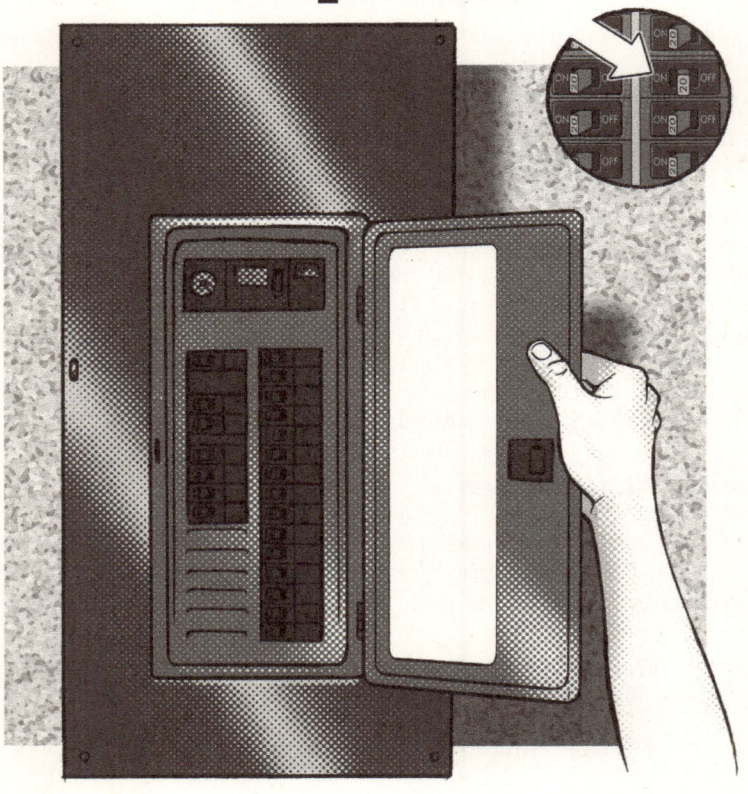

DU BRAUCHST:
- Taschenlampe
- Trockene Hände
- Sicherungskasten

BENÖTIGTE ZEIT:
- 1–3 Minuten

In jedem Haus gibt es einen Sicherungs- oder Verteilerkasten, der den Fluss des elektrischen Stroms steuert. Im Regelfall befindet er sich in einem Wandschrank, einem Abstellraum oder in der Garage und beherbergt eine Vielzahl von Einzelsicherungen. Jede dieser Sicherungen bestimmt, ob und wie viel Strom durch die Leitungen zu Steckdosen, Schaltern und Elektrogeräten strömt. Wenn zu viel Strom durch eine Leitung fließt (meist weil zu viele elektrische Geräte an einer Steckdose hängen), »fliegt die Sicherung raus«, das heißt, sie schaltet sich automatisch ab. Das ist gut so, denn die Alternative wäre, dass die Leitung buchstäblich heiß läuft und womöglich einen Brand verursacht. Nichts, was ein vernünftiger Mensch sich wünscht. Wenn sich eine Sicherung wegen der Überlastung einer Leitung ausgeschaltet hat, musst du sie von Hand wieder aktivieren. Keine Sorge – es ist kinderleicht, den Sicherungsschalter zu betätigen und das Ladegerät deines Handys wieder mit Strom zu versorgen. Tu es aber nicht mit nassen Händen, sonst merkst du schlagartig, warum das nicht gut ist.

SCHRITT 1 Sicherungskasten ausfindig machen

Such in der Garage, in der Abstellkammer oder im Wandschrank nach einem flachen Metallkasten mit Metalltür.

SCHRITT 2 Tür öffnen

Entriegle die Tür und öffne sie.

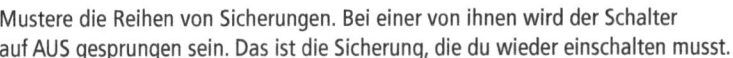

SCHRITT 3 Sicherungen überprüfen

Mustere die Reihen von Sicherungen. Bei einer von ihnen wird der Schalter auf AUS gesprungen sein. Das ist die Sicherung, die du wieder einschalten musst.

SCHRITT 4 Sicherung wieder einschalten

Schalte die betroffene Sicherung wieder ein, indem du den Schalter auf EIN legst. (Sollte die Sicherung sofort wieder zurück auf AUS springen, liegt vermutlich eine ernstere Störung vor, und du musst dich an einen Elektriker wenden.)

SCHRITT 5 Tür schließen

Nachdem die Sicherung wieder eingeschaltet ist, schließt du die Tür und freust dich, dass alles wieder läuft.

Männer – Dichtung und Wahrheit:

»Man trifft immer wieder einmal auf Elektriker, die so stolz auf ihre Arbeit sind, dass sie die Zuordnung der Sicherungen auf der Rückseite des Kastendeckels säuberlich beschriften.«

Wahrheit. Aber verlass dich nicht darauf!

Einen Balken in der Wand aufspüren

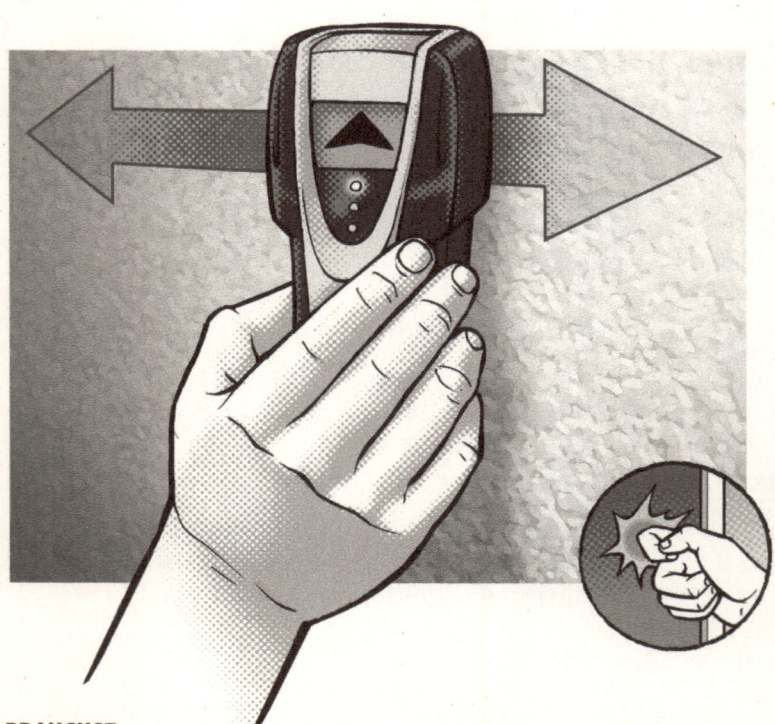

DU BRAUCHST:
- Wand
- Elektrischen Balkensucher
- Bleistift oder Klebstreifen
- Handknöchel

BENÖTIGTE ZEIT:
- 30 Sekunden

Klopf, klopf, klopf. Ist da jemand?
Ständer.
Hä?
Vollpfosten!
Ach so – Brett vorm Kopf … piep, piep, piep!

Na ja … nicht allzu witzig. Aber bei in Rahmenbauweise errichteten Wänden werden die aufrecht stehenden Balken als Ständer (oder Pfosten) bezeichnet, und nur darum geht es hier. Ein Balkensucher ist für das Absuchen von Wänden da, sonst nichts. Und Männer, die wissen, was ein Ständer ist, bringen jedes Bild an die Wand.

SCHRITT 1 Balkensucher vorbereiten

Schalte den Balkensucher an und leg ihn flach an die Wand. Drück den Suchknopf am Gerät, um den Sensor zu aktivieren.

SCHRITT 2 Position abschätzen

Die senkrechten Balken stehen in der Regel in einem Abstand von ca. 40 cm; es wird von Balkenmitte zu Balkenmitte gemessen. Bewege den Balkensucher von der Stelle, an der du einen Balken zu finden hoffst, langsam seitwärts in beide Richtungen. Wenn der Sensor einen Balken erkennt, leuchtet eine Kontrollleuchte auf, oder es ertönt ein Piepton, machmal auch beides.

SCHRITT 3 Stelle markieren

Sobald du einen Balken lokalisiert hast, markierst du die geschätzte Mitte des Pfostens mit einem Bleistiftstrich oder einem Stück Klebeband. Klopfe gegen die Wand und versichere dich, dass es hinter der Rigipsplatte nicht hohl klingt.

Info

Grundsätzlich unterscheidet man zwei Typen von Balkensuchern: (1) elektronische Geräte, die Änderungen in der Dichte einer Wand erkennen und so Holzbalken aufspüren, oder (2) Magnetdetektoren, die metallene Stützen aufspüren, aber auch Schrauben und Nägel in hölzernen Balken.

Ein Bild aufhängen

DU BRAUCHST:
- Hammer
- Nagel
- Balkensucher
- Gerahmtes Bild

BENÖTIGTE ZEIT:
- 2 Minuten

»Sieht toll aus hier. Wirklich toll geworden, deine Wohnung. Wen hast du als Innenarchitekten?« Das sind vielleicht nicht wörtlich die Kommentare, die du zu hören bekommst, wenn du die an die Wand geklebten Poster durch gerahmte Bilder ersetzt, aber du kannst sicher sein, dass es nicht unbemerkt bleibt. Jungs, die auf eine Trittleiter klettern, um ihre Wohnung zu verschönern, machen zwei klare Aussagen. Zum einen wissen sie, was ihnen gefällt, haben einen eigenen Geschmack und sind bereit, diesen Geschmack dauerhaft in einem angemessenen Rahmen zu präsentieren. Zum Zweiten wissen sie, wie man kleine Löcher in der Wand repariert, wenn sie einmal ihre Sachen packen und umziehen. Beides sind Erkennungszeichen für einen gestandenen Mann.

SCHRITT 1 Balken finden

Verwende einen Balkensucher und finde eine Stelle, an der du den Nagel für das Bild einschlagen kannst. (Siehe »So geht's: Einen Balken in der Wand aufspüren«.)

SCHRITT 2 Nagel einschlagen

Hämmere einen Nagel mit nicht zu festen, aber präzisen Schlägen in die Wand, bis er noch knapp 2 cm herausragt, sodass du das Bild aufhängen kannst. (Siehe »So geht's: Mit einem Hammer umgehen«.)

SCHRITT 3 Bild aufhängen

Lege den Draht oder die Schlaufe zum Aufhängen behutsam über den Nagel. Benutze deine scharfen Augen oder eine Wasserwaage, um das Bild gerade auszurichten. (Siehe »So geht's: Eine Wasserwaage benutzen«.)

Wusstest du das?

Leonardo da Vincis Meisterwerk, die *Mona Lisa*, gilt als »das bekannteste, meistbesuchte, meistbeschriebene und meistparodierte Kunstwerk der Welt« (3). Das zu Beginn des 16. Jahrhunderts entstandene gerahmte Porträt einer lächelnden Dame hat in den letzten 500 Jahren Karriere gemacht. Heute veranschlagt man seinen Wert mit ca. 1 Milliarde Euro.

Ein kleines Loch in der Wand reparieren

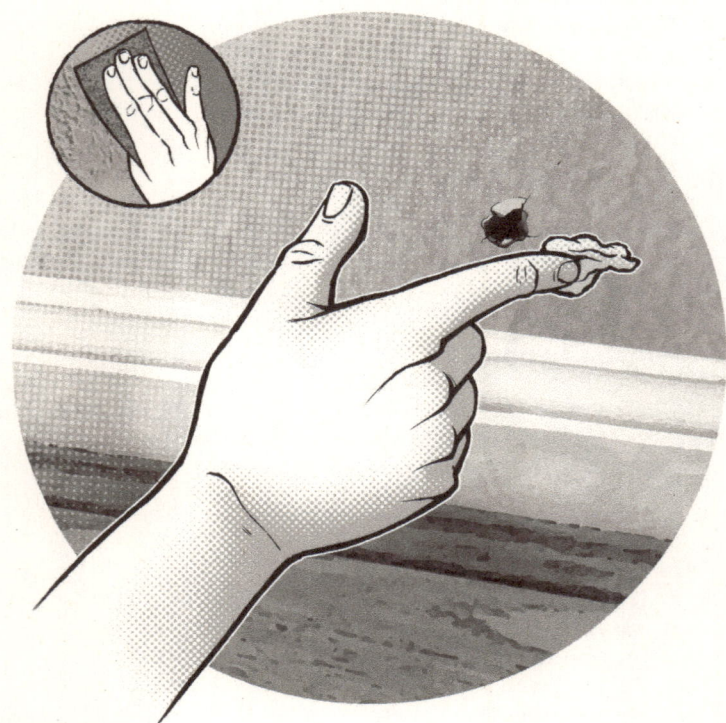

DU BRAUCHST:

- Eine kleine Dose Spachtelmasse
- Spachtel (4 cm)
- Schmirgelpapier (mittlere Körnung)

BENÖTIGTE ZEIT:

- Eine Minute Vorbereitung, 30 Minuten Trockenzeit

Hoppla! Das hast du nicht gewollt. Du wolltest nicht mit den Inlineskates an die Wand kommen, aber jetzt ist da ein Loch, und das beweist, dass deine Mutter mal wieder recht hatte: Hockey im Haus ist keine gute Idee. Lektion verstanden – auf die harte Tour. Ein Glück, dass das Loch klein und ziemlich leicht zu reparieren ist. Natürlich wird es ein bisschen länger dauern, als ein Tor zu schießen, aber das kommt nun mal davon, wenn man im Haus Sport treibt.

SCHRITT 1 Loch vorbereiten

Entferne sorgfältig Staub und Krümel aus dem Loch.

SCHRITT 2 Loch zuschmieren

Benutze die Fingerspitze oder die Spachtel, um das kleine Loch mit Spachtelmasse zuzu-schmieren. Verteile die Spachtelmasse auch rund um den Rand des Lochs und sorge dafür, dass sie im Vergleich zu der umliegenden Wand leicht erhaben ist.

SCHRITT 3 Trocknen lassen

Warte, bis die Spachtelmasse völlig abgetrocknet ist. Manche Spachtelmassen verändern dabei ihre Farbe und werden weiß, woran man erkennen kann, dass das Produkt trocken ist.

SCHRITT 4 Abschmirgeln

Bearbeite die Stelle mit der getrockneten Spachtelmasse mit Schmirgelpapier, bis Wand und gespacheltes Loch wieder eine gleichmäßige Fläche bilden.

SCHRITT 5 Bei Bedarf wiederholen

Falls sich beim Abtrocknen der Spachtelmasse eine Vertiefung gebildet hat, befreist du die Stelle erneut von Staub, trägst eine weitere Schicht Spachtelmasse auf und schmirgelst noch einmal.

SCHRITT 6 Retuschieren

Passe die Farbe der reparierten Stelle der der umliegenden Wand an.

Männer – Dichtung und Wahrheit

»Zahnpasta ist ein schneller Ersatz für Spachtelmasse.« **Wahrheit.** Alles, was größer ist als ein Nagelloch, sollte man allerdings nicht mit Zahnpasta reparieren. Sei ein Mann und spachtle!

Ein großes Loch in der Wand reparieren

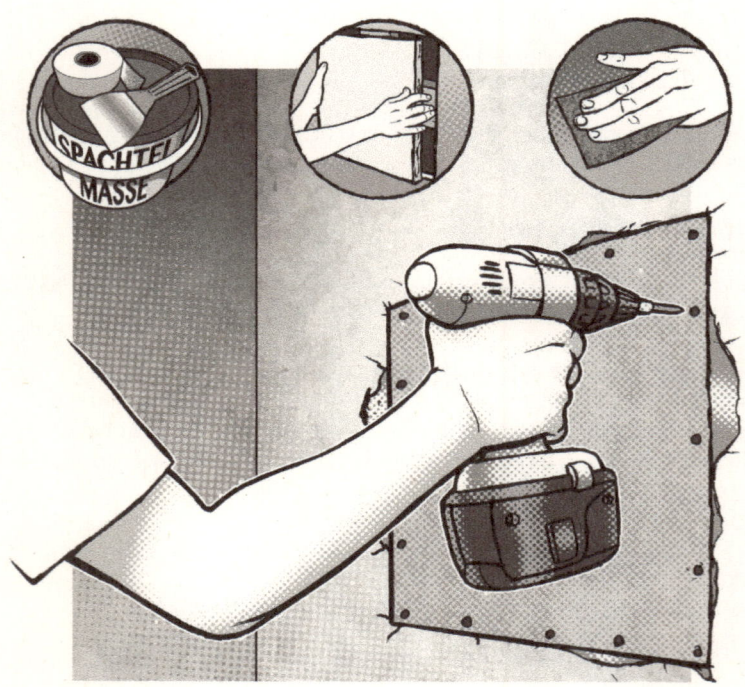

DU BRAUCHST:

- Ein Stück von einem Holzbrett, ca. 15 cm länger als das Loch in der Wand
- Ein Stück Rigipsplatte, größer als das Loch in der Wand
- Rigips-Bewehrungsstreifen
- Rigips-Putz- oder -Spachtelmasse
- Schleifgitter, Schmirgelpapier oder Schleifschwamm: grob, mittel und fein
- Schrauben für Trockenbau
- Schraubendreher
- Teppichmesser
- Kelle für Trockenbau

BENÖTIGTE ZEIT:

- 3 Stunden

Da blödelst du also mit einem Kumpel im Haus herum. Er gibt dir einen Schubs, du schubst zurück. Er versetzt dir den nächsten Schubs, und weil du diesmal zeigen willst, wer hier der Herr im Haus ist, schubst du ihn, so fest du kannst, zurück. Er knallt gegen die Wand, und plötzlich ist da ein Mordsloch in der Wand. Verdammt! Nix passiert, nur von der Wand kann man das nicht sagen. Wenn deine Mutter heimkommt, wird es dir viel leichter fallen, ihr den Schaden zu zeigen, wenn du gleichzeitig sagen kannst: »Keine Sorge, Mama, ich weiß, wie man das repariert.«

SCHRITT 1 Beschädigte Stelle säubern

Entferne sämtliche lockeren Rigips-Rückstände von der Schadstelle und schneide die Kanten gerade, sodass ein quadratisches oder rechteckiges Loch entsteht.

SCHRITT 2 Holzbrett einsetzen

Jetzt schiebst du das Brett in die Öffnung, sodass es hinter dem Loch liegt, und befestigst es auf beiden Seiten des Lochs mit Trockenbauschrauben. (Dieses Stück Holz dient später dazu, ein neues Stück Rigipsplatte in dem Loch zu fixieren.)

SCHRITT 3 Rigipsplatte zuschneiden

Verwende ein Reststück von einer Rigipsplatte, schneide es so zu, dass es genau in das Loch passt, und befestige es an der Holzplatte. Dabei musst du darauf achten, dass der Kopf der Schrauben nicht die oberste Kartonschicht der Platte beschädigt.

SCHRITT 4 Ansatzstellen überkleben

Nun bedeckst du die Nahtstellen mit dem Bewehrungsband. Das Band ist leicht selbstklebend und haftet an dem Gipskarton.

SCHRITT 5 Vorspachteln

Bette den Bewehrungsbandstreifen gründlich in die Spachtelmasse ein und verteile die Masse an den Übergängen 5–8 cm über den Rand des Bandstreifens hinaus. Keine Sorge, es muss nicht völlig glatt sein. Lass diese Schicht trocknen.

SCHRITT 6 Erste Spachtelschicht abschleifen

Mithilfe des groben Schmirgelpapiers raust du die Spachtelmasse so weit auf, dass gröbere Unebenheiten verschwinden. Dabei solltest du dich bemühen, das Bewehrungsband nicht zu beschädigen.

SCHRITT 7 **Erneut spachteln**

Diesmal verteilst du die Spachtelmasse von der Mitte jedes Bandstreifens 10–12 cm weit und lässt die Masse trocknen.

SCHRITT 8 **Erneut abschleifen**

Mit einem Schleifgitter mittlerer Körnung bearbeitest du nun die getrocknete Spachtelmasse. Dein Ziel ist es, alles so glatt abzuziehen, dass keine Unebenheiten sichtbar bleiben. Achte darauf, dass du beim Schleifen keine Dellen erzeugst.

SCHRITT 9 **Letztmalig spachteln**

Diese letzte Spachtelschicht sollte sehr dünn sein und dazu dienen, letzte Unebenheiten aus den beiden vorherigen Arbeitsgängen zu beseitigen. Lass auch diese Schicht trocknen.

SCHRITT 10 **Feinschliff**

Mit einem feinen Schleifgitter und sehr geringem Druck bearbeitest du nun die Schadstelle nochmals. Dabei darfst du nicht zu hart aufdrücken, sonst musst du noch ein weiteres Mal spachteln. Danach sollte die reparierte Stelle bereit zum Grundieren und Streichen sein.

Übrigens

»Ich überlege ernsthaft, ob ich mich nicht auf Trockenbau verlege – ehrlich, und da ist ja auch nichts Schlimmes dran; das ist nun einmal die Gabe, die der Herrgott mir gegeben hat, und ich muss sehen, dass ich das Beste daraus mache.«

— Jeff Foxworthy,
amerikanischer Komiker

---

100 Ausdrücke, die jeder Mann kennen muss

Schweige still und lausche. Männer haben ihre eigene Sprache, und es wird Zeit, dass du den Grundwortschatz lernst. Wenn du diese Wörter erst einmal kennst, wirst du auch merken, wie oft sie zu hören sind. Mache korrekten Gebrauch davon, und du bekommst Zugang zu den höheren Sphären des Mannseins. Dazu muss man keine Urlaute ausstoßen und sich auch nicht auf die Brust trommeln.

Abseilen Überwinden einer mehr oder weniger vertikalen Distanz mithilfe eines Halteseils. Bisweilen auch im übertragenen Sinne gebraucht: »Die Party war so langweilig, dass ich mich ganz schnell abgeseilt hab.«

Abziehen Durch Abschleifen Unebenheiten eines Werkstücks beseitigen. Nicht zu verwechseln mit »jemanden abziehen«, also jemanden beklauen oder betrügen. Das hat ein Mann nämlich nicht nötig!

Achsschenkelbolzen Genau was der Name sagt.

Arbeit Geistig, schöpferisch oder manuell, die Tätigkeit oder deren Produkt. Arbeit ist es immer.

Ampere Die Maßeinheit für die Stromstärke. Obwohl nach dem französischen Mathematiker und Physiker André-Marie Ampère benannt, wird der technische Begriff ohne Akzent geschrieben.

Anbraten Bei einem saftigen Steak, einem Schweinebraten oder einer Lammkeule durch große Hitze die Oberfläche verschließen, damit der Fleischsaft nicht austreten kann.

Anhängerkupplung Nicht mit der Kupplung zwischen Motor und Getriebe zu verwechseln. Die Anhängerkupplung ist die Vorrichtung hinten am Auto, mit der ein Anhänger befestigt und gezogen wird.

Aufgeschlossenheit Die Bereitschaft, neuen Ideen ohne Vorurteil zu begegnen.

Axt Erspart angeblich den Zimmermann; in Wirklichkeit aber ein hochgefährliches Holzfällerwerkzeug mit langem Stiel und keilförmiger Klinge. Von erfahrenen Holzhackern zum Zerkleinern von Kaminholz benutzt.

Beil Eine kleine, kurzstielige Variante der Axt, die man (anders als diese) nur mit einer Hand fasst.

Backbord Die (vom Heck aus gesehen) linke Seite eines Boots. Man erkennt sie an der roten Laterne.

Bett Mulde oder Vorrichtung, in die ein Handwerker etwas »einbetten« kann. Im Zweifelsfall die beliebtere Herausforderung, als am allseits bekannten multifunktionalen Möbelstück tätig zu werden und dort das »Bett zu machen«.

Billigkeit Der Ausdruck bedeutet nicht, dass etwas preiswert, sondern dass es in juristischem Sinne gerecht ist. Wenn man sich erstreiten muss, was »recht und billig« ist, kann das ganz schön teuer werden.

Bit Auch im Deutschen bisweilen gebrauchter Begriff für das Einsatzstück bei Wechselwerkzeugen; oder, wenn es um Computer geht: kleinste Grundeinheit der Information. Und natürlich ein Bier.

Bogen Allgemein gesprochen alles, was eine geschwungene Form hat. Als Lichtbogen wird jenes elektrische Phänomen beschrieben, bei dem Spannung zwischen zwei Elektroden fließt, etwa zwischen deinem Finger und einem unisolierten Draht. Den »Bogen raushaben« wollen echte Männer auch beim Bogenschießen.

Bohrfutter Das hat schon viele enttäuscht, aber man kann es nicht essen. Allerdings spricht man bei Bohrern bisweilen von Festfressen, was auch nicht bekömmlich ist.

Bügelschraube Eine U-förmig gebogene Schraube mit Gewinde an beiden Enden.

Bug: Vorderer Teil eines Flugzeug- oder Schiffsrumpfs. Man kann jemandem »einen vor den Bug geben«, wenn es nötig ist. Abgesehen davon aber auch ein leckeres Stück Fleisch aus der Schulter des Schweins oder Rinds.

Fahrgestell Sammelbezeichnung für alles, was mit den Rädern eines Fahrzeugs und deren Aufhängung, Federung usw. zu tun hat. Die Beine einer Frau als Fahrgestell zu bezeichnen gilt als unhöflich, obwohl es von denen, die es tun, als Kompliment gemeint ist.

Festanstellung Ein nicht zeitlich befristeter Arbeitsplatz.

Dämpfer Eine Vorrichtung, die Stöße oder Schläge abfängt, etwa die Stoßdämpfer beim Auto. Auch für Musikinstrumente gibt es Dämpfer, damit man die Töne nicht so hört. Wenn man »einen Dämpfer bekommt«, heißt das, dass man in seinem Enthusiasmus gebremst wird; in manchen Fällen fällt man sogar regelrecht auf die Nase.

Deckel Der abnehmbare Ver- oder Abschluss eines Gefäßes oder Gegenstands. In einer Kneipe die Anzahl der Getränke, die mit Strichen auf dem Bierdeckel vermerkt wird.

Dumpf Ein Klang oder Geisteszustand.

Einkünfte Das, was du mit deiner Arbeit verdienst oder mit deinem Kapital erwirtschaftest.

Einweiser Jemand, der bei einem komplizierten Manöver, etwa dem Zurücksetzen eines Anhängers, mit aufpasst und Anweisungen gibt.

Empathie Wenn man »sich in andere hineinversetzen kann«: Die Gedanken, Gefühle und Erfahrungen anderer verstehen und sich ihrer bewusst sein, selbst dann, wenn man sie selbst noch nicht empfunden hat oder derzeit nicht empfindet.

Entgelt Festgesetzter Preis für eine Dienstleistung. (Die weitverbreitete Vorstellung, es sei das Geld, das am Ende übrig bleibt oder das man am Ende zahlen muss, ist falsch.)

Entschuldigung Etwas, das du sagen solltest, wenn du dich danebenbenommen hast – und zwar ohne mit »…, aber …« weiterzumachen.

Es Nicht das, was du denkst, sondern ein Begriff der Psychologen für das Unbewusste.

Ethos Die sittlich-moralische Grundeinstellung einer Person, Gruppe, Kultur oder Bewegung. Am besten zu fassen mit »Was wir sind«. Selbstverständnis – und das ist nicht selbstverständlich.

Firma Eine Gruppe von Leuten, die durch gemeinsame Rechte, Pflichten, Ziele und Unternehmungen verbunden sind. In anderen Kontexten können ähnliche Gruppen als Clan, Sippschaft oder »die Jungs« bezeichnet werden.

Flaute Windstille, bei der das Segel eines Boots schlaff hängt und das Boot keine Fahrt macht. Im übertragenen Sinn: mangelnde Nachfrage, lustlose Stimmung – kurz: Nix los!

Flüssig sein Hat nichts damit zu tun, wie trinkfest man ist, sondern bedeutet einfach, dass man genügend Geld hat.

Frage Ein Satz, den man spricht, um Informationen zu erhalten. Stell starke Fragen, und du bekommst starke Informationen. Stell schwache Fragen, und du bekommst schwache Informationen. Stell überhaupt keine Fragen, und du bekommst überhaupt keine Informationen. Stell also starke Fragen.

Gallone Amerikanisches Flüssigkeitsmaß, entsprechend 3,78 l. Ein Viertel davon ist ein Quart.

Galvanisieren Ein Verfahren, bei dem Stahl als Korrosionsschutz mit einer dünnen Zinkschicht überzogen wird. Oft zu finden bei Mülltonnen, Zäunen, Nägeln und anderen Metallteilen, die Feuchtigkeit ausgesetzt sind.

Gepflegt Ein frisch gewaschener, adrett frisierter, gut angezogener Mann.

Gläubiger Diejenige Person oder Institution, die einem Schuldner Geld leiht.

Gral Etwas Heiliges, das man in mühsamer und beschwerlicher Suche erlangt – Männ-lichkeit zum Beispiel.

Grill Vorrichtung zum Garen von Lebensmitteln über dem offenen Feuer. Auch beim Kühlergitter eines Autos spricht man vom Grill; welcher Ausdruck von welchem hergeleitet ist, ist umstritten.

Handbohrer Wie der Name schon sagt: Hier bohrst du mit Handantrieb.

Hebel Das Heben schwerer Lasten unter Ausnutzung physikalischer Gesetze. Auch eine Vorrichtung zum Bedienen von Maschinen usw., wo sie gedrückt, gezogen oder gedreht werden können.

Heck Der hintere Bereich eines Fahr- oder Flugzeugs.

Hohe Kante Meist symbolisch verwendet: Dorthin legt man Geld, das man für langfristige Projekte spart.

Hypothek Von Banken gewährter Kredit, der nach einem vorher festgelegten Plan zurückbezahlt und für den ein Grundstück oder Haus als Sicherheit verpfändet wird.

Indirekte Hitze Grill- oder Garmethode, bei der Nahrungsmittel nicht von unten, sondern schonender von der Seite her der Hitze ausgesetzt werden.

Innenborder Im Unterschied zum Außenborder ein Motor, der im Inneren des Fahr-zeugs untergebracht ist.

Joch Eine Quertraverse, die zwei oder mehrere Zugkräfte zu einer einzigen vereint.

Jugendherberge Günstige Schlafgelegenheit für Rucksacktouristen und Reisende.

JWD Den Berlinern abgeschaute Abkürzung für »janz weit draußen«, also sehr weit weg und abgelegen – nicht zu verwechseln mit dem erwähnten **JWE**-Gespräch, also der Abkürzung für »Jetzt wird's ernst«: das Gespräch, in dem ein Paar entscheidet, ob es offiziell »zusammen ist« – du weißt schon, fester Freund und feste Freundin.

Kardangelenk Verbindungsstück zweier Wellen, das eine Kraftübertragung (Drehbewegung) in wechselnden Winkeln ermöglicht. Die Welle mitsamt Gelenk heißt Kardanwelle.

Kiel Die unterste Kante eines Schiffsrumpfs; das daran angebrachte aufrecht stehende Brett, das ein Boot oder Schiff vor dem Kentern schützt. Früher wurden Seemänner bei der ersten Überquerung des Äquators »kielgeholt«, also an einem Seil unter dem Schiff hindurch durchs Wasser gezogen.

Kilt Traditionelles Kleidungsstück der Hoch-landschotten. Auch »Schottenrock« genannt.

Kitt Eine Füllmasse, mit der Fugen und Ritzen zugespachtelt werden. Auch zerbrochene Beziehungen kann man manchmal »kitten«.

Kopf Oberende unseres Körpers und Sitz des Denkorgans. Auch Nägel haben Köpfe, die flache Oberseite, die es exakt mit dem Hammer zu treffen gilt. Als Mann solltest du immer »Nägel mit Köpfen machen«, also Dinge sinnvoll bis ans Ende durchdenken und dann auch umsetzen.

Kran Ein Gerät, um Lasten anzuheben und zu bewegen, bestehend aus einem Turm und einem drehbaren Ausleger. In manchen Gegenden auch ein Wasserhahn.

Kündigung Entweder freiwilliger oder unfreiwilliger Verzicht auf einen Arbeitsplatz – je nachdem, von wem ausgesprochen.

Kupplung Der Hebel bzw. das Pedal, mit dem bei einem Fahrzeug der Antrieb unterbrochen wird, um den Gang zu wechseln. Der Ausdruck »jemanden verkuppeln« hat nur ganz entfernt damit zu tun.

Liegeplatz Nicht für dich, sondern ein Parkplatz für ein Boot.

Lieschen Müller Die Frau auf der Straße. Symbolischer Name für eine Durchschnittsperson, die in Wirklichkeit meist weder »Lieschen« noch »Müller« heißt.

Ma Für Hand- und Heimwerker ebenso wichtig wie beim Herrenschneider. Gibt's auch in weiblicher Form auf dem Oktoberfest und umfasst dort 1 l.

Meister Jemand, der etwas, das du erst noch lernen willst, schon beherrscht und auf den du deshalb hören solltest.

Miete Regelmäßige Zahlungen an den Besitzer als Gegenleistung für die Nutzung eines Objekts, oft einer Immobilie.

Nationalgarde Tapfere Männer und Frauen, die in jeder Notlage zum Einsatz für das Vaterland bereit sind.

Nike Viele halten die geflügelte Siegesgöttin der alten Griechen heutzutage für einen Schuh.

Nobelpreis Ein angesehener, jährlich vergebener internationaler Preis für herausragende Leistungen in einer von sechs Kategorien: Physik, Chemie, Medizin, Wirtschaft, Literatur und der Förderung des Friedens.

Oberlicht Ein kleines Fenster oberhalb einer Tür oder eines größeren Fensters. Hat aber nichts mit dem »Oberstübchen« zu tun.

Oktanzahl Qualitätsmaßstab für Kraftstoffe. Je höher die Zahl, desto stärker lässt sich das Gemisch vor der Zündung komprimieren.

Otto Normalverbraucher Der Mann auf der Straße. Symbolischer Name für eine Durchschnittsperson, die in Wirklichkeit meist weder »Otto« noch »Normalverbraucher« heißt und auch nicht »Max Mustermann«.

Outback Das unzugängliche Landesinnere von Australien.

Paddel Eine Stange mit zwei Schaufeln als Hilfsmittel zur manuellen Fortbewegung in einem Boot. Die Schaufeln werden immer abwechselnd rechts und links eingetaucht und dabei rhythmisch gedreht, wozu man ein gewisses Geschick benötigt; schlechte Paddler werden als »Döspaddel« bezeichnet.

Pasteurisieren Haltbarmachung von Lebensmitteln durch Hitzeeinwirkung. Hat nichts mit Pfarrern und Kirche zu tun.

Peilstab Eine Vorrichtung, mit der sich der Ölstand eines Motors messen lässt. Wenn der Motor Schaden nimmt, weil man das Messen vergessen hat, wird das gern auch als »verpeilen« bezeichnet.

Pension In den USA Rentenzahlungen aus einem Fonds, in den der Bezieher während seines Arbeitslebens eingezahlt hat. In Deutschland Bezeichnung für das sogenannte Ruhegehalt von pensionierten Beamten, Richtern und Soldaten.

Pick-up Von der älteren Generation Pritschenwagen genannt. Auf und mit so einer Pritsche kannst du alles Mögliche ab- oder anstellen.

Prämie Eine zusätzliche Belohnung als Anerkennung für eine Leistung, meist in Form von Geld. Auch ein Trinkgeld ist eine Prämie. – Versicherungsprämien sind das Gegenteil: Hier zahlt man, um (eventuell) etwas zu bekommen.

Reißen Etwas gewaltsam ablösen oder zerteilen, zum Beispiel im »Reißwolf«. Aber auch Bezeichnung für die Königsdisziplin im Gewichtheben. Und wer noch was schaffen will, »will noch was reißen«.

Ruder Das Steuerrad eines Boots oder Schiffs. Auch die eigentliche Steuervorrichtung, die durch dieses bewegt wird. Aber wehe, etwas läuft »aus dem Ruder«, dann heißt es, Frauen und Kinder zuerst von Bord.

Schmoren Eine Garmethode für nicht ganz so zartes Fleisch. Das Stück wird langsam und gründlich auf allen Seiten angebraten, danach kommt eine kleine Menge Flüssigkeit (Brühe, Bier oder Wein) in Topf oder Pfanne. Abdecken und bei geringer Hitze köcheln lassen, bis es zart ist.

Schraubstock Fest installiertes Werkzeug mit verstellbaren Backen, mit dem ein Werkstück bei der Arbeit fixiert werden kann. Meist auf eine stabile Unterlage montiert, eine Werkbank oder die Stoßstange eines Lastwagens.

Schuldner Diejenige Person oder Institution, die einem Gläubiger Geld schuldet.

Schürze Nützlich beim Kochen. Auch der Plural von Schurz, ebenfalls ein Kleidungsstück, das aber in der Küche gefährlich ist. Nicht zu verwechseln mit dem Rock, hinter dem der »Schürzenjäger« her ist.

Schwalbenschwanz Der Schwanz einer Schwalbe ... oder die nach dessen Form benannte Verbindung, mit der man zwei Holzstücke zusammenfügt.

Schwur Feierliches Versprechen, mit dem du dich auf bestimmte Taten oder ein bestimmtes Verhalten festlegst.

Sicherung Im elektrischen Bereich eine Vorrichtung, in der Strom durch einen Draht fließt, der durchschmilzt, wenn die Stromstärke ein gefährliches Maß erreicht, und dadurch die Verbindung unterbricht. Man spricht vom Durchbrennen der Sicherung.

Ständer Bei in Rahmen- oder Holzständerbauweise errichteten Bauten ein aufrecht stehender Balken, der die Wandkonstruktion trägt. Meist werden dazu Kanthölzer mit einem Querschnitt von 5 x 10 oder 5 x 15 cm verwendet und im Abstand von 40 cm eingebaut. Wenn man einen Nagel in einen solchen Pfosten einschlägt, stellt man sicher, dass ein Bild, ein Regal oder die Befestigung für die Gitarre aus alten Zeiten auch hält. Ein »Vollpfosten« hingegen hat überhaupt nichts mit Hausbau zu tun.

Steuerbord Die (vom Heck aus gesehen) rechte Seite eines Boots. Man erkennt sie an der grünen Laterne.

Steuern Der Anteil am Einkommen oder Gewinn einer Person oder Firma, der an den Staat abzuführen ist.

Spannung Etwas, unter dem sowohl Gegenstände als auch Personen stehen können, vom Strom gar nicht zu reden.

Tapferkeit Großer Mut in großer Gefahr.

Tragbalken Im Unterschied zum vertikalen Stützbalken der Querbalken bei einer Balkendecke.

Wagenheber Paradoxe Bezeichnung für die Vorrichtung, mit der ein Automobil an einem der vier Räder zum Reifenwechsel hochgestemmt werden kann – obwohl ja in Wirklichkeit derjenige, der ihn gebraucht, den Wagen hebt.

Volt Die internationale Standardbezeichnung für elektrische Spannung. Die Voltzahl ist die Größe, an der sich die Stärke und Gefährlichkeit des Stroms erkennen lässt, der durch einen Leiter fließt, etwa durch deinen Körper. Wenn du zum Beispiel die beiden Enden einer 1,5-Volt-AA-Batterie zwischen die Finger nimmst, spürst du überhaupt nichts. Fasse die beiden Kontakte einer 230-Volt-Steckdose, und du bekommst einen schmerzhaften Schlag. Wenn die Polizei dich mit den 50 000 Volt einer Elektroschockwaffe niederstreckt, dann liegst du am Boden, kannst dich nicht mehr rühren und hast dir wahrscheinlich gerade in die Hose gemacht.

Wetzstein Ein feinkörniger Stein, der zum Schleifen von Messern oder Werkzeugen mit Metallklingen verwendet wird.

Winde Eine Vorrichtung, bei der mittels Kurbel oder Motor ein langsam laufendes Tau, ein Drahtseil oder eine Kette um eine Trommel bzw. von dieser abgewickelt wird, um damit schwere Gegenstände anzuheben oder abzusenken.

XY-Chromosomen Diejenigen unter den Molekülketten unseres Erbgutes, die den Mann zum Mann machen.

Zirkonia Ein farbloses künstliches Kristall, das in geschliffenem Zustand in Erscheinung und Lichtbrechung Diamanten sehr ähnlich ist. Mit anderen Worten: nicht das Echte, sondern Fake.

Zweite Chance Was man einem Kumpel geben sollte, der beim Spiel Pech gehabt hat.

Zero Letzte Ziffer und Startzeichen beim Countdown. Der Höhepunkt.

Zodiac Für Amerikaner ein Gummiboot, für Nostalgiker ein Auto von Ford, für alle (als Zodiak oder Zodiakus) der lateinische Name des Tierkreises am Himmel.

Anmerkungen

1. Frauen & Ausgehen

1. Die Zitate in diesem Text stammen von Les Parrott, Interview mit dem Autor, Dezember 2012.

2. Sozialkompetenz & Manieren

1. Die Zitate in diesem Text stammen von George Toles, Interview mit dem Autor, Februar 2013.

3. Arbeit & Anstand

1. Cory Cotton, Interview mit dem Autor, Januar 2017.

2. Cory Cotton, *Go Big* (Carol Stream, IL: Tyndale, 2011), S. 4.

3. Cotton, Interview mit dem Autor.

4. Cotton, *Go Big*, S. 108.

5. Cotton, Interview mit dem Autor.

6. Cotton, *Go Big*, S. 169.

4. Wohlstand & Geld

1. www.daveramsey.com/company/about-dave.

2. Dave Ramsey, *The Total Money Makeover Workbook* (Nashville: Thomas Nelson, 2003).

3. Dave Ramsey und Sharon Ramsey, *Financial Peace Revisited* (New York: Viking Penguin, 2003), S. 5.

4. Ebd., S. 20.

5. Dave Ramsey, *Total Money Makeover: Classic Edition: A Proven Plan for Financial Fitness* (Nashville: Nelson Books, 2013), S. 5.

6. Mandi Woodruff, »Financial Guru Dave Ramsey Tells Us Why He Cuts Up Credit Cards on Air«, BusinessInsider.com, 23. April 2012, http://www.businessinsider.com/dave-ramsey-hates-credit-cards-2012-4.

7. Chris Carpenter, »The Total Money Makeover: An Interview with Dave Ramsey«, CBN.com, http://www.cbn.com/family/familyadvice/carpenter-daveramseymoneymakeover.aspx.

8. http://www.daveramsey.com/article/our-favorite-dave-quotes-of-2009/lifeandmoney_other/.

9. Das Copyright an dieser Formulierung liegt bei Dave Ramsey.

10. Dave Ramsey, »A Weird View of Money«, LifeChurch.tv, http://www.youtube.com/watch?v=Af1zc0qhr8o.

11. John Maxwell, zitiert von Dave Ramsey, *Total Money Makeover*, S. 59.

12. Dave Ramsey, Interview mit der *CBS Morning Show*, 10. Februar 2009.

13. Samuel Fleichacker, *On Adam Smith's Wealth of Nations: A Philosophical Companion* (Princeton, NJ: Princeton University Press, 2004), S. 68.

5. Hygiene & Körperpflege

1. Die Zitate in dieser Einführung stammen von Thomas Frieden, im Gespräch mit Bill Phillips, Chefredakteur der Zeitschrift *Men's Health*, Chat auf Google+, 13. Juni 2013.

6. Kleidung & Stil

1. Die Zitate in dieser Einführung stammen von Nate Retzlaff, Interview mit dem Autor, Februar 2013.

7. Sport & Spiel

1. Die Zitate in dieser Einführung stammen von Norm Evans, Interview mit dem Autor, November 2012.

2. »The Wizard's Wisdom: ›Woodenisms‹«, ESPN.com, 4. Juni 2010, http://sports.espn.go.com/ncb/news/story?id=5249709.

8. Autos & Autofahren

1. Die Zitate in dieser Einführung stammen von Doug Herbert, Interview mit dem Autor, September 2009.

9. Essen & Kochen

1. Die Zitate in dieser Einführung stammen von Guy Fieris Auftritt beim Disney's California Food and Wine Festival 2010.

10. Werkzeug & Heimwerken

1. Die Zitate in dieser Einführung stammen von Ned Wolf, Interview mit dem Autor, September 2009.

2. Brandon Russell, Interview mit dem Autor, September 2013.

3. John Lichfield, »The Moving of the Mona Lisa« *The Independent*, 2. April 2005 (abgerufen 9. März 2012).

Jonathan Catherman ist ein führender Erziehungsberater und Coach, dessen Spezialgebiet die Entwicklung von Charakter- und Führungsqualitäten bei jungen Menschen ist. Als gefeierter Kulturstratege hält Jonathan weltweit Vorträge über die Prinzipien und Stärken, die Kinder, Jugendliche und junge Erwachsene dazu befähigen, sich im Leben zu bewähren. Der Vater zweier Söhne kann tagtäglich mit ansehen, wie wichtig es für ein männliches Wesen ist, respektiert zu werden und Peinlichkeiten aus dem Weg zu gehen. In seiner Vaterrolle wie auch von Berufs wegen versteht Jonathan es als seine Aufgabe, männlichen Jugendlichen zur Erfahrung von Erfolg und Stärke zu verhelfen, in einer Phase, in der sie zum Mann heranreifen und sich bereit machen, eine dauerhafte Führungsrolle zu übernehmen. Jonathan lebt mit Frau und Söhnen in Huntsville, North Carolina. Mehr unter www.jonathancatherman.com.

> Wenn ich mein Leben noch ein zweites Mal leben könnte, würde ich es wieder ganz genauso leben. So wie jeder Mann, der den Mut hat, sich einen Mann zu nennen.
>
> — Nelson Mandela